Wo brennt es beim Burnout?

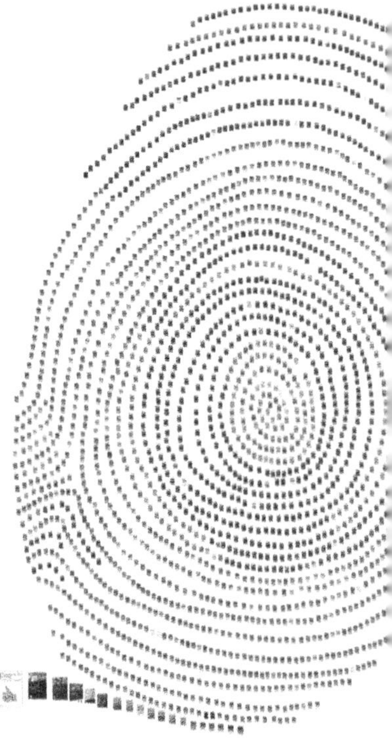

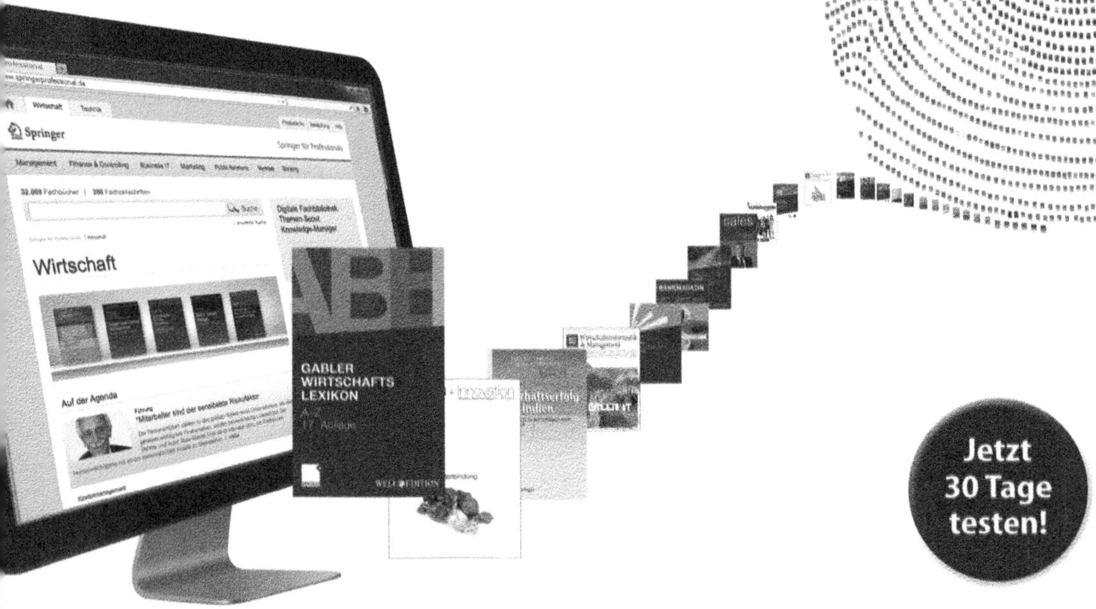

Eberhardt Hofmann

Wo brennt es beim Burnout?

Eine passungspräventive Sichtweise zur
Analyse und Vermeidung von Burnout

 Springer Gabler

Eberhardt Hofmann
Friedrichshafen, Deutschland

ISBN 978-3-658-08591-9   ISBN 978-3-658-08592-6 (eBook)
DOI 10.1007/978-3-658-08592-6

Die Deutsche Nationalbibliothek verzeichnet diese Publikation in der Deutschen Nationalbibliografie; detaillierte
bibliografische Daten sind im Internet über http://dnb.d-nb.de abrufbar.

Springer Gabler
© Springer Fachmedien Wiesbaden 2015

Lektorat: Stefanie A. Winter

Gedruckt auf säurefreiem und chlorfrei gebleichtem Papier

Springer Fachmedien Wiesbaden ist Teil der Fachverlagsgruppe Springer Science+Business Media
(www.springer.com)

Inhaltsverzeichnis

Einführung und Überblick

Burnout ist allgegenwärtig, ständig werden neue Meldungen darüber veröffentlicht, wie verbreitet Burnout ist, wie viele Krankheitstage dadurch verursacht werden und welcher wirtschaftliche Schaden durch Burnout entsteht. Bei solchen Meldungen ist jedoch ungeklärt, ob die Burnout-Häufigkeit tatsächlich zunimmt, ob man heute bei einer entsprechenden Problematik nur eher zum Arzt geht, ob psychische Probleme heute früher sichtbar werden oder ob es heute leichter ist, über psychische Probleme zu reden. Bei der Beschäftigung mit dem Thema Burnout nähert man sich in der Regel aus den folgenden Perspektiven: einer individuellen Betrachtung, einer formal-diagnostischen Betrachtung oder einer gesellschaftlichen Betrachtung.

Individuelle Annäherung
Man kann sich dem Thema Burnout als „Seelenbrand" über individuelle Aussagen nähern. Typische Selbstaussagen, die mit Burnout in Verbindung stehen, sind z. B.: „Ich habe an nichts mehr Spaß", „Alles ist sinnlos", „Ich kann kaum schlafen", „Ich bin am Ende", „Ich fühle mich wie gerädert", „Mir ist alles zu viel", „Mein Akku ist leer", „Der alte Schwung ist weg", „Ich bin müde und verdrossen", „Ich möchte nicht enden wie …", „Die aktuelle Situation geht an die Gesundheit" etc. Der Grund für all diese Aussagen kann dabei natürlich auch ganz woanders liegen, es sind jedoch typische Aussagen von Menschen, die von Burnout betroffen sind.

Formal-diagnostische Annäherung
Der inflationäre Gebrauch der (Selbst-)Diagnose Burnout steht in einem gewissen Gegensatz zur Eindeutigkeit der Beantwortung der Frage, was Burnout eigentlich ist. Der Begriff Burnout wird oftmals als Sammelbegriff für alle Widrigkeiten, besonders in der Arbeitswelt, verwendet. Was Burnout jedoch genau ist, weiß niemand, denn es gibt keine einheitliche Definition und keine allgemeinverbindlich anerkannte Diagnose. Über die

© Springer Fachmedien Wiesbaden 2015
E. Hofmann, *Wo brennt es beim Burnout?*, DOI 10.1007/978-3-658-08592-6_1

symptomatische Beschreibung des Phänomens Burnout ist man sich bei den verschiedenen Vorstellungen zum Burnout noch relativ einig, nicht jedoch aber über dessen Entstehungsursachen. Einigkeit besteht darüber, dass es, wie bei fast jeder Erkrankung, nicht einen alleinigen Auslöser gibt, sondern dass mehrere Faktoren zusammenkommen müssen. Für den Anfang sollte die Definition aus dem Klinischen Wörterbuch (Pschyrembel 2014) ausreichen: Demnach ist Burnout ein „Zustand emotionaler Erschöpfung, reduzierter Leistungsfähigkeit, Depersonalisation, Endzustand eines Prozesses idealistischer Begeisterung, Desillusionierung, Frustration, Apathie. Symptome sind: psychosoziale Erkrankung, Depression, Aggressivität, erhöhte Suchtgefahr." Eine eingehendere Diskussion des Begriffs Burnout findet sich im Kap. 2.

Gesellschaftliche Annäherung

Die Beschreibung von Burnout-ähnlichen Sachverhalten auf einer gesellschaftlichen Ebene ist nicht neu. So hat z. B. Marx schon vor 150 Jahren den Begriff der „Entfremdung" zur Beschreibung der industriellen Arbeitswelt verwendet. Der Begriff der Entfremdung ist im 19. Jahrhundert entstanden und daher auch vor dem Hintergrund der damaligen Produktionsbedingungen zu verstehen. Marx hat versucht, die Entfremdung auf der Makroebene, der gesellschaftlichen Ebene der Besitzverteilung (besonders der Besitz an Produktionsmitteln), zu beschreiben. Dabei hat er die individuellen Unterschiede zwischen einzelnen Menschen übersehen oder zu wenig beachtet. Man kann z. B., auch wenn man nicht über eigene Produktionsmittel verfügt, nichtentfremdet sein, und man kann auch als Selbstständiger, der über Produktionsmittel verfügt, durchaus entfremdet sein, wenn man eine Tätigkeit verrichtet, die strukturell nicht zu einem passt. Es lässt sich auch hier nicht objektiv definieren, was entfremdet ist und was nicht. Es kommt immer auf die höchst individuelle Passung von Person und Situation an. Auch aus dieser Perspektive der Betrachtung ist die individuelle Sichtweise ergiebiger als die gesellschaftliche.

Wenn das Arbeitsleben also negative Effekte bewirken kann, die unter den Begriff Burnout fallen, läge es doch nahe, die Arbeit „einfach" abzuschaffen. Abgesehen davon, dass sich die Arbeit nicht „einfach" abschaffen lässt, hat diese Utopie noch einen weiteren Haken. Auch dann, wenn man materiell nicht dazu gezwungen wäre, würde man sehr wahrscheinlich trotzdem einer wie auch immer gearteten Tätigkeit nachgehen, da die Arbeit nicht nur einen instrumentellen Charakter hat (man will mit ihr etwas erreichen), sondern uns auch Kompetenzen, Erfahrungen etc. vermittelt. Eine vernünftige gesellschaftliche Utopie hieße daher: Man muss die Arbeit nicht abschaffen, sondern sie individuell passender machen. Wir brauchen nicht mehr Freizeit, sondern gute, sinnvolle Arbeit. Es geht nicht darum, früher Feierabend zu machen, sondern den Arbeitstag besser zu gestalten.

Was früher seinen Ausdruck im „Klassenkampf" fand, drückt sich heute eher in seelischen Verwerfungen aus, die man als Burnout bezeichnen kann. Der Versuch, Burnout mit allgemeinen Veränderungen in der Gesellschaft, besonders in der Arbeitswelt, in Verbindung zu bringen, greift zu kurz. Diese bilden zwar sicherlich die Rahmenbedingungen für das Burnout-Geschehen, ich erachte sie jedoch nicht als die zentralen Elemente. Bei der

Burnout-Diskussion werden die Besonderheiten der Person oft ausgeblendet. Nicht alle Personen haben das gleiche Bedürfnis nach geringer (oder hoher) Arbeitsbelastung, nach Kontrolle, Belohnung und so weiter. Von zwei Kollegen, die in der gleichen Abteilung und somit unter nahezu gleichen Bedingungen tätig sind, kann einer der beiden Burnout entwickeln, der andere nicht. Daher befasst sich dieses Buch auch speziell mit den individuellen Unterschieden und den Charakteristiken von Arbeitssituationen. Es versucht sich dem Phänomen Burnout – im Gegensatz zu den oben angeführten Herangehensweisen – dadurch zu nähern, dass Burnout als eine Folge von lang anhaltendem, unbewältigtem Stress verstanden wird, der aus der Nichtpassung zwischen beruflichen Gegebenheiten und den Eigenheiten der individuellen Person entsteht. Dieser Stress kann natürlich durch eine quantitative Überlastung bzw. durch ein dauerhaftes Überengagement zustande kommen, was jedoch eher die Ausnahme zu sein scheint. Selbstständige erbringen z. B. oft hohe Arbeitsleistungen und sind oft großem Stress ausgesetzt. Burnout gibt es bei ihnen jedoch relativ selten. Der Grund dafür liegt offenbar in der Kontrolle über die Arbeitsbedingungen. Nicht die Arbeitsbelastung allein ist also relevant für die Entstehung von Burnout, sondern der Grad der Selbstbestimmung, der erlebten Sinnhaftigkeit der Arbeit und die Arbeitsbedingungen.

Wesentlich häufiger als durch eine quantitative Überlastung wird Burnout jedoch durch eine „qualitative" Überlastung entstehen, die auf der Nichtpassung zwischen den Eigenheiten der Person und den Gegebenheiten der Arbeitsaufgabe bzw. denen der Arbeitsbedingungen beruht. Die zentrale Frage dabei lautet: „Passt das, was Sie machen, eigentlich zu Ihnen?" Bei der Antwort auf diese Frage kommt es nicht so sehr auf die quantitative Komponente an, sondern auf die Gefühlslage, die mit der Arbeit verbunden ist. Eine negative Gefühlslage wird durch eine Nichtpassung zwischen Person und Situation entstehen. Die Person muss sich dann der Situation „anpassen". Sobald diese Anpassung ein gewisses Maß überschreitet, muss man sich verbiegen. Wer sich über lange Zeit verbiegt, wird jedoch wahrscheinlicher krank. Der zentrale Faktor dabei ist die Zeit. Man kann sich durchaus eine gewisse Zeit in unpassende Verhältnisse fügen. Hält der Zustand jedoch lange an oder wird gar zum Dauerzustand, wird es gefährlich. Mit dieser Nichtpassung verhält es sich leider ähnlich wie mit dem Bluthochdruck. Man bemerkt lange Zeit gar nichts, die Probleme scheinen dann schlagartig aufzutreten, obwohl sie tatsächlich das Ergebnis einer langen Entwicklung sind.

Allen Überlegungen liegt dabei ein passungspräventives Modell zugrunde.

Eine gängige Taxonomie von Präventionsmaßnahmen beinhalten die Unterscheidung zwischen Verhaltensprävention und Verhältnisprävention. Die Verhaltensprävention ist der Personenseite, die Verhältnisprävention der Situationsseite zuzuordnen. Zusätzlich wird taxonomisch zwischen Primär- und Sekundärprävention unterschieden. Die Primärprävention soll verhindern, dass eine gesundheitliche Beeinträchtigung entsteht, Ziel der Sekundärprävention ist es, das Fortschreiten einer bereits erfolgten Beeinträchtigung zu verhindern, diese einzudämmen und einer Chronifizierung vorzubeugen.

Die in diesem Buch dargelegte Argumentation legt nahe, eine zusätzliche Art der Prävention, eine Art „Metaprävention", als relevant zu betrachten, die sich mit der Passung

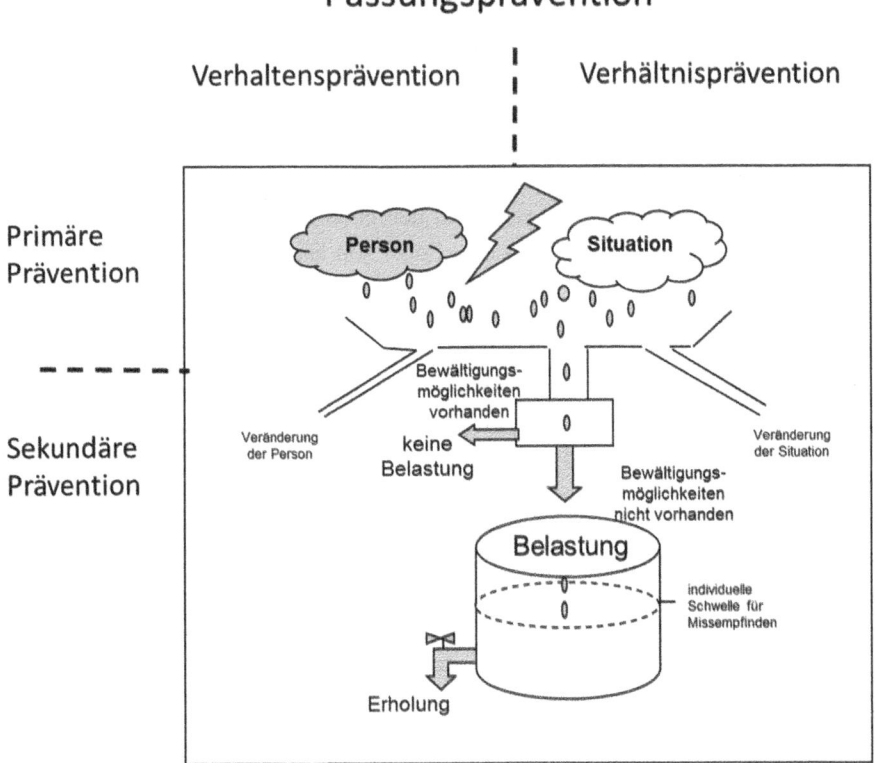

Abb. 1.1 Passungsprävention als „Metaprävention"

zwischen Person und Situation beschäftigt. Die Positionierung der einzelnen Präventions-
arten wir in der Abb. 1.1 dargestellt. Die in diese Abbildung enthaltene hydraulische Analogie zur Stressentstehung wird dann im vierten Kapitel näher inhaltlich erläutert.

Wenn es darum geht, die Passung zwischen Person und (beruflicher) Situation zu über-
prüfen, kommt es einerseits darauf an, über Analyseschemata zu verfügen, um die berufliche Situation zu betrachten, und andererseits darauf, die jeweiligen Eigenheiten und
Mechanismen der eigenen Person möglichst differenziert zu betrachten. Zu dieser Analyse
und Selbstreflexion möchte dieses Buch anregen und geeignetes Material zur Verfügung
stellen. Denn nur wer sich selbst versteht, kann die eigene Burnout-Gefährdung verstehen.

Das Buch ist folgendermaßen aufgebaut: Im zweiten Kapitel wird der Begriff des Burnout, sein Bezug zu Diagnosesystemen und seine derzeitige Popularität näher untersucht.
Die relevanten Änderungen, denen wir uns in der heutigen Arbeitswelt gegenübersehen,
werden im dritten Kapitel betrachtet. Sofern Ihr Interesse ausschließlich auf den praktischen Überlegungen beruht, können Sie daher die Kapitel zwei und drei auch beruhigt
überspringen. Das vierte Kapitel beschäftigt sich mit der Stressreaktion und deren kurz-
und langfristigen Folgen für unser Befinden, unsere Leistungsfähigkeit und unsere Ge-

sundheit. In den Kapiteln fünf bis neun werden jeweils verschiedene Arten der Nichtpassung von Person und beruflicher Situation beschrieben.

Im fünften Kapitel geht es dabei um die Strukturen von Tätigkeiten. Dazu wird ein System zur Beschreibung von grundlegenden Tätigkeitselementen und dessen Anwendung auf konkrete Situationen vorgestellt. Ein besonderer Schwerpunkt liegt dabei auf den Eigenheiten von Führungstätigkeiten generell und auf den Anforderungen auf verschiedenen Führungsebenen. Das sechste Kapitel thematisiert das engere soziale Umfeld der beruflichen Tätigkeit, indem idealtypische Gruppenmodelle und deren Passung zu individuellen Präferenzen analysiert werden. Gegenstand des siebten Kapitels ist die Beschreibung grundlegender sogenannter Verhaltens- und Kommunikationsstile. Dazu werden verschiedene Systeme der Verhaltenssteuerung beschrieben und die Möglichkeiten aufgezeigt, die die jeweiligen Stile – nahezu unabhängig von situativen Gegebenheiten – bieten, um Burnout selbst erzeugen zu können. Im achten Kapitel werden die verschiedenen Verhaltens- und Kommunikationsstile im Hinblick auf die Qualität von Zweierkonstellationen (insbesondere auf deren Konfliktpotenzial hin) betrachtet. Ein weiterer Fokus liegt dabei auf der Frage, wodurch Führung legitimiert wird und wodurch diese akzeptabel oder eben auch inakzeptabel wird. Während sich die Kapitel fünf bis acht mit Mikrokonstellationen befasst haben, beschreibt das neunte Kapitel die Eigenheiten von Organisationen als Rahmenbedingungen, unter denen diese Mikrokonstellationen erst möglich und in die sie eingebettet sind. In einer Zusammenfassung werden im zehnten Kapitel die Prinzipien des Gesagten noch einmal pointiert dargestellt.

Burnout: Alter Wein in neuen Schläuchen?

2

Wenn man sich mit dem Thema Burnout beschäftigt, kommt man nicht umhin zu erkennen, dass die Häufigkeit des Gebrauchs des Begriffs in einem Missverhältnis zu seiner inhaltlichen Bestimmung steht. Anders ausgedrückt: Alle reden davon, aber keiner weiß so genau, was damit gemeint ist. Auch in der Forschung kann man eine deutliche Popularität des Begriffes bei gleichzeitiger Ungenauigkeit seiner Verwendung feststellen. Marwitz schreibt: „Wenn Burnout so beforscht wird wie bisher, werden wir in 20 Jahren mehr Daten haben, aber nicht viel mehr Erkenntnisse." Die Deutsche Gesellschaft für Psychiatrie und Psychotherapie, Psychosomatik und Nervenheilkunde (DGPPN) warnt 2012 in einem Positionspapier zum Thema Burnout vor einem unwissenschaftlichen und unkritischen Gebrauch des Begriffs Burnout für nahezu alle psychischen Störungen, die in Zusammenhang mit einer Arbeitsbelastung stehen. Diese offensichtliche Diskrepanz zwischen dem inflationären Gebrauch und der Ungenauigkeit des Begriffes Burnout gilt es zu erklären.

Historisch betrachtet hat der Begriff Burnout bereits einige Wandlungen hinter sich. In der Brockhaus-Ausgabe von 1978 wird er für das Durchbrennen von Kernbrennstäben in Folge zu geringer Kühlung verwendet. Freudenberg verwendet 1974 den Begriff für die psychischen und psychosomatischen Folgen von Überlastung und den Verlust eines für das Individuum wichtigen Ideals, hauptsächlich in sozialen Berufen.

Im Folgenden wird der Begriff Burnout detaillierter betrachtet. Wie wird der Begriff heute verwendet? Gibt es eine präzise Definition? Wie grenzt sich der Begriff Burnout zu anderen Begriffen ab?

© Springer Fachmedien Wiesbaden 2015
E. Hofmann, *Wo brennt es beim Burnout?*, DOI 10.1007/978-3-658-08592-6_2

2.1 Burnout als Krankheit?

Man kann sich zunächst fragen, ob der Begriff Burnout überhaupt eine formale Diagnose darstellt. Im „International Statistical Classification of Diseases and Related Health Problems" (ICD), das die Weltgesundheitsorganisation herausgibt, sind alle Krankheiten mit den jeweiligen verbindlichen Diagnosekriterien aufgeführt, die es nach derzeitigem Wissensstand gibt. Das ICD ist in einzelne Kapitel gegliedert, die letztendlich die Struktur der medizinischen Fachbereiche widerspiegeln. So finden sich im Kap. I z. B. infektiöse und parasitäre Erkrankungen, im Kap. IX Krankheiten des Kreislaufsystems und so weiter. Psychische Erkrankungen sind im Kap. V mit der Buchstabenkodierung F aufgeführt.

Die US-amerikanische Fachvereinigung der Psychologen American Psychological Association (APA) bringt mit ihrem „Diagnostic and Statistical Manual of Mental Disorders" (DSM) eine Präzisierung und Verfeinerung des ICD-Kapitels F heraus (deutsch: Saß et al. 2003, in der Version 5: Falkai und Wittchen 2015). Die jeweilige Version des US-amerikanischen DSM wird in der Regel innerhalb kurzer Zeit in der deutschen Übersetzung übernommen. Die Nomenklatur ist in Kliniken und bei Versicherungen verbindlich. Sie können übrigens die ICD-Codierungen auch in ärztlichen Schreiben bzw. Rezepten finden, denn der Arzt gibt die Diagnose in der Regel nicht im Klartext an, sondern in der ICD-Kodierung. So bedeutet z. B. die Codierung K35.8 eine akute Apendizitis, eine Blinddarmentzündung.

Eine eigenständige Diagnose „Burnout" sucht man im ICD und auch im DSM jedoch vergeblich. Daher gibt es diese Diagnose im formalen Sinn auch gar nicht. Warum ist das so? Die Antwort ist einfach: Das ICD und das DSM enthalten bereits alle relevanten Diagnosekriterien, um alle Phänomene rund um das Thema Burnout vollständig einzusortieren. Man braucht die Diagnose Burnout schlichtweg nicht. Besonders relevant für die Beschreibung der Phänomene, die im Zusammenhang mit dem Begriff Burnout diskutiert werden, sind dabei die Anpassungsstörung, die Depression und Zusatzdiagnosen, die zur Inanspruchnahme des Gesundheitssystems führen. Diese Diagnosen sollen nachfolgend etwas näher betrachtet werden.

Die Anpassungsstörung (ICD: F43.2)
Die Anpassungsstörung ist eine Reaktion auf eine spezifische Belastungssituation. Solche Belastungssituationen können sein: kritische Lebensereignisse (vgl. Kap. 4), Unfälle, Schwierigkeiten am Arbeitsplatz, eine Operation etc. Von anderen Diagnosen unterscheidet sich die Anpassungsstörung dadurch, dass man ein auslösendes Ereignis identifizieren kann. Eine Anpassungsstörung ist folgendermaßen definiert:

- Identifizierbare psychosoziale Belastung von nicht außergewöhnlichem oder katastrophalem Ausmaß (bei außergewöhnlichen oder katastrophalen Ausmaßen wäre es u. U. eine Posttraumatische Belastungsreaktion);
- Beginn der Symptome innerhalb eines Monats nach Auftreten der Belastung;

- Symptome, wie sie bei anderen psychischen Störungen auch vorkommen, ohne dass die Kriterien anderer Störungen erfüllt sind;
- Dauer der Symptome nicht länger als 6 Monate (in Einzelfällen bis max. 2 Jahre) nach Ende der Belastung oder deren Folgen.

Die Symptome sind dabei: Gefühl von Bedrängnis, emotionale Beeinträchtigung, verändertes Sozialverhalten, sozialer Rückzug, Gefühl der Leere, Gedankenkreisen, gesteigerte Sorge und Freudlosigkeit. Physiologische Symptome können sein: Tachykardie (Herzrasen), Schwitzen, Erröten etc. Viele dieser Symptome beschreiben auch den Begriff Burnout.

Die Depression (ICD F32 und F33)
Das ICD unterscheidet die depressive Episode (F32) und die rezidivierende Depression (F33). Eine depressive Episode tritt nur einmal auf, während eine rezidivierende Depression stets wiederkehrt. Die Bezeichnung „depressive Episode" ersetzt dabei die frühere Bezeichnung „reaktive Depression". Jedoch tritt auch eine depressive Episode in aller Regel nicht „spontan" auf, sondern ist sehr oft mit einem auslösenden Ereignis verbunden.

Die Depression ist die häufigste psychische Erkrankung. Das Bundesgesundheitsministerium geht davon aus, dass 10 Mio. Menschen bis zu ihrem 65. Lebensjahr an einer Depression erkranken und dass ca. 4 Mio. Menschen aktuell an einer Depression leiden. Die Depression wird oft auch die „Erkältungskrankheit" der Psychologie genannt.

Symptome der Depression können sein: Verlust der Fähigkeit zur Freude, Antriebshemmung mit oder ohne Unruhe, Denkhemmung, Schlafstörung, erhöhte Ermüdbarkeit, Gefühl der Hoffnungslosigkeit, Gefühl der Minderwertigkeit, Gefühl der Hilflosigkeit, Selbstentwertung, Gedankenkreisen, Müdigkeit, traurige Verstimmtheit, Herabgestimmtheit, Energielosigkeit, Mutlosigkeit, verringerte Konzentrations- und Entscheidungsfähigkeit, Appetitlosigkeit, starke Gewichtsabnahme, starke Gewichtszunahme. Im Interaktionsbereich kommt es zu den Symptomen: Rückgang zwischenmenschlicher Kontakte, Isolationsneigung, unerklärliche Probleme mit Partnern, Kindern, Vorgesetzten, Leistungsabfall, Gefahr von Versetzung, Herabstufung. Auch diese Diagnose deckt viele Beschreibungen des Begriffs Burnout ab.

Zusätzliche Faktoren (ICD Z)
Das ICD nennt noch zusätzliche Faktoren, die den Gesundheitszustand beeinflussen und zur Inanspruchnahme von Gesundheitsdiensten führen, die aber nicht als eigenständige Krankheit gelten. Diese Faktoren sind in der Kategorie Z wie Zusatzdiagnosen beschrieben. Diese sind z. B. Z 73.0 Erschöpfungssyndrom oder Z 73.2 Mangel an Entspannung oder Freizeit. Eine solche Zusatzdiagnose darf nie alleine gestellt werden, sondern nur in Kombination mit Hauptdiagnosen. Burnout allein stellt keine Krankheit dar.

In den ICD-Diagnosen sind also bereits sämtliche Beschreibungen enthalten, die im Zusammenhang mit Burnout genannt werden. Warum ist dann der Begriff trotzdem so attraktiv?

2.2   Was macht den Begriff Burnout so attraktiv?

Hier sollen ein paar Gründe genannt werden, die dafür verantwortlich sind, dass ein eigentlich „unnötiger" Begriff trotzdem eine so steile Karriere machen konnte.

a) Der Begriff hat eine (scheinbare) kommunikative Schnittmenge

Burnout ist ein unklarer Begriff. Solche Begriffe wendet man nach Luhmann immer dann an, wenn eine Kommunikation über etwas (im Falle von Burnout sehr Subjektives) an sich wenig erfolgreich erscheint, aber man trotzdem darüber kommunizieren will. Dann helfen nur noch Wortcontainer, die ein gemeinsames Verständnis dessen, was diese Wortcontainer subjektiv bedeuten, vorgaukeln.

Eine solche schwierige Kommunikation entsteht immer dann, wenn man einer Person etwas Individuelles, Einzigartiges mitteilen möchte, da man dann notgedrungen den geteilten sozialen Konsens von Wortbedeutungen verlassen *muss*. Solche Begriffe müssen dann prägnant, attraktiv, aber gleichzeitig auch sehr offen und undefiniert sein. Nur dann kann sie der Einzelne in *seinem* Sinn verwenden. Man macht mit solchen „semantischen Einrichtungen" das eigentlich Unmögliche (zumindest scheinbar) möglich, nämlich subjektive Bedeutungen zu übertragen. Die unklare Definition macht den Begriff zu einer nach allen Seiten offenen idealen Projektions- und Kommunikationsfläche für die Betroffenen. Das Verhängnisvolle des Begriffs Burnout ist dabei seine schillernde Unbestimmtheit.

Wenn man von Burnout spricht, weiß anscheinend jeder sofort, was damit gemeint ist. Wenn man jedoch die individuelle Auffassung erfragt, stellt man schnell fest, dass jeder etwas anderes meint. Das resultiert daraus, dass der Begriff „Burnout" ein sehr individuelles Störungsmodell beinhaltet und somit eine sehr persönliche Konstruktion und weniger einen interindividuellen Begriff darstellt.

Wissenschaft dagegen ist auf präzise Begriffe angewiesen. Daher scheidet Burnout (als unklarer, sehr subjektiver Begriffscontainer) als wissenschaftliche Beschreibung aus. Wissenschaftlich gesehen ist Burnout nicht mehr als eine bloße Gemengelage aus Emotion, Stress, Depression, Angst und Arbeitsunzufriedenheit. Der Wert des Begriffs liegt nicht in seinem definitorischen Gehalt, sondern darin, dem Kommunikationsbedürfnis nachzukommen, ein Beschreiben des höchst persönlichen Leides, vornehmlich in der Arbeitswelt, zu ermöglichen. Der Begriff Burnout ist, so gesehen, sicher auch eine ideale Projektionsfläche für gesellschaftliche Defizite.

b) Der Begriff ist „in"

Sozialwissenschaftliche Begriffe entwickeln leicht ein Eigenleben, besonders dann, wenn sie eingängig sind. Sie werden von Diskussion zu Diskussion weitergegeben und verlieren auf diesem Weg immer weiter den Charakter des Versuches, sich Erfahrungen anzunähern. Stattdessen gelten sie am Ende als erwiesene Tatsachen und gewinnen normative Bedeutung.

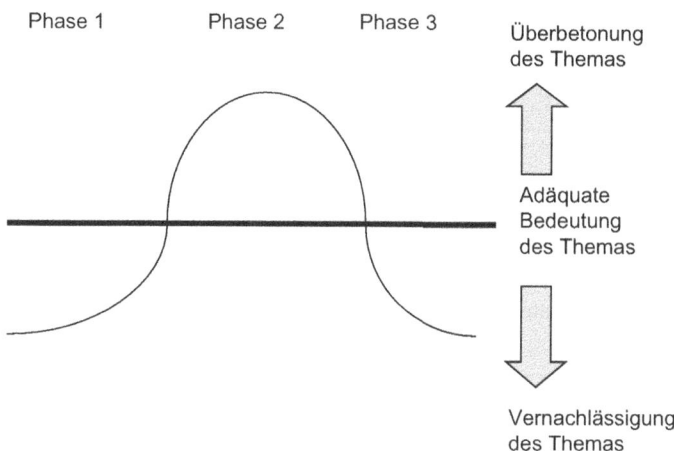

Abb. 2.1 Evolution von Modethemen

Die Beschäftigung mit dem Thema Burnout zeigt viele Parallelen mit Begriffen wie „Soziale Kompetenz" oder „Mobbing", die vor einigen Jahren in aller Munde waren. Diese und ähnliche Begriffe tauchten damals praktisch aus dem Nichts auf, sie wurden in der Fach- und der populären Presse sowie im Fernsehen ausführlich diskutiert, Kongresse wurden dazu veranstaltet und so weiter. So schnell diese Modethemen jedoch populär wurden, so schnell verschwanden sie auch wieder.

Das Auf und Ab eines Modethemas lässt sich mit Abb. 2.1 beschreiben.

In einer ersten Phase wird ein Thema nicht beachtet, vielleicht tabuisiert oder verleugnet. In der nächsten Phase wird das Thema dann „zu einem Thema gemacht", es erhält Aufmerksamkeit – hauptsächlich in den Medien. Man braucht dazu einen griffigen Titel, am besten aus der englischen Sprache entlehnt. Der Begriff hält dann Einzug in den allgemeinen Sprachgebrauch. Man benutzt den Begriff dann so, als würde er einen Erklärungswert haben. Dank der neuen Medien vollzieht sich dieser Prozess heute noch wesentlich effektiver und umfassender, als dies noch vor einigen Jahren der Fall war. Die Kommunikation und die Diskussion zu einem bestimmten Thema werden enorm beflügelt, sobald es einen griffigen Namen dafür gibt.

Der Begriff erhält damit eine öffentliche Beachtung, die seine eigentliche Bedeutung übersteigt. Dies zeigt allein schon die Anzahl der Internettreffer für einen entsprechenden Modebegriff. Der entsprechende Begriff wird schnell unpräzise, der Zusammenhang mit althergebrachten ähnlichen Begriffen und Erklärungsmustern wird immer unklarer. Sofern es dann in der Folgezeit nicht gelingt, brauchbare Konzepte zu entwickeln, wird das Thema schließlich den Weg aller Modethemen gehen: Nach einer relativ kurzen Zeit ist man des Themas überdrüssig, es wird wieder zu einem Un-Thema und sinkt abermals unter die Linie der Bedeutung ab, die ihm eigentlich zusteht. Neue Modethemen erscheinen daraufhin – das Ganze war nicht mehr als eine Luftnummer. Das Thema Burnout läuft Gefahr, sich nach diesem Muster zu entwickeln.

c) Zirkuläre Definitionen sind heute modern

Symptome werden heutzutage oft zu Erklärungen gemacht und bieten damit die Illusion einer wissenschaftlichen Erklärung. Wenn man etwas benannt hat, meint man oft, es auch verstanden zu haben. Das Beschriebene wird dann als eine Ursache des Beschriebenen dargestellt. Jemand, der z. B. Probleme mit der Aufmerksamkeit hat, hat ADHS. Jemand, der Stimmungsschwankungen hat, hat eine bipolare Störung. Mit dieser Logik sind dann völlig sinnlose Sätze möglich: „ADHS führt zu Aufmerksamkeitsproblemen in der Klasse", „Eine bipolare Störung führt zu starken Stimmungsschwankungen" oder: „Wenn man ausgebrannt ist, leidet man an Burnout". Solche Aussagen sind beliebt und suggerieren einen Erkenntnisgewinn, obwohl sie in Wirklichkeit nur Tautologien darstellen.

d) Kohorteneffekte

Im Jahr 2011 wurde erstmals ein Glücksatlas für Deutschland erstellt (Köcher und Raffel-hüschen 2011), in dem das Glücksempfinden der Deutschen empirisch untersucht wurde. Für die Problematik Burnout ist dabei besonders der Verlauf des Glücksempfindens über das Lebensalter interessant. Abbildung 2.2 gibt diesen Verlauf wieder.

Wie man sieht, findet sich das Tief des Glücksempfindens zwischen dem 45. und 55. Lebensjahr. Derzeit befindet ein relativ großer Anteil der deutschen Gesamtbevölkerung, die „Babyboomer"-Generation, in dieser Lebensphase. Das hat zwei Konsequenzen: Erstens verringert sich das Glücksempfinden „sowieso" zwischen 45 und 55. Mit dem Modebegriff „Burnout" steht nun ein allseits diskutiertes Label dafür zur Verfügung. Früher hätte man sich einfach in dieser Phase schlechter gefühlt. Zweitens befindet sich im Moment eine relativ große gesellschaftliche Kohorte, eben die Babyboomer in dieser Phase. Die Anzahl derjenigen, die sich potenziell schlechter fühlen, ist daher relativ groß. Eben diese Kohorte sitzt im Moment an den Schaltstellen, an denen man ein Thema zu einem Thema machen kann (in Redaktionen, in Verbänden, in Schulen, Behörden etc.). Zu einem gewissen Teil ist die Beschäftigung mit dem Thema Burnout so gesehen ein Akt der Selbstreflexion einer gewissen Bevölkerungsgruppe.

Abb. 2.2 Demografische Entwicklung und Burnout

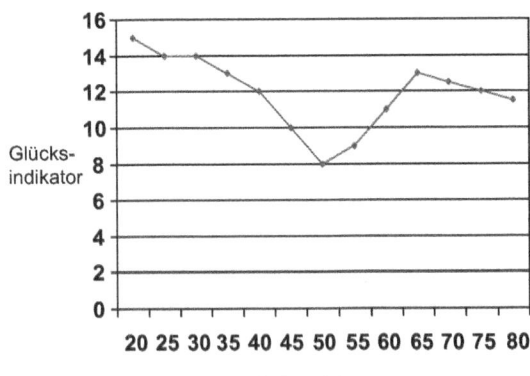

e) Der Begriff ist ökonomisch gut verwertbar

Die Burnout-Welle hat sich als lukratives Geschäftsmodell entpuppt. Nachdem manche Medien nach dem Motto „Kennen wir das nicht alle?" kostenlos Werbung gemacht haben, sind inzwischen „Burnout-Kliniken" ans Netz gegangen und selbst ernannte Burnout-Experten beschreiben einfühlsam Zustände, die jeder kennt, als Krankheiten, die sie liebend gerne behandeln würden.

2.3 Eine brauchbare Definition

Nachfolgend sollen einige Wesensmerkmale des Burnout aufgelistet werden, die zentral für eine Definition sind:

- Burnout-Beschwerden sind keine Krankheit im Sinne des ICD. Sie sind eher Gründe zur Kontaktaufnahme mit dem Gesundheitswesen, wie sie im Zusatzkapitel Z aufgelistet sind.
- Burnout-Zustände können nicht als eigenständige Krankheit, jedoch als Risikofaktor für das Entstehen und die Aufrechterhaltung von Krankheiten gesehen werden.
- Charakteristisch für Burnout ist, dass alle Betroffenen den Grund für ihre Beschwerden im Arbeitsprozess sehen.
- In Abgrenzung zu dem Zustand Burnout kann Burnout auch als ein Prozess verstanden werden, der den Weg von einer Nicht- oder Fehlpassung von Person und Situation über eine Kompensation und eine Dekompensation (meist über zusätzliche externe Auslöser) zu einer Störung nimmt.
- Burnout-Symptome sind Langzeitfolgen der Stressreaktion und eine Vorstufe zu einer Krankheit. Burnout kann als Kollateralschaden der heutigen Arbeitswelt aufgefasst werden, kombiniert mit einem Wortcontainer.
- Burnout kann durch externe Umstände entstehen (Belastungen, denen man sich objektiv und subjektiv nicht entziehen kann).
- Burnout kann auch durch „Selbstverbrennung" entstehen (Überlastungen werden dabei von der Person geduldet, akzeptiert oder selbst arrangiert).
- Je starrer ein Verhaltens- und Kommunikationsstil (vgl. Kap. 7) ist, desto gefährdeter ist die Person.
- Burnout ist mehr als eine Überforderung, es ist eine *Auf*forderung. Es ist die Aufforderung zu einem wesensgemäßen Leben. Solange dies nicht erkannt und stattdessen nach irgendwelchen Tools gesucht wird, um sein nicht wesensgemäßes Leben in den Griff zu bekommen, wird die Erkrankungsrate weiter steigen.

Es reicht also völlig aus, Burnout als eine lange andauernde Stressreaktion zu sehen, die ihre Quellen vornehmlich im beruflichen Bereich hat. Rein pragmatisch wird der Begriff „Burnout" in diesem Buch trotzdem verwendet, wohl wissend, dass sein Erklärungswert sehr gering ist. Hillert (2014) bezeichnet den Begriff Burnout als wissenschaftliche Diagnose obsolet, als subjektives Krankheitsmodell und als Indikator für ein verbreitetes, fatales Phänomen jedoch als ein hochaktuelles Thema. Er wird also bewusst als das verwendet, was er ist: ein Containerwort für Erfahrungen, die nicht neu sind und die man ohne Informationsverlust auch anders bezeichnen könnte. Die folgenden Kapitel dienen dazu, dieses Containerwort mit Inhalt zu füllen.

So gesehen kann die Überschrift dieses Kapitels: „Burnout: Alter Wein in neuen Schläuchen?" beantwortet werden mit: „Burnout: Alter Wein in alten Schläuchen – jedoch mit einem neuen verbalen Label versehen, um es als Thema besser kommunizieren zu können."

Literatur

Deutsches Institut für Medizinische Dokumentation und Information. (2014). *ICD-10-GM*. Köln. www.dimdi.de.

Falkai, P., & Wittchen, H. U. (Hrsg.). (2015). *Diagnostisches und statistisches Material psychischer Störungen DSM5*. Göttingen: Hogrefe.

Hillert, A. (2014). *Burnout – Zeitbombe oder Luftnummer?* Stuttgart: Schattauer.

Köcher, R., & Raffelhüschen, B. (2011). *Glücksatlas Deutschland 2011*. München: Albrecht Knaus Verlag.

Marwitz, M., & Hillert, A. (2006). *Die Burnout-Epidemie*. München: Beck.

Saß, H., Wittchen, H. U., Zaudig, M., & Houben, I. (2003). *Diagnostische Kriterien DSM IV-TR*. Göttingen: Hogrefe.

Warum gerade jetzt? Änderungen in der Arbeits- und Lebenswelt

3

Wenn man sich die Beschreibung der Veränderungen in der Arbeitswelt ansieht, wird man sehr oft auf Aussagen wie in den folgenden zwei Beispielen treffen:

Aussage zur Veränderung in der Arbeitswelt 1

„Innerhalb weniger Jahre hat eine neue Kommunikationstechnik Räume und Entfernungen zunichte gemacht und den Globus so klein gemacht wie nie zuvor. Ein weltweites Kommunikationsnetz überspannt Kontinente und Ozeane, Geschäftspraktiken werden revolutioniert."

Aussage zur Veränderung in der Arbeitswelt 2

„Zentrale Veränderungen in der Arbeitswelt sind: die Wissensexplosion, die Technologieexplosion, die Explosion der Kommunikationsmöglichkeiten, die Internationalisierung der Märkte, kürzere Lebenszyklen von Produkten, die Entwicklung der Bevölkerungsstruktur."

Das erste Beispiel ist einem Zeitungsartikel zur Einführung des Telegrafen 1840 entnommen, das zweite stammt von Beckhard aus dem Jahr 1969. Schon allein die Entstehungszeit der beiden Texte zeigt, dass diese Beschreibungen kaum etwas mit den heutigen Entwicklungen der Arbeitswelt zu tun haben können. Wir müssen also weitersuchen, und zwar nach *relevanten* Veränderungen in der Arbeitswelt, die dazu beitragen können, das Phänomen zu erklären, das mit dem Wort Burnout beschrieben wird. In der Vergangenheit gab es schon einmal eine sehr intensive Anstrengung dazu, die Arbeitswelt kritisch zu betrachten und zu verbessern, das Projekt „Humanisierung der Arbeitswelt".

© Springer Fachmedien Wiesbaden 2015
E. Hofmann, *Wo brennt es beim Burnout?*, DOI 10.1007/978-3-658-08592-6_3

3.1   Das Projekt „Humanisierung der Arbeitswelt" (HdA)

Die Arbeitswelt geplant verbessern – solche Bemühungen gab es schon immer. Die größte Anstrengung hierzu wurde wohl mit dem Projekt „Humanisierung der Arbeitswelt" unternommen.

Bis in die 1960er Jahre hatte man die Hoffnung, dass die negativen Seiten der tayloristischen Arbeitsteilung, insbesondere die Fließbandproduktion, durch die zunehmende Automatisierung der Arbeit überwunden werden könnten. Diese Hoffnungen haben sich jedoch nicht erfüllt. Um die negativen Aspekte der Arbeitswelt zu entschärfen, initiierte der damalige Wissenschaftsminister Matthöfer 1974 das Projekt: „Humanisierung des Arbeitslebens (HdA)". Das Ziel war dabei, die Arbeitsinhalte und die Arbeitsbeziehungen zu verbessern sowie belastende und gesundheitsgefährdende Arbeitssituationen abzubauen. In diesem Projekt ging es vor allem um Arbeitsstrukturen in der Produktion.

In anderen Ländern gab es vergleichbare Diskussionen zur Humanisierung der Arbeitswelt schon deutlich früher. Dass diese Diskussion in Deutschland erst später in Gang kam, hatte nach Pieroth (1974) zwei Hauptgründe: Erstens waren die besonders humanisierungsbedürftigen Arbeitsplätze überwiegend mit ausländischen Arbeitnehmern besetzt, und zweitens forcierten die Gewerkschaften ihre Anstrengungen eher im Bereich der Mitbestimmung als im Bereich der Arbeitsplatzgestaltung. Zu einer verstärkten Beschäftigung mit dieser Problematik in den 1970er Jahren führte die mit großem Aufwand betriebene Propagierung der skandinavischen Arbeitsgestaltungsmodelle, besonders die des Volvo-Werkes in Kalmar.

Die Humanisierungsanforderungen für die Arbeit im Verwaltungsbereich waren in der Vergangenheit zunächst von nachgeordnetem Belang. Die zentralen Humanisierungsherausforderungen bestanden primär in dem Abbau physischer Belastungsfaktoren. Im Rahmen des HdA-Projekts wurden über 500 Teilprojekte gefördert.

Wie erfolgreich war das Projekt „Humanisierung der Arbeitswelt" letztendlich? Schon eine Veröffentlichung aus dem Jahr 1980 von Neuberger hat den Titel „Humanisierung der Arbeitswelt – Vergessene Verpflichtung?" lässt auf keine gute Einschätzung hoffen. Neuberger bilanziert: „Vergleicht man den Anspruch und die Intensität der seinerzeit geführten Diskussion mit dem, was heute auf dem Gebiet der Humanisierung faktisch erreicht wurde, so kann man kaum um eine gewisse Enttäuschung herumkommen." Er nennt auch Gründe dafür: „Die Bemühungen, Humanisierung zu messen, sind möglicherweise schon deshalb zum Scheitern verurteilt, weil keine Einigkeit darüber besteht, was eigentlich Humanisierung ist. So wie der Begriff benutzt wird, ist er ein Musterbeispiel an Irreführung, Dehnbarkeit, Käuflichkeit. Er steht allen Interessenten für ihre Zwecke zur Verfügung."

Betrachtet man die modische und unpräzise Rolle, die der Begriff Burnout heutzutage spielt (vgl. Kap. 2), so besteht die Gefahr, dass auch die neuerlichen Anstrengungen zu einer Verbesserung der Arbeitswelt von ähnlich bescheidenem Erfolg gekrönt sind wie einst das HdA-Projekt. Insbesondere auch deshalb, weil „Burnout" ein ähnliches Containerwort darstellt wie das Wort „Humanisierung".

Im Bereich der psychischen Belastung ist die Situation zudem noch etwas komplizierter, da sich diese Belastungen prinzipiell nicht objektivieren lassen. Sie sind immer sehr subjektiv. Was für die eine Person eine Belastung ist, kann für die andere Person eine Quelle der Freude sein und umgekehrt. Selbst dann, wenn eine Belastung von zwei Personen als eine solche erlebt wird, kann es sein, dass diese Belastung bei einer Person Stresssymptome hervorruft, bei der anderen hingegen nicht. Ob dies der Fall ist, hängt von den jeweiligen (subjektiven und individuellen) Bewältigungsmöglichkeiten der jeweiligen Person ab (vgl. Kap. 4).

Sollte es ein dem Projekt HdA vergleichbares Projekt geben, mit dem Ziel die psychischen Belastungen zu reduzieren, so wäre das Ergebnis sehr wahrscheinlich ähnlich dem des HdA-Projekts. Es kann aufgrund verschiedener Sachverhalte in diesem Bereich kaum strukturelle Lösungen geben. Vielleicht ist dies einer der Gründe, warum sich bisher niemand an ein solches Projekt gewagt hat. Diese Überlegungen führen uns zu einer sehr zentralen Aussage:

▶   Psychische Belastungen können nie objektiviert werden. Sie sind immer subjektiv und können in der Regel immer erst an ihrer Wirkung als Belastung erkannt werden. Strukturelle Maßnahmen werden daher nur sehr begrenzte Effekte haben können. Der Schlüssel liegt dagegen in einer sehr subjektiven Optimierung der individuellen Passung von Person und Situation.
Burnout kann immer nur individuell betrachtet und gelöst werden. Allgemein gültige Ratschläge bezüglich der „optimalen" Lebensart sind daher unsinnig.

Welches sind nun die *relevanten* Veränderungen in der heutigen Arbeitswelt, die Stress und somit langfristig so etwas wie Burnout auslösen? Wenn man sich diese Frage stellt, muss man beachten, dass nicht jede Veränderung automatisch auch eine Belastung darstellen muss. Selbst dann, wenn eine Veränderung zu einer subjektiv wirksamen Belastung wird, muss dies noch nicht zu einer Beanspruchung führen. Ob dies der Fall ist oder nicht, hängt entscheidend von den Bewältigungsmöglichkeiten ab, über die die Person verfügt, die dieser Belastung ausgesetzt ist.

Aus stresstheoretischer Sicht gibt es hautsächlich folgende Veränderungen, die potenziell Stress erzeugen können und die den Rahmen für die individuellen Erfahrungen setzen: atypische Beschäftigungsverhältnisse, Leistung und Performance, Einkommen und Arbeitszeit, Meritokratie, Multitasking, Inflation der Kompetenzen, unendliche Prozesse, Hyperidentifikation, die Krankheit des „Zuviel". Ein modernes HdA-Projekt, das die psychischen Belastungen fokussiert, müsste schwerpunktmäßig an diesen Elementen ansetzen, um auf einer eher gesellschaftlichen Ebene andere Rahmenbedingungen zu schaffen. Es ist generell jedoch unwahrscheinlich, dass sich die Gesellschaft in eine gewünschte Richtung ändert, zumindest tut sie das nicht mit einer hohen Geschwindigkeit. Ebenso unwahrscheinlich ist es, fundamentale Änderungen in Organisationen jeglicher Art erwarten zu können. Letztendlich bleibt nur, seinen individuell optimierten Weg durch sein eigenes Leben zu finden.

3.2   Atypische Beschäftigungsverhältnisse

In den letzten Jahren haben die atypischen Beschäftigungsverhältnisse (Befristung, Teilzeit, niedriges Einkommen, verringerte Schutzrechte, …) stark zugenommen. Nach Angaben des Bundesministeriums für Arbeit und Soziales betrifft dies ca. ein Viertel der Arbeitsverhältnisse, Tendenz steigend. Die Tendenz zur Teilzeit ist dabei ein zweischneidiges Schwert. Sie kann zum Abbau von Belastungen durch erhöhte zeitliche Flexibilität führen, jedoch auch zu steigender Unsicherheit durch das verringerte Einkommen. Zudem ist die Anpassungsfähigkeit befristet Beschäftigter mehr gefordert, da sie sich immer wieder auf neue Arbeitsverhältnisse einstellen müssen.

Jedes Arbeitsverhältnis besteht aus einem formaljuristischen Arbeitsvertrag und einem impliziten „psychologischen Arbeitsvertrag", der aus den wechselseitigen Erwartungen der Vertragspartner aneinander besteht. Der Arbeitgeber erwartet implizit z. B. Einsatzbereitschaft, die Unterordnung unter vorhandene Strukturen, Loyalität, Motivation etc. Der Arbeitnehmer erwartet implizit z. B. die Berechenbarkeit des Arbeitgebers, Arbeitsplatzsicherheit, Karriereperspektiven, die Möglichkeit der Gehaltssteigerung und der Einflussnahme auf die Organisation etc. Diese gegenseitigen Erwartungen stehen nicht auf dem Papier, sie stehen jedoch trotzdem „im Raum". Da der implizite Vertrag nirgends schriftlich fixiert ist, kann es natürlich zu unterschiedlichen Interpretationen der Vertragspartner kommen. Die Veränderungen der letzten Jahre hin zu mehr atypischen Beschäftigungsverhältnissen haben oftmals die psychologischen Verträge verändert, insbesondere bezüglich der Langfristigkeit der Arbeitsbeziehung und der Sicherheit der Beschäftigung. Heute verspricht der psychologische Arbeitsvertrag oftmals nur noch Arbeitsmarktfähigkeit, auf Englisch: *employability*.

3.3   Leistung und Performance

Performance ist ein doppeldeutiger Begriff. Man kann ihn als Leistung verstehen oder als eine Darstellung. Die Performance, insbesondere in ihrer zweiten Bedeutung, hat in den letzten Jahren immer mehr an Bedeutung gewonnen. Wer heutzutage im Berufsleben nicht ständig an seine Performance denkt, sondern noch mehr an die Performance der Performance, also darüber, wie man launischen und zunehmend nach Neuigkeit gierenden Zuwendungsgebern den eigenen Nutzen fasslich macht, vergibt sich potenzielle und reale Vorteile. Es geht heute um den Anspruch der Performance auf Sichtbarkeit. Die Angestellten haben sich weithin unbemerkt von produktiven über kommunikative Wesen zu theatralen Wesen gewandelt, denen Performance (im Sinne von Darstellung) über alles geht.

Performance wird dabei oft planmäßig mit Leistung verwechselt. Es gibt immer weniger Leistungs-, dafür aber immer mehr Darstellungswettkämpfe. Die Darstellung der Leistung ist schon fast die Leistung selbst. Wo Leistung war, so scheint es, ist nun Performance. Nicht nur Personen sind dabei die Darsteller, auch die „Systeme", z. B. die IT-Systeme. Halb beherrschen sie uns, halb beherrschen wir sie.

War Leistung früher einmal im Wesentlichen ein Produkt selbstständiger, mitunter vielleicht sogar überdurchschnittlicher Pflichterfüllung mit gelegentlicher Berichtpflicht und gelegentlichen Kontrollen, bestand sie also auch ohne Beobachtung, so steht heute die permanente Beobachtung und Darstellung sowie die Darstellbarkeit einer Leistung im Vordergrund. Der Appell lautet: „Seht her, was ich tue und was ich in Zukunft tun werde!" Wir arbeiten nicht nur, wir zeigen oder weisen nach, *dass* wir arbeiten, während wir arbeiten. In und an uns vollzieht sich der Wandel vom Arbeiter zum Berichterstatter und Vermarkter der Arbeit.

Da jedoch die Aufmerksamkeitsressource derjenigen, die als Zuschauer bei der Performance gedacht sind (Kollegen, Vorgesetzte, …) zwangsläufig knapp ist, taumeln die Over-Performer, Over-Achiever und Over-Committer zwangsläufig von einer Gratifikationskrise zur nächsten.

Das Hilfsmittel zur Darstellung der eigenen Leistung und der Selbstdarstellung ist heute zweifellos die Powerpoint-Präsentation. „Danke für die Aufmerksamkeit" lesen wir oft auf der letzten Folie der Präsentation. „Keine Ursache", möchten wir sagen. „Wir sind für die Dauer der Präsentation in unsere Innenwelt abgedriftet." Der Präsentation fehlt es in aller Regel an nichts mehr als an der Präsenz. Jeder beklagt das Powerpoint-Karaoke, und jeder macht es dennoch mit. Nietzsche schreibt: „Unsere Werkzeuge schreiben an unseren Gedanken mit". Wenn das so ist, hängen wir mehr und mehr einem Powerpoint-Denken an, das man folgendermaßen beschreiben kann: „Alles, was ich zeige, verweist auf mich, hilft mir, mich zu verkaufen." Wir haben heute keine Rede mehr, sondern eine Zeige, Präsentationen ohne Präsenz, Performance ohne Ergebnis.

3.4 Einkommen und Arbeitszeit

Keynes hat in den 1930er Jahren vorhergesagt, dass das Pro-Kopf-Einkommen der Bevölkerung stark ansteigen wird und dass parallel dazu die Anzahl der Arbeitsstunden abnehmen wird. Was die Entwicklung des Einkommens betraf, hatte er recht, nicht hingegen bei der Entwicklung der Arbeitsstunden. Zwar ist die Anzahl der Arbeitsstunden auch gefallen, jedoch bei Weitem nicht in dem Ausmaß, das Keynes für möglich gehalten hatte. Er ging davon aus, dass zusätzliches Einkommen einer Grenznutzenfunktion folgt, bei der jeder weitere Zuwachs an Einkommen ein immer geringeres Maß an Befriedigung erzeugt, und dass Gesellschaften, die immer reicher werden, ein Mehr an Freizeit einem Mehr an Einkommen vorziehen würden. Diese Annahmen entsprechen jedoch nicht der Realität.

In den westlichen Gesellschaften ist zudem eine weitere Entwicklung festzustellen: Es besteht eine Divergenz zwischen Arm und Reich bezüglich der Arbeitszeiten. Während die Arbeitszeiten insgesamt gleich bleiben, arbeiten Geringverdiener und Arbeitslose oft weniger, als sie möchten, und Reiche arbeiten oft deutlich mehr, als sie müssten. Die Arbeitszeiten der Wohlhabenden sind länger geworden, als dies früher der Fall war. Ein Aristokrat arbeitete beispielsweise gar nicht, die Spitze der Gesellschaft arbeitete weniger als die Basis. Heutzutage ist oftmals an die Stelle des reichen Müßiggängers der reiche

Workaholic getreten. Der soziale Status manifestiert sich nicht mehr darin, dass man nicht mehr arbeiten muss, sondern darin, dass man besonders viel arbeitet.

Keynes sprach dem Arbeits- und Produktionssystem die Rolle eines notwendigen Übels zu. Es war notwendig, dieses System zu betreiben, um die Grundlage für ein besseres Leben zu schaffen. Warum hat die Entwicklung nicht den von Keynes prognostizierten Weg genommen? Dafür gibt es mehrere Gründe:

- Keynes hat nicht zwischen Bedürfnissen und Begierden unterschieden. Bedürfnisse sind endlich, Begierden sind dagegen prinzipiell unendlich groß.
- Der gesellschaftliche Status einer Person definiert sich immer relativ. Wenn man das Bedürfnis hat, sich gegenüber anderen Menschen abzugrenzen, muss man *mehr* haben als der andere. Dieses Mehr ist dabei völlig unabhängig von den objektiven Bedürfnissen. Auch wenn es allen „gut" geht, muss man mehr haben, wenn man sich differenzieren möchte. Das Mehr ist kein objektiver Wert, sondern immer ein relativer, ein Mehr im Vergleich zu anderen Personen. Genau wie die Plätze in einem Wettbewerb können die hochwertigsten Güter definitionsgemäß nicht von allen erreicht werden, da sie ja sonst ihre Differenzierungsfunktion verlieren würden. Dies führt dazu, dass sich der Kampf um die „besten" Güter mit zunehmendem Wohlstand noch verschärft, anstatt geringer zu werden.
- Ein weiterer Grund für die Fehlprognose von Keynes liegt darin, dass er die Opportunitätskosten nicht betrachtete. Denn auch die Freizeit hat ihre Kosten, nämlich diejenigen, die durch den potenziellen Gewinn verloren gehen, wenn man arbeiten würde, anstatt nicht zu arbeiten. Muße ist daher nicht nur ein universell anzustrebendes Gut, sie hat auch seine Nachteile – nämlich Kosten. Freizeit ist eine Zeit, die kostet, und zwar nicht nur die Kosten, die in ihr unmittelbar entstehen, sondern eben auch die Opportunitätskosten durch entgangene Gewinne.
- Bedürfnisse sind nicht a priori vorhanden, sie können auch erzeugt werden. Vielleicht greift man auch zu einem Teil einfach nach dem, was angeboten wird. Wir passen gelegentlich wohl unsere Vorlieben an und wollen das, was wir bekommen, anstatt das zu bekommen, was wir wollen. Werbung kann uns dabei zwar keine Bedürfnisse generieren, aber vorhandene modifizieren.
- Arbeit und Freizeit sind oft gar nicht mehr getrennt. Eine Party kann, genauso wie der Besuch im Golfclub, nicht nur der Freizeit und dem Abschalten dienen, sondern hat oftmals auch einen „geschäftlichen" Nutzen.

Die Unersättlichkeit hält uns – aus verschiedenen Gründen – von einem guten Leben ab. Es existiert, entgegen den Überlegungen von Keynes, ein ständiges Überangebot an Bedürfnissen. Begierden werden geweckt und befördert durch die Aufhebung von traditionellen Beschränkungen und durch die Nichtbenutzung des gesunden Menschenverstandes.

3.5 Meritokratie

Vergleicht man im kulturellen Langzeitblick einmal die Auffassungen darüber, wer am ehesten als ein Anführer akzeptiert wird, wem Ehre gebührt, so lässt sich nach Verhaeghe (2013) folgender Verlauf erkennen:

In der Antike wurde derjenige am meisten geehrt, der die größte Selbsterkenntnis und die größte Selbstbeherrschung hatte und der seine Weisheit in den Dienst der Gemeinschaft stellte. Im Christentum herrschte dagegen die Disziplinierungsgesellschaft vor. Der oberste Vertreter (der Papst) und seine Assistenten (Bischöfe, Priester, …) galten als von Gott eingesetzt. Der Mensch galt als prinzipiell schlecht, er musst durch die „besseren" Menschen diszipliniert werden. Seine schlechten Eigenschaften mussten durch Ge- und Verbote bezwungen werden. Die Disziplinargesellschaft ist eine Gesellschaft der Negativität. In ihr spielen Verbote, Nicht-Dürfen und Sollen eine zentrale Rolle.

Bis in die zweite Hälfte des 20. Jahrhunderts herrschte bei uns weitgehend die Disziplinargesellschaft. An ihre Stelle trat dann die Leistungsgesellschaft (Meritokratie). Die Leistungsgesellschaft entledigt sich immer mehr der Negativität der Disziplinargesellschaft. An die Stelle von Gebot, Verbot und Grenzen treten dabei Projekte, Initiativen, Motivation. War für die Disziplinargesellschaft das „Nein" das entscheidende Wort, so ist es für die Meritokratie das „*Yes we can*". In der Meritoktatie ist es ehrenhaft, wenn man die meisten Verdienste errungen hat. Diese Verdienste können dabei auf den Genen (Talent) oder auf der Anstrengung beruhen. In der Regel werden die Verdienste dagegen nicht auf externe Faktoren wie Umwelt, soziale Schicht, Zufall etc. zurückgeführt. Die Meritokratie ist in der Kurzzeitperspektive sehr effizient, da sich Anstrengung und Leistung lohnen. Da sich dann jedoch alle mehr anstrengen, wird es „oben" immer enger. Um die jeweiligen Erfolge auch „objektiv" messbar zu machen, bedarf es in der Meritokratie eines immer differenzierteren Messsystems. Längerfristig betrachtet, wächst sich das allerdings zu einem sehr bürokratischen System aus, es sich zunehmend selbst und wird von allen Beteiligten unterwandert. Es wird auditiert, evaluiert, bewertet, Beurteilungsgespräche werden geführt, Ziele vereinbart etc. Dies wiederum bewirkt, dass die Akteure ihr Verhalten nicht mehr im Sinne der eigentlichen Arbeit, sondern immer mehr an den Messkriterien ausrichten. Äußerliche Verpackungen werden dann oftmals wichtiger als der eigentliche Inhalt.

Früher waren Politik, Religion, Wirtschaft und Kunst zentrale kultur- und identitätsprägende Institutionen. Heutzutage sind Politiker Kabarettistenfutter, Religion wird mit Selbstmordattentätern und sexuellen Übergriffen assoziiert. Jeder fühlt sich selbst als Künstler. Nur noch die Wirtschaft hat Bestand und wird zum Prototyp der Meritokratie.

Die Meritokratie und die mit ihr verbundene Notwendigkeit, Leistung messbar zu machen, führt dabei nach Verhaeghe (2013) zu paradoxen Situationen und Verhaltensweisen, die die heutige Arbeitswelt dominieren:

- Wer die Leistung misst, statt sie zu ermessen, belohnt letztendlich Folgsamkeit. Wer sie ermisst, belohnt womöglich das Gegenteil.
- Wofür wir in den Beurteilungsbögen die passenden Rubriken vermissen, ist die Fähigkeit, den ganzen Apparat, dem wir uns ergeben haben, infrage zu stellen und zu selbstständigen Denkansätzen zu kommen.
- Das Beurteilungsschema fordert und fördert die Anpassung, die Geschmeidigkeit, mit der sich jemand durch die Organisation schlängelt – und keineswegs den, der – um in der Sprache des Managements zu bleiben – den Unterschied macht.
- Vor diesem Hintergrund erscheint die vorherrschende Beurteilungskultur als ein gewaltiges Placebo, das den Glauben an die Veränderungs- und Beeinflussbarkeit unserer Charaktere durch gutes Zureden am Leben erhalten soll.
- Wir lassen uns gerne mit Key-Performance-Indicators messen. Wir haben das Leitbild der Organisation verinnerlicht und streben nach zertifizierungsfähiger Qualität. Wir optimieren unsere Prozesse, um in Zukunft *noch* weniger Fehler zu machen. Das Urteil über unsere Arbeitsleistung überlassen wir den Evaluatoren. Schon der Hinweis, dass alles laufend evaluiert wird, löst dabei einen Legitimations- und Beruhigungsschub aus.
- In der Audit-Gesellschaft wird immer mehr beobachtet und immer weniger gehandelt. Im Zeitalter des Change-Aktionismus hat sich der Schwerpunkt der Arbeit deutlich von der Seite des Handelns auf die Seite der Beobachtung, der Dokumentation und der Rechtfertigung verlagert. Aktion ist trotz aller angeblichen Entbürokratisierung schwieriger denn je. Sie muss strategisch geplant sein, in Zielvereinbarungen dokumentiert und durch Indikatoren erhärtet, in Projektmanagement gegossen und nachher einer Evaluierung zugeführt werden.
- Weil man uns nicht traut, uns persönlich nicht und auch nicht der Institution, für die wir arbeiten, werden wir ständig kontrolliert.

Vielleicht hat man Evaluation einmal erfunden, um Willkür zu vermeiden und Transparenz zu befördern. Jetzt ist sie eine unserer Unterwerfungsgesten, mit denen wir uns bei unseren Geldgebern neue Kredite abholen, die wir sonst – warum auch immer – schon verloren hätten. Die Evaluation füllt die Stelle des abwesenden Chefs.

Die psychischen Erkrankungen der Leistungsgesellschaft sind nach Han (2010) die pathologischen Manifestationen der paradoxen Freiheit von der Disziplinargesellschaft.

3.6 Multitasking

Besonders Arbeitsunterbrechungen und Multitasking sind wirklich neue Arbeitsbedingungen. Diese wurden durch die modernen Informationstechnologien erst möglich. Arbeitsunterbrechungen und Multitasking sind „bewährte" Stressoren, die mit zunehmendem Kontrollverlust einhergehen. Unerledigte Aufgaben befördern die „Rumination", also die fortwährende gedankliche Beschäftigung mit der Aufgabe und somit die Unfähigkeit „abzuschalten".

Beim Multitasking handelt es sich um keinen evolutionären Fortschritt, sondern eher um einen Regress. Ein Tier, das mit dem Fressen beschäftigt ist, muss sich gleichzeitig auch anderen Aufgaben zuwenden. Es muss z. B. Fressfeinde fernhalten, aufpassen, dass es selbst nicht gefressen wird, den Nachwuchs bewachen und so weiter. Erst der Mensch hatte die Fähigkeit, seine Aufmerksamkeit stark zu fokussieren. Unsere kulturellen Errungenschaften verdanken wir einer tiefen Aufmerksamkeit. Auch eine kreative Langeweile ist notwendig, um produktiv zu sein. Schon Cato sagt: „Niemals ist man tätiger, als wenn man dem äußeren Anschein nach nichts tut. Niemals ist man weniger allein, als wenn man in der Einsamkeit mit sich allein ist". Die heutige Arbeitswelt gleicht nun eher wieder dem Leben eines Tieres. Die Aufmerksamkeit wird breit, aber flach.

3.7   Inflation der „Kompetenzen"

In den letzten Jahren wurden permanent neue Kompetenzen erfunden. Kam man lange Jahre mit der (an sich schon sinnlosen) Trilogie Fachkompetenz – Sozialkompetenz – Methodenkompetenz aus (Hofmann 2009), so braucht man heute (mindestens) noch zusätzlich: Führungskompetenz, Projektkompetenz, Medienkompetenz, Veränderungskompetenz, Informationskompetenz, Vernetzungskompetenz, Bewusstseinskompetenz und, um all dies zu ertragen, auch noch eine Resilienzkompetenz und noch viele Kompetenzen mehr. Man ist heutzutage kompetenzfähig oder fähigkeitskompetent. Irgendwann braucht man vielleicht als Meta-Kompetenz noch die Kompetenzkompetenz als eine „Perfect Ability", die Fähigkeit, alles irgendwie richtig zu machen.

Parallel zum permanenten Erfinden zusätzlicher Kompetenzen wird konsequenterweise das lebenslange Lernen propagiert, um diese neuen Kompetenzen zu erwerben. Der Begriff geht auf Domsch zurück. Je öfter er verwendet wurde, kam es – wie so oft bei „gängigen" und wohlfeilen Begriffen – zu einer völligen Fehlinterpretation. Domsch plädierte mit dem Begriff des lebenslangen Lernens dafür, die Prozesse näher zu untersuchen, die im „richtigen Leben", also außerhalb von Schulen, Universitäten, Trainings und Seminaren stattfinden. Einen Großteil dessen, was wir lernen, lernen wir nicht in formalen Strukturen. Dieses informelle Lernen außerhalb von Bildungseinrichtungen bezeichnet Domsch als „lebenslanges Lernen". Leider ist aus dem Programm, diese sehr relevanten Prozesse näher zu untersuchen und systematisch nutzbar zu machen, wenig geworden. Stattdessen wurde der Begriff von der Bildungsindustrie okkupiert, die ihn gebetsmühlenhaft dazu verwendet, für den Besuch von Seminaren bis zur Berentung und optimalerweise auch noch darüber hinaus zu werben. Diese Vorstellung ist für Domsch die reinste Horrorvorstellung.

Es fand zudem in den letzten Jahren eine starke Umbewertung statt: Fachwissen, das früher sehr angesehen war, wurde zunehmend als weniger wertvoll betrachtet. Das zeigt sich auch schon in den derzeit gängigen Begriffen, die natürlich aus dem amerikanischen Sprachgebrauch kommen und dabei die deutsche Sprachbedeutung völlig verdrehen können. Im Amerikanischen bedeutet der Begriff „Specialist" eher etwas minderwertiges, der „Generalist" ist dagegen deutlich wertvoller. Der Begriff „Specialist" wird dabei eher im despektierlichen Sinne gebraucht. Im Deutschen steht (oder stand zumindest) der „Spezialist" im Ansehen deutlich über dem, der von allem nur ein wenig versteht. Das Pendant zum amerikanischen „Generalist" wäre im Deutschen wohl eher der Universaldilettant. Nun könnte man sagen, es handelt sich hier einfach um eine begriffliche Veränderung. Dies greift jedoch zu kurz. Die Begriffe sind (neben der allgemein bekannten Amerikanisierung der Alltagssprache) auch Beschreibungen einer inhaltlichen Verschiebung.

Bartmann (2012) schreibt: „Die Aufteilung der Zuständigkeiten zwischen jenen, die managen und den anderen, die, gestützt auf ihre Fachkenntnisse, die operative Arbeit tun, hat zu einer Entmächtigung der Fachleute geführt. Und gleichzeitig zu einer unabsehbaren Aufwertung von Führung und Steuerung als den eigentlichen, fachübergreifenden und -überwölbenden Aufgaben, zu deren Bewältigung man vorzugsweise Spezialisten fürs Allgemeine einsetzt. Der Experte wurde abgeschafft oder zumindest geschwächt und durch einen jederzeit kampagnenfähigen und darstellungsfreudigen Generalist ersetzt".

Das zeigt sich auch daran, dass heute jeder ein „Manager" ist, zumindest muss er sich selbst, seine Zeit und seine Arbeitsaufgaben („Projekte") managen. War in Deutschland früher die Bedeutung des Begriffs „Manager" eher mit einem Geschäftsführer vergleichbar, so haben wir heute oft die amerikanische Diktion übernommen, bei der der Sachbearbeiter der „Projektmanager" ist.

3.8   Unendliche Prozesse

Ein Prozess war ursprünglich ein Gerichtsprozess. Daneben existiert jedoch eine zweite Wortbedeutung. Prozess bezeichnet mit steigender Tendenz alles, was auf Prozeduren basiert, also die Welt selbst, sofern in ihr Programme ablaufen. Überall ist jetzt die Rede von Prozessmodellen und Modellprozessen. Neben Managementprozessen und Prozessmanagement, Businessprozessen und IT-Prozessen gibt es auch gruppendynamische Prozesse, stochastische Prozesse und tausend Prozesse mehr, vom Lernprozess einmal ganz abgesehen. Es gibt Optimierungsprozesse und Prozessoptimierung, bei denen darauf geachtet wird, dass die Prozesse „sauber aufgesetzt" werden, wobei auch das „saubere Aufsetzen" selbst ein Prozess ist und die Analyse der Sauberkeit des Aufsetzens wieder ein anderer. Der „Prozess" wird nicht *gegen* uns, sondern *mit* uns geführt – eben darin liegt die Strafe.

Zum Wesen der Prozesse gehört ihre Unabschließbarkeit. Der zeitgenössische Büro- und Managementprozess, von dem Kafkas „Prozess" einen Vorgeschmack gibt, scheint prinzipiell unabschließbar – und die Strafe besteht in der Vorenthaltung eines Schlussstriches. Die Prozesslogik sieht als Höchststrafe vor, dass das Prozessende für ewig ausgesetzt wird. Es ist die Logik etwa des „lebenslangen Lernens", das keine Meisterschaft kennt und keine Erfahrung des Fertigwerdens, sondern nach erfolgter Zielerreichung nur die Vereinbarung neuer Ziele.

3.9 Hyperidentifikation

Der Begriff der Entfremdung in Bezug auf die Arbeitswelt wurde von Marx schon im Jahre 1844 geprägt, aber erst 1967 veröffentlicht. Er beschreibt den Sachverhalt, dass die Arbeit dem Arbeiter fremd ist, ihm selber nicht gehört. Seine Arbeit befriedigt nicht seine eigenen Bedürfnisse, sondern die Bedürfnisse anderer Personen, für die er arbeitet. Es kommt zu einer *Ent*wirklichung der Arbeit, der Arbeiter kann sich selber nicht *ver*wirklichen. Marx sah die Entwicklung, dass der Prozess der Entfremdung immer weiter voranschreiten würde. Er lag damit ebenso wie Keynes ziemlich falsch.

Die Entfremdung scheint ein Relikt der Arbeitswelt des letzten Jahrhunderts zu sein, man kann dies schon dadurch sehen, dass er heute nur noch sehr selten gebraucht wird. Die heutige Arbeitswelt funktioniert anders, als von Marx vorhergesagt: Wir führen uns heute selbst, wir sind im ständigen Einklang mit den Zielen unserer Organisation, die wir selbst im Rahmen der Zielvereinbarungssysteme vereinbart haben. Diese Kultur tritt nicht autoritär auf, duldet aber keinen Widerspruch oder erklärt diesen für absurd. Unsere Ziele sind auch die Ziele der Organisation. Wir empfangen sie nicht einfach von oben, wir vereinbaren sie, unsere Wünsche und Bestrebungen sind also komplett darin enthalten.

Man hat dadurch nicht einmal mehr die Möglichkeit der Distanzierung. Von wem soll man sich auch distanzieren? Gegen eine Software, eine Wissenschaft, Medien, gegen BWL, gegen IT? Gegen sich selbst? Gegen all dies kann man nicht in einen Ausstand treten. Bei wem soll man sich beschweren, über wen sich empören?

Über- und Unteridentifikation
Unteridentifikation Überidentifikation

Unteridentifikation		Überidentifikation
Hoch	*Distanz zur Tätigkeit*	Gering
Vorgetäuscht vordergründig	*Engagement*	Aktionistisch
Hoch	*Kooperationsfähigkeit*	Gering
Eigeninteresse	*Interessensausrichtung*	Unternehmensinteresse
Niedrig	*Leistungsbereitschaft*	Hoch

3.10   Die Krankheiten des „Zuviel"

Han (2010) beschreibt die Entwicklungen unserer Gesellschaft mit der Analogie der für eine Zeit typischen Krankheiten. Er zieht die Parallele zwischen der individuellen Erkrankungsform und der Form der gesellschaftlichen „Erkrankung". Jedes Zeitalter hat demnach seine Leitkrankheiten. Es gab ein bakterielles Zeitalter, in dem die meisten Krankheiten durch Bakterien verursacht wurden. Mit der Entdeckung der Antibiotika ging das Zeitalter der Bakterienkrankheiten zu Ende. Danach kam das Zeitalter der viralen Epidemien. Das 21. Jahrhundert scheint nun nicht mehr bakteriell oder viral, sondern eher neuronal bestimmt. Die entscheidenden Krankheiten sind eher „Infarkte" (im übertragenen Sinne) als Infektionen. Dominierende Krankheiten sind dabei Depressionen, ADHS, Borderline-Störungen oder eben Burnout.

Während bakterielle und virale Krankheiten sich dadurch auszeichneten, dass sie von Negativität geprägt waren (ein „anderer" Körper drang in den Körper ein, das Immunsystem musste ihn vernichten), sind die neuronalen Krankheiten durch Positivität gekennzeichnet, da sie auf dem Prinzip beruhen, dass sich nicht etwas „anderes", sondern etwas „zu viel" abspielt. Virale und bakterielle Krankheiten sind auch dadurch zu charakterisieren, dass Bakterien oder Viren eine Grenze (die des Körpers bzw. des Immunsystems) übersprungen hatten, also nicht „in Schach gehalten" werden konnten und durch ihre Andersartigkeit gegenüber dem Körper der befallenen Person gefährlich wurden. Neuronalen Krankheiten zeichnen sich durch ihre Grenzenlosigkeit, ihre Ent-Grenzung aus. Hier zeigt sich auch die Parallele zu den globalen und wirtschaftlichen Entwicklungen, die sich ebenfalls durch Entgrenzung auszeichnen.

Nicht nur Andersartigkeit (Infektion), sondern auch ein Zuviel an Gleichartigkeit kann eine Krankheit hervorrufen. Im Gegensatz zu der Immunreaktion auf Bakterien und Viren gibt es jedoch bei einem Zuviel an Gleichartigkeit keine Immunreaktion. So gibt es z. B. keine Immunreaktion auf zu viel Fett. Das Gleiche führt (leider) nicht zu einer Bildung von Antikörpern, die die Abwehrkräfte stärken könnten. Die Krankheit der heutigen Gesellschaft, die gekennzeichnet ist durch Überproduktion, Überleistung und Überkommunikation kann nicht mehr immunologisch verstanden werden. Han (2010) spricht hier von „neuronaler Gewalt".

Die Positivierung der Welt lässt diese neuen Formen der Gewalt entstehen. Diese Gewalt geht nicht von anderen Personen aus, sondern hat ihre Quelle in der Person selbst. Diese Gewalt kommt nicht von außerhalb des Systems (wie ein fremder Virus), sie ist dem eigenen System immanent. Das „Hyper" bei der Hyperaktivität ist keine immunologische Kategorie, sondern es ist eine Vermassung des (eigentlich) Positiven. Die Positivität des Könnens ist dabei viel produktiver als die Negativität des Sollens, daher schaltet das gesellschaftliche Unbewusste auf das Können um. Diese „Gewalt des Positiven" (Han) führt zu psychischen Infarkten.

Das Übermaß des Positiven äußert sich auch als Übermaß an Reizen, Informationen und Impulsen. Dies führt zu einer Fragmentierung und zu einer „Zerstreuung" der Aufmerksamkeit im Sinne eines Multitaskings (s. Abschn. 3.6).

3.11 Soziale Beschleunigung – veränderte Raum- und Zeitwahrnehmung

Wenn man die Struktur der heutigen Lebens- und Arbeitsbedingungen betrachtet, lohnt es sich, insbesondere die Zeitstrukturen zu analysieren, da diese Strukturen in hohem Maße den Rahmen setzen, in dem Handeln überhaupt stattfinden kann.

Das menschliche Leben spielt sich in den Hauptdimensionen Raum und Zeit ab. Der Raum war dabei über die gesamte Entwicklungsgeschichte des Menschen (mit Ausnahme der letzten Jahrzehnte) naturgemäß in der Wahrnehmung dominant, für ihn haben wir eine gut ausgeprägte Sensorik. Die Grundlinien unserer Wahrnehmung werden dabei z. B. auch von der Schwerkraft vorgegeben, es gibt ein eindeutiges „Oben" und „Unten". Auch existiert es ein eindeutiges „Vorn" und „Hinten".

Ganz anders verhält es sich dagegen mit der Zeit. Wir haben keine gute sensorische Wahrnehmung für die Zeit. Die in der bisherigen Menschheitsgeschichte vorherrschende und auch physiologisch determinierte Dominanz der Raum- vor der Zeitwahrnehmung wird in der heutigen Lebens- und Arbeitswelt relativiert oder gar ganz umgekehrt. Viele Orte verlieren ihre Bedeutung – man muss nicht mehr zur Universität gehen, um zu studieren, das geht auch virtuell. Man braucht nicht mehr zur Bank zu gehen, auch die Bankgeschäfte kann man virtuell erledigen. Das Kaufhaus wird irrelevant, da man alles von zu Hause aus bestellen kann und alles dorthin geliefert wird. Die Kollegen braucht man nicht mehr im Büro zu treffen und kann trotzdem mit ihnen kommunizieren und zusammenarbeiten. Man muss vielleicht auch gar nicht mehr zur Arbeit zu gehen, da man im Homeoffice arbeiten kann. Selbst wenn man sich räumlich bewegen muss, gelingt dies durch die Verbesserung der Infrastruktur immer schneller (außer man steht im Stau). Durch die Kommunikationsmittel kann man mit jemandem, der auf einem anderen Kontinent lebt, deutlich besser im Kontakt sein, als mit seinem Nachbarn, der nur ein paar Meter entfernt von einem wohnt. Der Raum verliert durch diese und ähnliche Entwicklungen immer mehr an Bedeutung. Er wird in unserer Wahrnehmung gewissermaßen zusammengezogen, komprimiert oder gar irrelevant. Orte werden dadurch zu Nicht-Orten.

Während die Raumwahrnehmung (für die wir physiologisch prädestiniert sind) für uns immer bedeutungsloser wird, erhält die Zeitwahrnehmung (für die wir physiologisch schlecht ausgestattet sind) immer mehr Bedeutung. Das Problem, das man heute z. B. beim Reisen hat, ist nicht so sehr ein räumliches, sondern eher ein zeitliches. Man kämpft heute mehr mit Fahrplänen, Umsteigezeiten, Staus, Verspätungen etc. als mit der Frage, wie man Distanzen überwindet. Der Raum verliert dadurch immer mehr seine „natürliche" Funktion zur Orientierung. Die Zeit wird stattdessen immer wichtiger für unsere Orientierung. Das ist jedoch problematisch, da wir, wie gesagt, von Natur aus keine gute Zeitwahrnehmungsfähigkeit besitzen. Daher nimmt unsere „Orientierungslosigkeit" zu.

Diese Orientierungslosigkeit kann man mit folgender Metapher beschreiben: Früher fuhr man auf einem See und konnte die Richtung grob an einem Leuchtturm ausrichten, auch wenn es immer wieder Abweichungen von der Route gab. Heute ist es eher so, als ob man auf einem aufgewühlten Meer navigiert und sich dabei nur darauf konzentriert, von der einen Welle zur nächsten das Schiff geradezuhalten. Der Gesamtplan, die Gesamtrichtung fehlt dabei jedoch oft. Entfremdung kann in diesem Zusammenhang als das Vakuum gesehen werden, das durch diese Orientierungslosigkeit entsteht.

Bei der Wahrnehmung der Zeit gibt es nun einen allumfassenden Trend: die Beschleunigung. Es kommt zu einer Art „Gegenwartsschrumpfung". Der Begriff der Gegenwartsschrumpfung wurde von Hermann Lübbe (1998) geprägt und bezeichnet folgenden Prozess: Die Vergangenheit ist das, was nicht mehr gilt, die Zukunft das, was noch nicht gilt. Die Gegenwart ist das, was gerade gilt. Nur in der Gegenwart können wir uns gut orientieren, haben Bewertungs- und Erwartungssicherheit. Das Verfallsdatum dieser Art von Gegenwart und somit die Verlässlichkeit von Erfahrungen und Erwartungen wird jedoch immer geringer. Wie lange kann man heute noch etwas anfangen mit dem Wissen über Öffnungszeiten, Versicherungs- oder Handytarife, die Ziele von Parteien etc.?

In früheren Zeiten herrschte eine nur geringe intergenerationale Veränderungsgeschwindigkeit. Über viele Generationen blieb vieles im Leben stabil. Berufe wurden von den Vätern an die Söhne weitergegeben. Werthaltungen und Traditionen überdauerten viele Generationen. In der Mitte des 19. Jahrhunderts gab es dann nur noch eine intragenerationale Stabilität. Man entschied sich einmal für seinen Beruf und behielt ihn dann für eine Generation bei. Seit einigen Jahrzehnten gibt es jedoch nicht einmal mehr diese intragenerationale Stabilität. Man wechselt im Laufe seines Lebens mehrfach den Beruf, den Partner und so weiter. Um den Prozess des Erlebens der zunehmenden Beschleunigung verstehen zu können, ist es hilfreich, in Anlehnung an Rosa (2014) zwischen technischer und sozialer Beschleunigung zu unterscheiden.

Die Möglichkeiten, die durch die technische Beschleunigung entstehen, könnten eigentlich zu einer Vermehrung der uns frei zur Verfügung stehenden Zeit führen. Eine E-Mail zu verfassen, geht schneller als einen Brief zu schreiben. Das Internet erspart uns viele unnötige Wege. Wir könnten also durch eine effiziente Nutzung der technischen Möglichkeiten Zeit im Überfluss gewinnen und diese technische Beschleunigung dazu verwenden, das Leben zu entschleunigen. Die Erfahrung zeigt jedoch, genau das Gegenteil der Fall ist. Wir erleben das Leben als beschleunigt und die Zeit wird knapper. Woran liegt das? Was frisst den Zugewinn, den wir an der technischen Beschleunigung haben, sofort wieder auf?

Rosa (2014) nennt diesen Prozess, der uns um die potenziellen Früchte der technischen Beschleunigung bringt, die „soziale Beschleunigung" (s. Abb. 3.1). Das Schreiben einer E-Mail z. B. spart natürlich Zeit. Dadurch, dass E-Mails jedoch verstärkt von allen genutzt werden, werden insgesamt viel mehr E-Mails produziert. Jede für sich genommen sparen E-Mails sicherlich Zeit, aber in der Addition sind sie eben doch zeitraubend. Die sozialen Wachstumsraten von E-Mails sind dann höher als die technischen Beschleunigungsraten. Der potenziell zeitgenerierende Prozess wird in einen zeitverschlingenden Prozess umgekehrt. Warum gibt es nun diese soziale Beschleunigung, die nahezu zwingend jeder technischen Beschleunigung folgt und dabei verhindert, dass wir die Früchte der technischen Beschleunigung tatsächlich in Form von Zeitgewinnen ernten können?

Ein Grund dafür ist der Wettbewerb. Jede technische Beschleunigung kann in einen Wettbewerbsvorteil umgemünzt werden. Eben dieser Wettbewerb ist das oberste Prinzip

Abb. 3.1 Kontrollverlust
durch soziale Beschleunigung

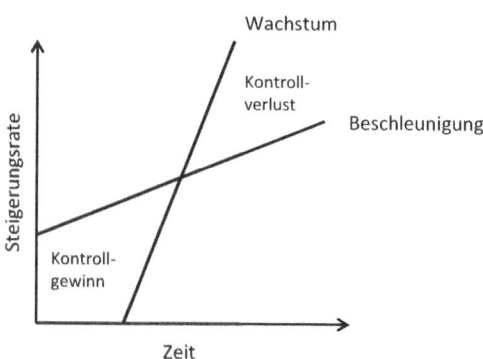

der heutigen Zeit. Um heutzutage z. B. eine unangenehme politische Entscheidung zu rechtfertigen, reicht es völlig aus, diese damit zu begründen, dass sonst die Wettbewerbsfähigkeit der Nation leiden würde. „Die Konkurrenz schläft nicht" lautet das Credo der Zeit. Es herrscht das Gefühl der „rutschenden Abhänge" vor, Nichtstun wäre Rückschritt. Daher verpassen wir die Chancen, die die technische Beschleunigung bietet, regelmäßig. Technische Prozesse werden zuerst ermöglicht und dann in kürzester Zeit für alle verbindlich erforderlich. Dadurch wird soziales Wachstum generiert. Nicht mehr *up to date* zu sein, wäre in einem solchen System katastrophal.

Der soziale Beschleunigungsdruck kann deshalb seine volle Wirkung entfalten, weil er von „niemandem" ausgeübt wird, er ist einfach da. Er wird von niemandem gefordert, politisch nicht erstrebt, etc. Daher fehlt auch eine entsprechende Institution, gegen die man sich auflehnen könnte. Er hat dagegen den Charakter eines Naturgesetzes, das weder infrage gestellt noch diskutiert werden kann. Auf politischer Ebene gibt es im 21. Jahrhundert keine Intentionen mehr, die sozialen Bedingungen zu optimieren, stattdessen ist das dominierende Ziel politische Gestaltung heute, die Konkurrenzfähigkeit zu erhalten und zu verbessern und somit die Beschleunigungsfähigkeiten aufrechtzuerhalten.

Die Beschleunigung sollte eigentlich dazu dienen, die Ressourcen dazu bereitzustellen, um die eigenen Träume, Ziele und Lebenspläne realisieren zu können. Oftmals verhält es sich heute genau andersherum: Die Träume, Ziele und Lebenspläne der Individuen werden dazu verwendet, die Beschleunigungsmaschinerie am Laufen zu halten.

Der prinzipiell durch technische Beschleunigung erreichbare Kontrollgewinn wird durch das Wachstum durch die soziale Beschleunigung mehr als aufgezehrt und verkehrt sich in einen Verlust an Kontrolle, der sich als Stressor auswirken kann (vgl. Kap. 4).

3.12 Die Bedeutung dieser Rahmenbedingungen

Die in diesem Kapitel beschriebenen Veränderungen der Arbeitswelt stellen auf der Makroebene den Rahmen des individuellen Erlebens und Gestaltens der Arbeitswelt dar. Dieser Rahmen beeinflusst die Organisation und das Individuum innerhalb der Organisation. Die Organisation kann dabei zumindest einen „Kulturrahmen" setzen, sie kann sich aber natürlich den gesamtgesellschaftlichen Entwicklungen nicht völlig entziehen. Änderungen in der Arbeitswelt wird es immer geben. Es gab sie auch schon immer, wie die Beispiele am Anfang dieses Kapitels gezeigt haben. Weniger die einzelnen Veränderungen als vielmehr die Menge und die Kombination der Veränderungen scheinen ein neueres Phänomen zu sein. Die „(gute) alte" Arbeitswelt war, wie diese Beispiele belegen, auch nicht viel besser als die jetzige. Zu ihrer Beschreibung der „alten" Unannehmlichkeiten war jedoch der Begriff Burnout noch nicht erfunden.

Wichtiger als die gesellschaftlichen Rahmenbedingungen auf der Makroebene, unter denen Arbeit stattfindet und die man kaum verändern kann, sind jedoch die Mikrobedingungen der Arbeit. Sie sind unmittelbar relevant für das aktuelle Empfinden und können auch wesentlich besser beeinflusst bzw. ausgewählt werden. Diese Mikrobedingungen sind Gegenstand der Kap. 5–8. Zunächst wird jedoch im Kapitel 4 die Stressreaktion etwas näher betrachtet.

Literatur

Bartmann, C. (2012). *Leben im Büro. Die schöne neue Welt der Angestellten.* München: Hanser.

Han, B. (2010). *Müdigkeitsgesellschaft.* Berlin: Mattes & Seitz.

Hofmann, E. (2009). *Personalentwicklung.* Bern: Haupt.

Lübbe, H. (1998). Gegenwartsschrumpfung. In K. Backhauer & H. Bonus (Hrsg.), *Die Beschleunigungsfalle oder der Triumpf der Schildkröte.* Stuttgart: Schäffer/Pöschel.

Marx, K. (1867). *Das Kapital.* Hamburg: Verlag Otto Meissner.

Neuberger, O. (1980). *Humanisierung der Arbeitswelt – vergessene Verpflichtung?* Stuttgart: Poeschl.

Pieroth, W. (1974). Humanisierung der Arbeitswelt – Herausforderung für die Union. *Sonde, 7.*

Rosa, H. (2014). *Beschleunigung und Entfremdung.* Berlin: Suhrkamp.

Verhaeghe, P. (2013). *Und ich?* München: Kunstmann.

Beschreibung der Stressreaktion

4

Der Begriff „Stress" stammt ursprünglich aus der Materialforschung und bedeutet dort „Anspannung, Verbiegung, Belastung". Um das Jahr 1950 herum hat der Pionier der Stressforschung Hans Selye den Stressbegriff auf die Biologie übertragen. Er bedeutet hier ebenfalls „Anspannung, Belastung".

Heutzutage ist das Wort „Stresstest" in Mode gekommen. Es wird immer dann gebraucht, wenn man die Robustheit von irgendetwas bestimmen will. Das Wort „Stresstest" wird dabei jedoch sehr unpräzise und eher im politischen Umfeld gebraucht. Im Weiteren soll daher Stress den Zustand der Anspannung und Belastung bedeuten. Die jeweiligen Situationen, die Stress auslösen, werden in Abgrenzung dazu „Stressoren" genannt. Stressoren können rein physische Stressoren sein, wie z. B. Lärm, Hitze oder Kälte, Schmerzen, physische Verletzungen oder chemische Substanzen. Sie können aber auch aus dem Leistungsbereich stammen, wie z. B. aus Überforderung oder Unterforderung, Prüfungen, Bewertungssituationen, Leistungsdruck, Frustration etc. Im sozialen Bereich sind Stressoren wie Isolation, Trennung, Menschenmassen, Konkurrenz, Aggressionen, Teamklima, Führung usw. zu nennen.

Welche Ereignisse nun als Stressoren wirken und welche nicht, kann man dabei nicht allgemeinverbindlich sagen. Schon die Alltagserfahrung lehrt, dass manche Menschen etwa eine Achterbahnfahrt, eine Klettertour oder einen Vortrag vor vielen Zuhörern zu halten als eine Quelle der Freude empfinden, andere dagegen als einen Stressor. Ob eine Situation zu einem Stressor werden kann, hängt neben den objektiven Gegebenheiten auch stark von der Lern- und Lebensgeschichte des Einzelnen ab und von individuellen Bewertungen des Stressors sowie der Einschätzung der eigenen Bewältigungsmöglichkeiten.

▶ **Definition von Stress** Stress ist eine unspezifische Aktivierungsreaktion des gesamten Organismus auf Stressoren, wenn diese als Gefährdung wahrgenommen werden.

© Springer Fachmedien Wiesbaden 2015
E. Hofmann, *Wo brennt es beim Burnout?*, DOI 10.1007/978-3-658-08592-6_4

4.1   Wie verändert sich unser Körper bei Bedrohungen?

Um die Reaktion unseres Körpers und unseres Gehirns in Stresssituationen (Bedrohungen/Belastungen) verstehen zu können, ist es hilfreich, uns in die Welt unserer Vorfahren vor ca. 100.000 Jahren zu versetzen. Stellen wir uns folgende Situation vor: Ein Mensch vor 100.000 Jahren hört Gebrüll. Er hört Tritte im Wald und glaubt, einen Schatten gesehen zu haben. Was wird dieser Mensch tun? Er wird wahrscheinlich versuchen, blitzschnell davonzulaufen. Wenn ihm dies nicht mehr möglich ist oder wenn er glaubt, stärker zu sein als das Tier, das wahrscheinlich die Geräusche verursacht hat, so wird er sich zum Kampf mit dem Tier bereit machen. Er hat also prinzipiell zwei Möglichkeiten, um auf die potenzielle Bedrohung zu reagieren, entweder mit Kampf oder mit Flucht. Um bei realen physischen Bedrohungen entweder kämpfen oder flüchten zu können, müssen im Körper einige physiologische Veränderungen ablaufen, die letztendlich der schnellen Bereitstellung großer Mengen von Energie dienen.

Automatisch ablaufende physiologische Veränderungen bei physisch realer Bedrohung

Erhöhung der Herzfrequenz:
    Das Herz schlägt in Bedrohungssituationen schneller, dadurch wird die Durchblutung der Muskulatur erhöht. Es wird mehr Sauerstoff, der zur Energiegewinnung benötigt wird, in die Zellen transportiert. Mit einer Erhöhung der Herzfrequenz geht auch eine Erhöhung des Blutdrucks einher. Die Erhöhung der Herzfrequenz ist wohl die am deutlichsten spürbare Komponente der Stressreaktion.

Beschleunigung der Atmung:
    Durch eine schnellere Atmung wird dem Körper mehr Sauerstoff zur Verfügung gestellt, der zur vermehrten Energieerzeugung notwendig ist.

Bereitstellen von Blutfetten:
    Der Körper stellt der Muskulatur Fette zur Verfügung, um aus deren Abbau Energie zu gewinnen. Diese Fette werden über die Blutbahnen zu der Muskulatur transportiert.

Hemmung der Verdauung:
    Das Blut wird aus den inneren Organen in die Muskulatur umverteilt. Dadurch wird die Verdauung gehemmt, der Körper scheint sich zu sagen: „Erst der Gefahr entgehen, dann weiter verdauen. Es gibt im Moment wichtigere Dinge (Kampf oder Flucht) als Verdauung". Der Körper konzentriert seine ganzen Kräfte auf diejenigen Funktionen, die akut zum Überleben wichtig sind. Das Blut wird dabei hauptsächlich von Magen, Darm, Leber und Nieren abgezogen und stattdessen der Arbeitsmuskulatur zugeleitet.

Hemmung der Sexualfunktion:
    Hier gilt das Gleiche wie bei der Verdauung: Die Sexualfunktion ist in dem Moment der realen physischen Bedrohung für das Überleben unwichtig und wird daher blockiert.

Erhöhung der Muskelspannung:
    Durch das Vorspannen der Muskulatur ist es möglich, Bewegungen schneller ausführen zu können. Die Vorspannung der Muskulatur ermöglicht ihr, bildlich gesprochen, einen „fliegenden Start". Man ist durch die Vorspannung der Muskulatur „auf dem Sprung", um sofort reagieren zu können. Diesen Effekt kann man z. B. gut bei Tennisspielern beobachten, die einen gegnerischen Aufschlag erwarten. Der ganze Körper ist in Anspannung und in Bewegung, um aus der Anspannung und Bewegung heraus schneller reagieren zu können. Besonders stark verspannt sich die Muskulatur in Stresssituationen im Hals- und Schulterbereich. Dies geschieht vermutlich deshalb, weil durch das Hochziehen der Schultern die großen Arterien, die im Normalzustand relativ ungeschützt am Hals entlang laufen, geschützt werden sollen.

Erhöhung der Blutgerinnungsfähigkeit:
In Situationen physischer Bedrohung wird die Gerinnungsfähigkeit des Blutes reflexhaft erhöht. Bei erhöhter Blutgerinnungsfähigkeit ist es wahrscheinlicher, im Falle einer Verletzung zu überleben, da die Wunde dann weniger stark blutet bzw. sich schneller wieder verschließt.

Senkung des elektrischen Hautwiderstandes:
Der Grund für diese physiologische Veränderung ist noch nicht genau bekannt. Der „kalte Schweiß" tritt auf. Mit der Absonderung von Schweiß geht eine Verringerung des elektrischen Hautwiderstandes einher. Die Schweißabsonderung kann jedoch nicht den ganzen Effekt der Verringerung des Hautwiderstandes erklären. Diese Reaktion des Körpers in Stresssituationen wird auch „Psychogalvanischer Reflex" genannt.

Aufmerksamkeitseinengung auf die Gefahrenquelle:
Die ganze Aufmerksamkeit wird in physischen Bedrohungssituationen auf die tatsächliche oder vermutete Bedrohung gerichtet. Es bleibt keine Aufmerksamkeit für die Wahrnehmungen übrig, die nichts mit der Bedrohung zu tun haben. Aus anekdotischen Kriegsberichten ist bekannt, dass die momentane Aufmerksamkeitseinengung bei einem Feindangriff so stark sein kann, dass selbst der Verlust des eigenen Beines kurzzeitig nicht bemerkt werden kann.

Erhöhung der Wachheit, Aktivierung:
Es kommt zu einer Erhöhung der Wachheit. Dies zeigt sich darin, dass die elektrischen Gehirnwellen hochfrequent und niederamplitudig werden. Niederfrequente und hochamplitudige Gehirnwellen, wie sie für Entspannungszustände charakteristisch sind, werden dagegen blockiert.

Erhöhung der Schmerztoleranz:
Kurzfristig wird die Schmerztoleranz erhöht. Dies ermöglicht es, besser kämpfen oder flüchten zu können, indem man unempfindlicher für die zu erwartende Schmerzreize wird.

Erhöhte Aktivität des Immunsystems:
Die Aktivität und die Effizienz des Immunsystems werden kurzfristig gesteigert. Dadurch wird die Voraussetzung geschaffen, eindringende Fremdkörper besser bekämpfen zu können.

All diese körperlichen Reaktionen laufen blitzschnell und „unbewusst" ab. Das Wort „unbewusst" bedeutet dabei, dass wir die Veränderungen nicht willentlich herbeiführen. Der Begriff „un*be*wusst" wird in diesem Buch immer im Sinne von „un*ge*wusst" gebraucht und hat keinen Bezug zu psychoanalytischen Begriffen wie Triebe, Verdrängung etc.

Einige der Reaktionen des Körpers in physischen Bedrohungssituationen, wie z. B. die Beschleunigung der Atmung oder die Erhöhung der Herzfrequenz, sind zumindest prinzipiell gut bewusst wahrnehmbar. Andere Abläufe, z. B. die Veränderung der Gehirnwellen oder das Ausschütten von Blutfetten, sind unserer Wahrnehmung dagegen ohne Hilfsmittel nicht unmittelbar zugänglich. Der Körper verfügt leider über kein spezielles Organ zur Wahrnehmung von Stress, das ihm sagt: „Jetzt habe ich mir zu viel zugemutet". Trotzdem lohnt es sich, einmal zu überlegen, welches Organ bei einem selbst diese Funktion noch am ehesten übernehmen kann. Fragen Sie sich dazu:

- Welches Organ meldet sich bei Ihnen zuerst bei Stress?
- Was tun Sie dann?
- Wie lange meldet sich das „Stressorgan" in der Regel?
- Wodurch gelingt es Ihnen, das Organ zur Ruhe zu bewegen?

Die beschriebenen Veränderungen sind – zumindest über einen gewissen Zeitraum – nicht schmerzhaft und werden daher auch in der Regel nicht bemerkt. Oftmals registriert man sie erst mit einem gewissen Abstand zu sich selbst, wie dies z. B. im Urlaub der Fall ist.

Im Laufe der Evolution haben sich die oben beschriebenen Reaktionen herausgebildet und durchgesetzt, weil sie zu einer erhöhten Lebensfähigkeit in einer Welt realer physischer Bedrohungen geführt haben. Diejenigen, die nicht über diesen Reaktionsmechanismus verfügten, hatten keine Chance, unsere Vorfahren zu werden. Sie wurden im Staub der Evolution zurückgelassen. Im Laufe der Evolution wurden die körperlichen Reaktionen ausgebildet, die dabei behilflich waren, die Alltagsprobleme der Jäger und Sammler zu lösen. Wir verfügen auch heute noch über diese grundlegenden Überlebensmechanismen aus der Urzeit, obwohl sich unsere Umwelt und unsere Lebensbedingungen drastisch geändert haben.

4.2   Bedrohungen früher und heute

Die Kampf-/Fluchtreaktion hatte für unsere Vorfahren unmittelbar lebensrettende Bedeutung. In der heutigen Welt geht es glücklicherweise immer weniger darum, realen physischen Gefahren (z. B. wilden Tieren, physischen Angriffen,…) zu begegnen. Dennoch ist die Kampf-/Fluchtreaktion in Ausnahmefällen noch durchaus sinnvoll, z. B. um sich mit einem gezielten Sprung vor einem mit überhöhter Geschwindigkeit herannahenden Auto zu retten. In solch einer Situation zu lange zu zögern und nachzudenken, wäre im wahrsten Sinne des Wortes tödlich.

Die Mehrzahl der Gefahren, denen wir uns in unserem heutigen Leben und insbesondere in der Arbeitswelt gegenübersehen, sind meist jedoch eher mittelbarer und häufig psychischer Natur (z. B. Zeitdruck, Kritik, schwierige Verhandlungen, Probleme mit Kollegen, Mitarbeitern, Vorgesetzten). Die körperliche Reaktion auf diese mittelbaren und psychischen „Gefahren" ist jedoch genau die gleiche wie die, mit der der Körper auf eine unmittelbare physisch reale Gefahr reagieren würde. Für unseren Körper ist es völlig egal, ob die Bedrohung aus einem wilden Tier oder z. B. aus dem alltäglichen Ärger mit Lieferanten besteht. Er reagiert physiologisch genauso, indem er sich zum Kampf oder zur Flucht vorbereitet.

Entwicklungsgeschichtlich gesehen, ist die Zeitspanne von den Tagen, als der Mensch als Jäger und Sammler lebte und sich unsere physiologischen Überlebenstechniken und Denkgewohnheiten entwickelt haben, bis heute nur sehr kurz. Mit der Entwicklung vom Jäger und Sammler zum Ackerbauern und Viehzüchter haben sich jedoch die Lebensbedingungen des Menschen drastisch verändert. Der Mensch begann, die Umwelt, mit der er bis dahin eins war, nach seinem eigenen Willen zu gestalten. Diese willentliche Veränderung der Lebenswelt des Menschen hat sich seither immer mehr beschleunigt.

Wir haben uns insbesondere in den letzten Jahrhunderten eine Umwelt geschaffen, in der reale Bedrohungen immer seltener wurden, psychische Belastungen und Bedrohungen wie z. B. Leistungsdruck, Konkurrenz, Hektik etc. haben dagegen immer mehr zugenommen. In den letzten 200 Jahren war die Veränderung unserer Lebensbedingungen besonders groß. Unser Verhalten hat sich mit diesen veränderten Bedingungen ebenfalls stark gewandelt, nicht jedoch unsere körperliche Reaktion auf physisch unmittelbar reale oder „nur" vorgestellte Bedrohungen und Belastungen. Nach wie vor reagiert der Körper auf diese Stressoren mit der Kampf-/Fluchtreaktion.

Die Kampf-/Fluchtreaktion wird größtenteils vom sogenannten Stammhirn, einem entwicklungsgeschichtlich sehr alten Gehirnteil, gesteuert. Es reguliert alle lebenswichtigen Funktionen, wie z. B. die Atmung, die Verdauung, Hunger, Immunabwehr und eben auch die Kampf-/Fluchtreaktion. Unser Großhirn und die Großhirnrinde, mit deren Hilfe wir uns unsere heutige Umwelt gestaltet haben, haben sich dagegen entwicklungsgeschichtlich erst relativ spät ausgebildet. Das Stammhirn wurde im Laufe der Evolution nicht prinzipiell „umgebaut" (indem z. B. die funktionalen Zusammenhänge hätten geändert werden können). Es wurde vom Großhirn gewissermaßen „überbaut", indem neue Funktionen hinzukamen, die alten aber auch noch bestehen blieben. Dies hat dazu geführt, dass unser Verhalten förmlich von zwei Gehirnteilen gesteuert wird, die uns in manchen Situationen sogar gegensätzliche Impulse geben können.

Unsere heutige Lebens- und Arbeitssituation hat (zum Glück) nichts mehr oder nur noch sehr wenig mit der Urwelt zu tun. Unser Stammhirn reagiert jedoch auch heute genauso noch wie vor Tausenden von Jahren. Von den Veränderungen unserer Lebensbedingungen (die durch unser Großhirn erst möglich wurden) weiß unser Stammhirn nichts. Wir haben noch genau die gleiche genetische Ausstattung wie vor einigen tausend Jahren. Käme einer unserer Vorfahren aus der Jäger- und Sammlerzeit mit einer Zeitmaschine in die heutige Zeit, so könnten wir ihn wahrscheinlich in seinen körperlichen Reaktionen nicht von heutigen Menschen unterscheiden. Er verfügt über dieselbe biologische Grundausstattung wie wir.

Unser Großhirn oder genauer gesagt unsere Großhirnrinde hat uns in die Lage versetzt, unsere Umwelt in einem immer stärkeren Ausmaß und immer schneller durch technische Errungenschaften zu verändern. Mit unserem Körper tragen wir daher heute ein historisches Fossil mit uns herum, das in seiner biologischen Funktionalität nicht mehr unserer heutigen Lebensweise entspricht. Der Mensch hat ca. 99 % seiner Existenz als Jäger und Sammler verbracht. Für diese Art des Lebens ist unsere biologische Ausstattung gemacht, nicht jedoch für die Welt, in der wir heute leben. Dies kann im heutigen Leben zu widersprüchlichen Handlungstendenzen führen.

Ein verbaler Angriff z. B. in einer Besprechung führt zu einer körperlichen Reaktion, die uns auf Kampf oder Flucht vorbereitet. Statt auf den Diskussionspartner losgehen oder aus dem Besprechungsraum rennen, verharren wir in aller Regel physisch nahezu regungslos in der Situation. Innerlich jedoch ist noch einige Zeit die Unruhe zu spüren, die aus der freigesetzten Energie herrührt, die der Körper für einen Kampf oder die Flucht bereitgestellt hat.

4.3   Kurz- und langfristige Konsequenzen der Nichtpassung

Die Tatsache, dass uns unser Körper als Reaktion auf Stressoren auf Kampf oder Flucht vorbereitet, wir aber im heutigen Leben weder physisch kämpfen noch flüchten, führt zu einer Reihe von Konsequenzen, die Auswirkungen auf die Lebensqualität und langfristig auch auf die Gesundheit haben können.

4.3.1   Unmittelbare Folgen

Die unmittelbaren Folgen dieser Diskrepanz zwischen der Kampf-/Fluchtreaktion, für die uns unser Stammhirn als Reaktion auf Stressoren vorbereitet, und unserem tatsächlichen Verhalten (meist körperliche Reglosigkeit) sind in jeder Stresssituation ohne Zeitverzug zu spüren.

4.3.1.1   Ein subjektiv unangenehmes Gefühl

Die erste, unmittelbar spürbare Folge von Stresssituationen ist ein subjektiv unangenehmes Körpergefühl. Während und nach Situationen, die für uns bedrohlich und belastend sind, fühlen wir uns unwohl und unruhig. Der Körper hat uns reflexhaft Energie für die Ausführung der Kampf-/Fluchtreaktion bereitgestellt. Da die Energie jedoch nicht in Kampf oder Flucht umgesetzt wird, äußert sie sich als körperliche Unruhe, die wir je nach den konkreten situativen Gegebenheiten als Unzufriedenheit, Gehetztsein, Hilflosigkeit, Angst, Hass, Aggression oder anderen negativen Emotionen spüren.

4.3.1.2   Eine Verringerung der Verhaltenseffektivität

Die zweite unmittelbare Folge ist eine verringerte Verhaltenseffektivität für Handlungen, die nicht zur Kampf-/Fluchtreaktion gehören. Das Verhalten wird dann hektisch, konfus, man reagiert aggressiv etc. Der Zusammenhang zwischen der Aktivierung und der Verhaltenseffektivität ist im sogenannten Yerkes-Dodson-Gesetz (Yerkes und Dodson 1908) beschrieben. Schon Ende des 19. Jahrhunderts wurden ähnliche Zusammenhänge von Wilhelm Wundt, einem Urvater der Psychologie, als Wund-Kurve beschrieben. Die Beschreibung von Wundt ist jedoch weniger bekannt. Berlyne (1974) hat diese umgekehrte U-Kurve in zwei Teilkurven zerlegt. Charmandary (2005) hat die Rezeptoren und die Transmitter beschrieben, die für das Zustandekommen der Kurve von Bedeutung sind.

Hat die Aktivierung eine mittlere Intensität, ist die Verhaltenseffektivität am höchsten; ist die Aktivierung höher oder niedriger als der Idealwert, so ist die Verhaltenseffektivität relativ gering (vgl. Abb. 4.1). Das Ziel muss es daher sein, die Aktivierung so zu kontrollieren, dass sie sich im mittleren Bereich befindet und das Verhalten somit möglichst effektiv wird. Unter Aktivierung wird im Folgenden der Zustand der körperlichen und auch psychischen Anspannung verstanden, der durch die weiter oben beschriebenen Symptome (s. Abschn. 4.1) gekennzeichnet ist. Aktivierung ist dabei gleichbedeutend mit „Stress", „Anspannung", „Nervosität", „Unruhe", „Aufregung" etc. Unter Verhaltenseffektivität

Das Yerkes-Dodson-Gesetz

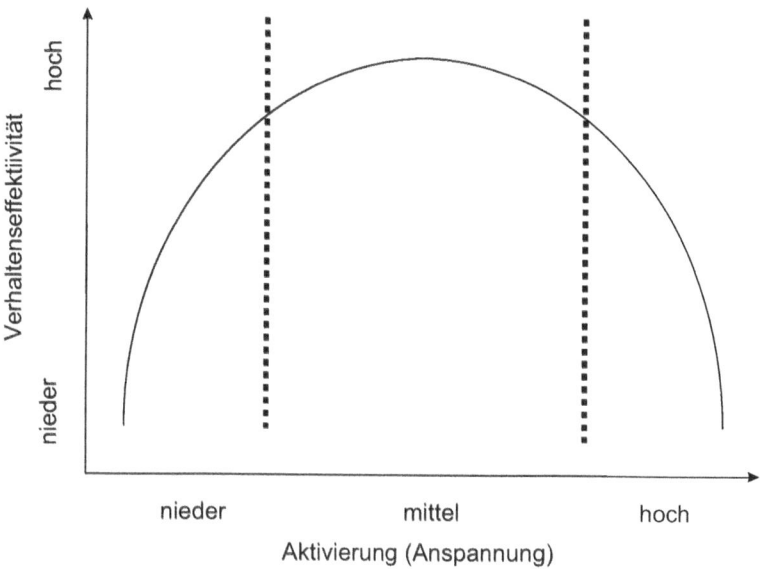

Abb. 4.1 Anspannung und Verhaltenseffektivität

versteht man die Fähigkeit, die Handlungsalternativen, über die man prinzipiell verfügt, voll zur Verfügung zu haben und sie auch situationsangemessen einzusetzen.

Bei einer mittleren Aktivierung ist unser Verhalten also am effektivsten und am flexibelsten. Wir haben dann die Fähigkeit, unsere Erfahrung und unser Wissen am besten zu nutzen. Wir sind zu optimaler Leistung fähig und fühlen uns dabei wohl. Steigt die Aktivierung über den optimalen Bereich weiter an, so wird unser Verhalten ineffektiver. Die Wahrnehmung engt sich auf die Bedrohung ein. Das Denken wird starr und unflexibel. Wir können unser Wissen und die Fähigkeiten, die uns im Prinzip zur Verfügung stehen, nicht mehr einsetzen. Sie sind wie verschüttet, momentan nicht mehr zugänglich.

Dieser Effekt kann z. B. in einer Prüfung auftreten. Wenn man zu aufgeregt ist (Prüfung = potenzielle Bedrohung), kann es sein, dass man manche Antworten nicht weiß, obwohl man sie prinzipiell kennt (hohe Aktivierung = geringere Verhaltenseffizienz). Einige Zeit nach der Prüfung, wenn die Aktivierung wieder in den mittleren Bereich abgesunken ist, hat man die Antworten dann plötzlich wieder parat – das Gehirn arbeitet dann wieder effektiv. Ein anderes Beispiel, das jeder sicher kennt, ist ein Streitgespräch. In dem Streitgespräch selber fallen uns oftmals die besten Argumente nicht ein. Der Grund dafür liegt wiederum im Yerkes-Dodson-Gesetz (hohe Aktivierung = geringe Verhaltenseffizienz). Nach dem Gespräch (nach dem Absinken der Aktivierung) haben wir die Argumente wieder parat und wundern uns, warum sie uns während des Streitgespräches nicht eingefallen sind.

Das Gehirn arbeitet zwar bei hoher Aktivierung optimal, um uns auf Kampf oder Flucht vorzubereiten, aber beide Reaktionen sind in der Prüfungssituation, einem Streitgespräch, unter Zeitdruck oder ähnlichen Situationen natürlich nicht sinnvoll. Für Reaktionsweisen jenseits der Kampf- oder Fluchtreaktion ist unser Gehirn in Situationen, die zu einer starken Aktivierung führen, weitgehend blockiert.

Ist der Körper andererseits zu wenig aktiviert, so ist unser Verhalten ebenfalls nicht sehr effektiv, z. B. in dem Zustand kurz nach dem Aufwachen. Der Körper ist quasi noch nicht „warmgelaufen". Von einer zu geringen Aktivierung in den Bereich einer mittleren Aktivierung zu kommen, ist für die meisten Menschen kein Problem. Ganz anders sieht es damit aus, vom Bereich der zu großen Aktivierung in den Bereich der mittleren Aktivierung zu gelangen.

Wo genau der mittlere und somit effektivste Bereich der Aktivierung liegt, kann für verschiedene Menschen physiologisch bedingt unterschiedlich sein. Manche Menschen werden sich schon bei geringerer Aktivierung im mittleren Bereich befinden, andere brauchen mehr Aktivierung. Die Lage der Kurve kann von Person zu Person oder von Situation zu Situation verschieden sein. Die Kurve an sich bleibt jedoch immer die gleiche. Weiterhin sind es ganz unterschiedliche Dinge, die bei verschiedenen Menschen eine Veränderung der Aktivierung erzeugen. Was für einen Menschen eher entspannend (desaktivierend) ist, kann für einen anderen Menschen sehr stark bedrohlich (aktivierend) sein. Z. B. kann das Überwinden einer bestimmten schwierigen Kletterstelle für einen Könner eine sehr interessante, positive Tätigkeit sein, für einen Anfänger hingegen kann dies hochgradig angsterregend sein. Wie eine Situation eingeschätzt wird, hängt sehr stark von dem Ausmaß der Kontroll- oder Einflussmöglichkeiten ab, das man in der Situation hat, oder zumindest glaubt zu haben.

Wie kann man erkennen, in welchem Bereich der Kurve man sich befindet?

Linker Teil der Kurve (zu wenig Aktivierung):
- Man fühlt sich unwohl.
- Leichtsinnsfehler treten auf.
- Man spürt Langeweile.
- Es herrscht eine geringe Verhaltenseffektivität.

Mittlerer Teil der Kurve (optimale Aktivierung):
- Man fühlt sich wohl.
- Es treten keine Stresssymptome auf.
- Es herrscht eine hohe Verhaltenseffektivität.

Rechter Teil der Kurve (zu viel Aktivierung):
- Man fühlt sich unwohl.
- Stresssymptome treten auf.
- Die Toleranz gegenüber Störungen ist gering.
- Man fährt leicht aus der Haut.
- Es herrscht eine geringe Verhaltenseffektivität.

4.3.1.3   Aufschaukelung: Die Aktivierung verstärkt sich selber

Die dritte negative Wirkung, die Stressoren auslösen können, ist das Entstehen einer Auf-schaukelung, bei der sich die Aktivierung praktisch selbstständig erhöhen kann. Dabei kann die Wahrnehmung der körperlichen Reaktion auf einen Stressor selbst zu einem Stressor werden. Wenn man z. B. kurz vor einem Vortrag steht und dabei bemerkt, dass das Herz schneller schlägt, so kann diese Wahrnehmung dazu führen, dass man denkt: „Ich bin nervös", „Die Zuhörer werden merken, dass ich nervös bin", „Ich bin der Situation hilflos ausgesetzt" o. Ä. Diese Art von Gedanken steigern die Anspannung und somit die körper-liche Reaktion noch mehr – ein Teufelskreis kann entstehen. Stress kann sich in Form einer positiven Rückkoppelung von selbst verstärken, wenn er lange andauert, das ist sehr ungewöhnlich für ein körperliches System, normalerweise sind physiologische Systeme selbstregulierend. Offensichtlich ist es biologisch nicht vorgesehen, dass wir chronischem Stress ausgesetzt sind. Die Natur hat den Verkehrsstau auf dem Arbeitsweg und die heu-tigen Verhältnisse am Arbeitsplatz sowie die anderen *daily hassles* des heutigen Lebens nicht vorhersehen können.

4.3.2   Langfristige Folgen

Die vierte Wirkung von Stress ist das erhöhte Risiko chronischer Erkrankungen, wenn der Stress über lange Zeit andauert. Tritt Stress nur sporadisch auf, so klingen die kör-perlichen Folgen mehr oder weniger schnell wieder ab. „Nur" die bisher beschriebenen unmittelbaren Folgen werden dann wirksam. Wenn dann auf einzelne Stresssituationen Phasen der Regeneration folgen, ist dies gesundheitlich nicht weiter problematisch. Hält die Anspannung dagegen lange an und gibt es nicht genügend Zeiten zur Regeneration, so kann es leicht zu chronischen Symptomen kommen. Kein Organismus hält es aus, für un-begrenzte Zeit in einem erhöhten Anspannungszustand zu bleiben. Eine andauernde psy-chische Anspannung wäre vergleichber mit dem Versuch die physische Ausdauer dadurch zu trainieren, dass man möglichst viel Training in möglichst kurzer Zeit betreibt. Diese Trainingsstrategie führt jedoch zu einer Verminderung der Ausdauer. Es kommt auch hier sehr auf die Abfolge zwischen Anstrengung und Erholung an.

Woran lässt sich ein Zustand der permanenten Überforderung feststellen? Man kann ihn an Charakteristiken der Reaktion auf Stressoren und am Entstehen körperlicher Pro-bleme erkennen.

Erkennungsmerkmale für lang andauernde Überforderungen durch Stress
- Die Aktivierungsreaktion erfolgt schneller,
- die Aktivierungsreaktion ist intensiver,
- die Erholung dauert länger,
als dies sonst der Fall wäre.

Werden diese Anzeichen einer dauerhaften Überforderung längere Zeit ignoriert, kann es zu körperlichen Symptomen chronischer Anspannung kommen.

Mögliche chronische körperliche Veränderungen bei lange andauernder Anspannung

Vegetative Dystonie:

Die Körperfunktionen werden von zwei Teilen des Nervensystems gesteuert, vom Sympathischen Nervensystem und vom Parasympathischen Nervensystem. Die Aktivierung wird durch das Sympathische Nervensystem gesteuert, die Desaktivierung durch das Parasympathische Nervensystem. Normalerweise wechseln sich die Aktivitäten der beiden Systeme ab und halten sich etwa die Waage. Sind wir nun ständig Belastungen ausgesetzt, so muss das Sympathische Nervensystem vergleichsweise mehr arbeiten. Es kommt zu einer Verschiebung des Gleichgewichts im Zusammenspiel der beiden Nervensysteme, zu einer Überlastung des Sympathischen Nervensystems bzw. zu einer Unterlastung des Parasympathischen Nervensystems, zur sogenannten „vegetativen Dystonie".

Herz-Kreislaufkrankheiten:

Verschiedene Studien zeigen den Zusammenhang zwischen lang anhaltenden Stressoren und Herz-Kreislaufkrankheiten (Arteriosklerose, Herzinfarkt etc.). Der Herzinfarkt zählt in den Industrieländern zu den häufigsten Todesursachen.

Gefahr der Entstehung von Gefäßkrankheiten:

Durch Fette, die zur Energieerzeugung freigesetzt werden, aber in unserem heutigen Leben in der Muskulatur letztendlich meist nicht umgesetzt werden, kommt es zu einer Übermenge an Blutfetten, die sich in Kombination mit erhöhtem Blutdruck und erhöhter Blutgerinnungsfähigkeit zu einem erhöhten Risiko zur Gerinnselbildung und so zu Gefäßverschlüssen auswirken kann. Die Blutfette gelangen bis kurz vor den Ort, an dem sie verbraucht werden (die Muskulatur). Da in der Regel jedoch kein Kampf oder keine Flucht erfolgt, lagern sie sich in den Blutbahnen an. Dadurch kann der Durchmesser der Blutgefäße verringert werden. Das Gefäßsystem wird dadurch vermehrt belastet.

Verdauungsprobleme:

Durch die langanhaltende Hemmung der Verdauung kann es zu Verdauungsproblemen kommen. Chronischer Stress kann zur Entstehung von Magen- und Darmgeschwüren sowie zur Entzündung der Dickdarmschleimhaut beitragen bzw. den Krankheitsverlauf negativ beeinflussen.

Hypertonie (Bluthochdruck):

Bei Anspannung erhöht sich reflexhaft der Blutdruck. Dieser Anstieg des Blutdrucks wird durch die in Stresssituationen stärker angespannte Muskulatur noch verstärkt. Verengen zudem Ablagerungen die Blutbahnen, steigt der Blutdruck noch mehr. Ein erhöhter Blutdruck ist eine Krankheit an sich. Er birgt das Risiko, dass einzelne Blutgefäße beschädigt werden können. Ein erhöhter Blutdruck ist *die* Volkskrankheit unserer Zeit. Sie hängt sehr stark vom Geschlecht (Männer sind eher gefährdet) und vom Lebensalter (je älter man ist, desto wahrscheinlicher ist Bluthochdruck) ab. Das Stressgeschehen wirkt leider in die gleiche Richtung. Im Gegensatz z. B. zu muskulären Verspannungen tut Bluthochdruck nicht weh.

Immunsystem:

Unter Stress ist die Aktivität der Immunsystems zwar kurzfristig erhöht, langfristig wird das Immunsystem jedoch geschwächt. Dies kann zu einer erhöhten Anfälligkeit für Infektionskrankheiten beitragen.

Muskuläre Verspannungen:

Durch die reflexhafte Anspannung der Muskulatur in Stresssituationen können dauerhafte Verspannungen entstehen. Diese Gefahr wird noch durch unphysiologische Haltungen im Alltag (z. B. Sitzen am Schreibtisch oder bei Bildschirmarbeit) verstärkt. Eine verspannte Muskulatur drückt auf die Blutgefäße, die sich in ihr befinden, und steigert so wiederum den Blutdruck. Die Versorgung der Muskulatur mit Sauerstoff und der Abtransport der Stoffwechselprodukte werden durch die Verspannung erschwert. Dummerweise ist der Anstieg der Muskelspannung als Stressreaktion sehr moderat. Das führt dazu, dass diese erhöhte Muskelspannung über lange Zeit nicht wahrgenommen wird. Das verhindert, dass man rechtzeitig gegensteuern kann. Erst nach Jahren oder Jahrzehnten werden dann die Folgen einer dauerhaft moderat erhöhten Muskelspannung spürbar.

Fatal bei den langfristigen Folgen von Stress ist es, dass sie sich über lange Zeit hinweg gar nicht als Symptome äußern. Die Symptome sind meist erst nach relativ langer Zeit zu spüren. Die Auswirkungen von langandauerndem Stress sind hier nicht abschließend oder vollständig aufgezählt. Auch ist nicht jede Auswirkung bei jedem Menschen gleich stark, es gibt gewisse individuelle „Präferenzen" in der jeweiligen Reaktion. Auch kann jedes der Symptome durch andere Mechanismen, z. B. durch Stoffwechselkrankheiten o. Ä. zustande kommen. Stress kann dann jedoch diese Symptome verstärken oder sie selber vollständig hervorrufen.

4.4 Welche Ereignisse wirken besonders im beruflichen Kontext als Stressoren?

In den Anfängen der Stressforschung hat man versucht, das Entstehen von Stress mit „kritischen" Lebensereignissen (*life events*) in Verbindung zu bringen (z. B. Holmes und Rahe 1967; Holmes und Masadu 1974). Solche „kritischen" Lebensereignisse sind Ereignisse, die das Leben stark verändern und deren Bewältigung von dem Betroffenen ein hohes Maß an Neuorientierung erfordern. Einige dieser Ereignisse stammen natürlich aus dem beruflichen Bereich. Nachfolgend sind einige Beispiele für diese Life-Events aufgeführt. Die dazugehörige Zahl gibt die Intensität von 0 (gering) bis 100 (stark) an, mit der das Ereignis potenziell als Stressor wirkt.

Beispiele für Life-Events

100	Tod des Ehepartners
73	Scheidung
65	Trennung vom Ehepartner
63	Gefängnisstrafe
(…)	
47	Verlust des Arbeitsplatzes
45	Pensionierung
(…)	
39	Arbeitsplatzwechsel
38	erhebliche Einkommensveränderungen
36	Berufswechsel
(…)	
29	Neuer Verantwortungsbereich im Beruf

26	Anfang und Ende der Berufstätigkeit
(…)	
23	Ärger mit dem Chef
20	Änderung der Arbeitsbedingungen
(…)	
18	Änderung der gesellschaftlichen Gewohnheiten
16	Änderung der Schlafgewohnheiten

Diesen Life-Events wurde die Rolle starker Stressoren zugesprochen. Es wurde versucht, ihr Auftreten mit stressbedingten Erkrankungen in Beziehung zu setzen. Dabei wurden signifikante Korrelationen gefunden. Je höher die Summe der Punktzahlen der Life-Events, denen man sich gegenübersieht, desto größer ist die Wahrscheinlichkeit, dass man in der nächsten Zeit eine Krankheit entwickelt, deren Symptome in Zusammenhang mit Stress stehen. Jedoch sind die Zusammenhänge nicht mechanisch, sondern werden offensichtlich noch durch andere Prozesse moderiert. Eine solche Moderatorvariable sind die sogenannten *daily hassles*, also die vielen kleinen Widrigkeiten des Alltags. Solche Alltagsärgernisse sind irritierende, frustrierende, belastende Ereignisse, die bis zu einem gewissen Grad im täglichen Leben üblich sind. Beispiele dafür sind:

- Unsicherheiten bei Entscheidungen,
- Ärger mit der Kundschaft oder mit Auftraggebern,
- unangenehme Wortwechsel,
- Arbeiten im Haushalt,
- Das Verlegen oder Verlieren von Gegenständen,
- zu viele Verpflichtungen,
- eine Schlange an der Kasse,
- die Wartezeit beim Arzt,
- gesellschaftliche Zwänge,
- widrige Verkehrsverhältnisse,
- Vorwürfe von Ehepartnern und Kindern.

Diese vielen kleinen Widrigkeiten des Alltags, denen wir uns ständig ausgesetzt sehen, spielen tatsächlich eine bedeutende Rolle bei der Entstehung von Stress, ähnlich wie die „großen" Lebensereignisse (z. B. Kanner 1981). Je nach Gestaltung der Lebenssituation können solche täglichen Widrigkeiten einen größeren oder kleineren Raum einnehmen. Welche *daily hassles* als solche wirken können, ist sehr subjektiv und hängt stark von den Eigenheiten der Person ab.

Wagner-Link (2010) nennt verschiedene Quellen von Stressoren speziell in der Arbeitssituation, die heute zum Auslöser der uralten Kampf-/Fluchtreaktion führen können.

„Bewährte" potenzielle Stressoren am Arbeitsplatz
Stressoren aus der Arbeitsaufgabe:
- Zu hohe qualitative Anforderungen
- Zu hohe quantitative Anforderungen
- Fehlende Eignung
- Mangelnde Berufserfahrung
- Zeit- und Termindruck
- Informationsüberfluss
- Unklare Aufgabenstruktur
- Widersprüchliche Instruktionen
- Angstauslösende Aufgaben und Instruktionen
- Unerwartete Unterbrechungen und Störungen
- Fehlende Erholung und Entspannung
- Starker Handlungsdruck
- Hoher Anteil von Computerarbeit
- Häufige Unterbrechungen der Arbeit
- Unklare Rolle
- …

Stressoren aus der Verantwortung:
- Konkurrenzverhalten der Mitarbeiter/Kollegen/Vorgesetzten
- Fehlende Unterstützung und Hilfeleistung
- Exponierte Stellung
- Enttäuschungen
- Fehlende Anerkennung
- Konflikte mit Vorgesetzten/Kollegen/Mitarbeitern
- Führungsprobleme
- …

Stressoren aus der sozialen Umgebung:
- Konflikte mit Kollegen
- Konflikte mit Vorgesetzten
- Selbstwertbedrohung
- Umgang mit schwierigen Kunden etc.
- Soziale Dichte (Überbelegung)
- Soziale Isolation
- Engen Kontakt zu anderen Personen halten müssen
- Abstand zu anderen Personen halten müssen
- …

Stressoren, die aus den Eigenheiten der jeweiligen Organisation resultieren:
- Erlebte Ungerechtigkeit
- Problematische Informationspolitik

- „Workaholic"-Kultur
- Zu hohes Auftragsvolumen
- Zu niedriges Auftragsvolumen
- Fehlen von Ressourcen
- Personallücken
- Aufgabenstau
- Termindruck
- Unklare Aufgabendefinitionen
- Stellengefährdung
- Häufig befristete Stellen
- Fehlende Mitbestimmung
- Vertrauensverlust gegenüber der Leitung
- Erschwerung der Weiterqualifizierung
- Fehlende Beteiligung bei Planungen
- ...

Stressoren aus der Person des Vorgesetzten:
- Falsche oder fehlende Delegation
- Bevorzugung einzelner Mitarbeiter
- Fachliche Inkompetenz
- Entscheidungsschwäche
- Fehlende Durchsetzung
- Schikanöse Anordnungen
- Unerreichbarkeit
- Überflüssige und übertriebene Kontrolle
- Fehlende Kontrolle
- Konfusion
- Unberechenbarkeit
- Fehlende Loyalität gegenüber den Mitarbeitern
- Ideen-Diebstahl
- Vage und leere Versprechungen
- ...

Der Versuch, eine allgemeinverbindliche Liste solcher täglichen Widrigkeiten aufzustellen, scheiterte jedoch. Ob eine Anforderung aus der Arbeitssituation heraus ein Stressor ist oder nicht, kann nicht allgemeingültig definiert werden. Das zeigt sich immer erst an der Reaktion der Person. Neue und unvertraute Situationen, nicht beeinflussbare Situationen sowie schwer zu durchschauende Situationen haben dabei jedoch immer ein hohes Potenzial, als Stressoren wirken zu können.

4.5   Psychische Belastung und psychische Beanspruchung

Im Gegensatz zu Belastungen im physischen Bereich (Kälte, chemische Stoffe, Lärm, Vibration, …) sind psychische Belastungen von außen nicht exakt und „objektiv" zu messen. Sie sind auch nicht unmittelbar zu sehen, schon gar nicht durch Dritte (Aufsichtspersonen, Vorgesetzte etc.). Bestenfalls eine Fachperson kann eine psychische Belastung – bis zu einem gewissen Grad – von außen erkennen. Letztendlich kann eine psychische Belastung jedoch nur durch Selbstbeobachtung erfasst werden.

Selbst wenn man eine psychische Belastung „objektiv" von außen erkennen könnte, würde deren Wirkung auf unterschiedliche Personen immer noch höchst unterschiedlich sein. Je nachdem, wie ein psychischer Einflussfaktor ausgeprägt ist und auf welche Person er trifft, kann er zur Belastung oder auch zur Ressource werden. Psychische Belastungen sind nämlich nicht immer negativ. Ähnlich wie bei einem Muskel kann auch im psychischen Bereich eine Nichtbeanspruchung von Fähigkeiten zu einem degenerativen Prozess führen. Die Schwierigkeit der Erfassung einer psychischen Belastung im Vergleich zu einer physischen Belastung erklärt auch, warum es im psychischen Bereich – im Gegensatz zum physischen Bereich – nur wenige Vorschriften und Regelungen gibt.

▶   Objektive *Ein*wirkungen und subjektive *Aus*wirkungen müssen im psychischen
     Bereich gleichermaßen erfasst werden.

Dieselbe äußere Belastung kann bei unterschiedlichen Personen entweder zu einer positiven Belastung oder auch zu einer Fehlbelastung führen (s. Abb. 4.2). Psychische Belastungen führen nicht zwingend zu psychischen Beanspruchungen. Dies hat mehrere Gründe:

- Psychische Belastungen sind nicht „objektiv" zu definieren.
- Psychische Belastungen und psychische Beanspruchungen können in Resonanz geraten. (Schlafprobleme z. B. können zu Konzentrationsproblemen führen, diese wiederum zu Schlafproblemen.)

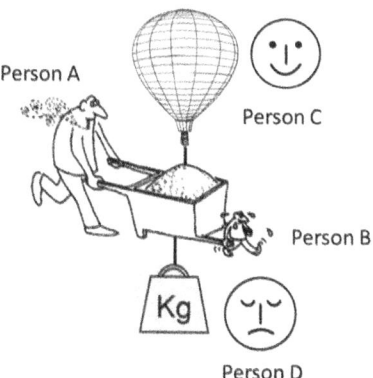

Abb. 4.2 Belastung und Beanspruchung im psychologischen Bereich

- Psychische Fehlbeanspruchungen können sich auf verschiedenen Ebenen zeigen (energetisch, emotional, vegetativ, motorisch, im Verhalten). Welche Person auf welcher Ebene stärker bzw. weniger stark reagiert, ist sehr individuell.

In der Arbeitswissenschaft gilt für physische Belastungen in weiten Bereichen die Aussage: „Belastung ist das, was außerhalb der Haut stattfindet, Beanspruchung findet innerhalb der Haut statt". Im psychischen Bereich gilt diese Aussage dagegen nicht in gleicher Weise. Während die Physiologie einer Person natürlich innerhalb des Körpers lokalisiert ist, ist es bei der Psyche nicht so einfach. Sie funktioniert nur im Zusammenspiel mit Umweltreizen und überschreitet dabei die Abgrenzung durch die Haut. Erst das Zusammenspiel von äußeren Ereignissen und der „inneren" Bewertung dieser Ereignisse generiert die psychischen Prozesse und auch ggf. psychische Belastungen. Der Begriff der „psychischen Belastung" ist daher in einem Wittgenstein'schen Sinne (Wittgenstein 1921) ein eher unsinniger Begriff, der zu Sprachproblemen führen kann.

Daher sollte man sich immer, wenn man von „den" psychischen Belastungen spricht, vor Augen halten, dass es zwar äußere Belastungen gibt, die bei vielen Menschen Stress erzeugen können und die daher „bewährte" Stressoren sind, dass dies aber keineswegs zwingend auf jedes Individuum zutreffen muss.

Es scheint also nicht möglich zu sein, Stressoren „objektiv" und allgemeinverbindlich zu definieren. Man wandte sich daher in der Forschung dem subjektiven Prozess zu, der einen potenziellen Stressor zu einem tatsächlich wirksamen Stressor macht. Als zentrale Fragen sollten beantwortet werden: Warum werden bestimmte Erfahrungen als belastend empfunden, andere dagegen nicht? Wie „erkennt" der Organismus, dass er mit einer stressigen Situation konfrontiert wird? Wie kann man die individuellen Unterschiede bei der Reaktion auf potenzielle Stressoren erklären? Diese Fragen beantwortet das Stressmodell von Lazarus (1984): Ob eine Situation als eine Stresssituation empfunden wird, hängt nicht ausschließlich von den objektiven Gegebenheiten der Situation selber ab, sondern auch zu einem guten Stück von der Einschätzung der eignen Einflussmöglichkeiten auf die jeweilige Situation. Das Auftreten von widrigen Ereignissen allein führt noch nicht zu Stress. Eine subjektiv als Stress empfundene Situation entsteht erst dann, wenn vor dem Hintergrund der eigenen Handlungsmöglichkeiten keine Chance gesehen wird, die Situation in positiver Weise zu beeinflussen. Diese Bewertung erfolgt dabei natürlich aufgrund der eigenen Persönlichkeit.

Das Entstehen der Kampf-/Fluchtreaktion und somit der Stressreaktion ist ein zweistufiger Prozess: In der ersten Stufe wird festgestellt, ob eine Bedrohung vorliegt. Ist das der Fall, wird in der zweiten Stufe geprüft, ob es wirksame Handlungsmöglichkeiten gibt, dieser potenziellen Stresssituation entgegenzuwirken. (Diese Einschätzung kann objektiv richtig oder falsch sein, sie ist auf jeden Fall wirksam.)

Was wir als Belastung oder Bedrohung empfinden, ist also nicht eindeutig aus den Merkmalen der Situation zu definieren. Es ist nicht möglich, aus den objektiven Merkmalen einer Situation heraus vorherzusagen, ob diese Situation bei einer Person die Kampf-/Fluchtreaktion auslösen kann oder nicht. Die subjektive Einschätzung der Handlungs- und

Abb. 4.3 Interner Abfragepro-
zess, der über die Entstehung
der Stressreaktion entscheidet

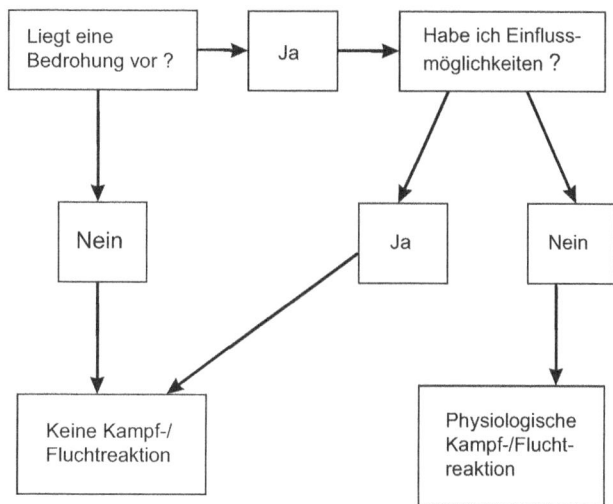

Einflussmöglichkeiten, die die Person hat, ist zumindest mitentscheidend. Nur wenn die
Einschätzung der Einfluss- und Handlungsmöglichkeiten negativ ist, erfolgt die Stressreaktion.

▶   Stressauslösende Situationen sind sehr individuell und nicht an die objekti-
       ven Merkmale einer Situation gebunden. Um zu beurteilen, ob eine potenziell
       bedrohliche Situation dazu geeignet ist, Stress und somit die uralte Kampf-/
       Fluchtreaktion auszulösen, läuft gewissermaßen ein internes Abfragepro-
       gramm ab (Abb. 4.3).

Das Erleben, Kontrolle über eine Situation zu haben, Einfluss auf die Situation ausüben zu
können, der Situation nicht hilflos ausgeliefert zu sein, scheint ganz zentral für eine hohe
Lebensqualität zu sein. Daher ist es ein generelles Lebensziel, möglichst viele Lebensbereiche, besonders natürlich auch die Arbeitssituation, so zu gestalten, dass man die Situationen „im Griff" hat. Schätzt eine Person die eigenen Möglichkeiten als geeignet ein, eine
unangenehme Situation verändern zu können, wird sie in einen modifizierten Angriffs-
modus übergehen und versuchen, die missliche Situation auch tatsächlich zu verändern.
    Ein Gefühl der Einflusslosigkeit hingegen löst in hohem Maße Stress aus. Sofern in
einer Situation Einflusslosigkeit herrscht, kommt es zu einer Unterbrechung der natür-
lichen Einheit von Denken, Fühlen und Handeln. Dem Denken und Fühlen folgt keine
entsprechende Handlung. Ob man in einer Stresssituation Einflussmöglichkeiten erkennt
oder nicht, hängt zu einem gewissen Teil auch mit der Person selbst zusammen, besonders
damit, wie die Person in der Regel versucht, Kontrolle über ihre Umgebung zu erlangen.
Die unterschiedlichen Strategien hierzu werden im Kap. 7 beschrieben.

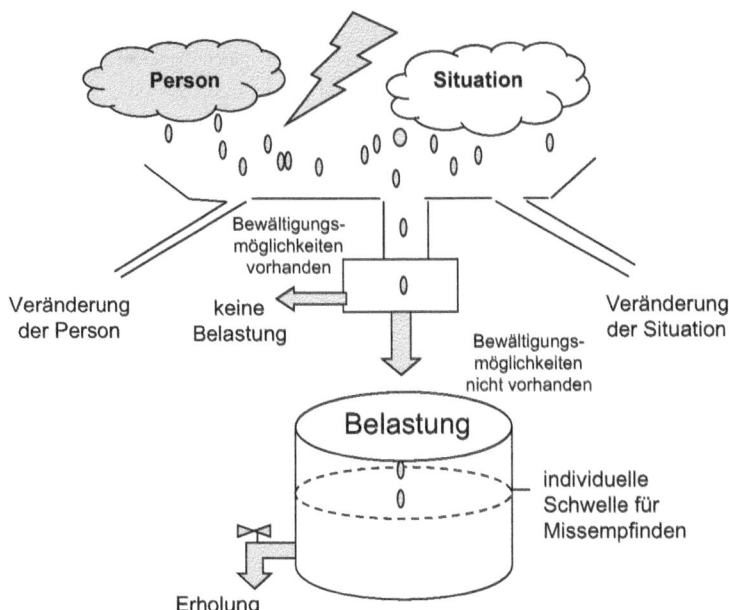

Abb. 4.4 Analogie für das Stressgeschehen

4.5.1 Eine Analogie

Das bisher Gesagte kann in einer Analogie gut veranschaulicht und zusammengestellt werden.

Stress entsteht durch Stressoren. Diese können von außen kommen (Arbeitsbelastung, Lärm, Zeitdruck, …) oder in der Person selbst liegen (Einstellungen, Überzeugungen, psychologische Abläufe, …). Eine bedeutende Quelle für Stressoren kann auch die Passung der Person zu der beruflichen Situation sein.

Person und Situation sind in der Abb. 4.4 in Form von Wolken dargestellt, aus denen Regen (Stress) fallen kann. Der Regen kann dabei aus einer Wolke fallen oder in Form eines Gewitters durch die Wechselwirkung zweier Wolken (Person und Situation) entstehen. Genauso wie in der Natur ist dieser Regen (Stress) an sich nicht schlimm, sondern ein ganz normaler Vorgang. Die Frage ist nur, was mit dem Regen passiert. Sofern dieser Regen ungehindert fallen kann und nicht abgeleitet wird, sammelt er sich in einem Gefäß und hebt dessen Pegel. Ab einem gewissen Pegel entsteht ein Missempfinden, das subjektiv unangenehm ist, körperliche Schwierigkeiten erzeugen kann und die Leistungsfähigkeit möglicherweise beeinträchtigt.

Dem kann man entgegenwirken, indem man gezielt Wasser aus dem Behälter entfernt – durch gezielte Entspannung und durch einen gezielten Ausgleich durch positiv bewertete Aktivitäten. Man kann auch versuchen, die individuelle Schwelle zu erhöhen, ab der die negativen Wirkungen der Belastungen greifen, indem man die Stressresistenz erhöht.

Es gibt jedoch auch verschiedene Möglichkeiten, diesen Regen „umzuleiten" und dadurch zu verhindern, dass er den Pegel erhöht. Ein „Ventil" entscheidet darüber, ob das Wasser in den Behälter kommt oder nicht. Der Schalter, der das Ventil bedient, ist dabei die Kontrollüberzeugung, also die Frage, ob man auf das Stressgeschehen Einfluss hat oder nicht. Je größer die subjektive Kontrollüberzeugung ist, desto weiter ist das Ventil geöffnet. Es geht demzufolge darum, über möglichst viele Kontrollmethoden zu verfügen.

Zusätzlich dazu kann man versuchen, die Konstellation so zu verändern, dass sie möglichst wenig Stress (Regen) erzeugt. Ebenso kann man auf der Seite der Person Veränderungen vornehmen, die den Ausfall von Regen (die Entstehung von Stress) unwahrscheinlicher machen. In der Vermeidung von Gewittern (der Nichtpassung von Person und Situation) besteht ein Ansatzpunkt, um die Niederschlagsmenge zu verringern, dies wurde im Kapitel 1 bereits als Anpassungsprävention bezeichnet. Die Situation kann dabei aus strukturellen Gegebenheiten oder aus anderen Personen bestehen.

Diese Analogie bildet die Basis für die weiteren Überlegungen. Der Schwerpunkt wird dabei auf dem oberen Bereich der Abb. 4.4 liegen, also auf dem Bereich der Passung von Person und Situation. Die Möglichkeiten der Einflussnahme auf die Prozesse, die sich im unteren Teil der Abbildung befinden, sind bei z. B. Hofmann (2013) beschrieben.

4.6 Anwendung auf die Arbeitssituation

Aus dem bisher Dargestellten ergeben sich mehrere Analysefelder, mit deren Hilfe man sich dem Thema Burnout als eine langandauernde, eventuell strukturell angelegte Stressreaktion auseinandersetzen kann.

4.6.1 Quantitative Überlastung

Eine quantitative Überlastung führt nach dem Yerkes-Dodson-Gesetz zu einer abnehmenden Verhalteseffektivität. Diese bewirkt oftmals eine verstärkte Anstrengung, die wiederum zu einer Verstärkung der Anspannung führt, welche abermals eine Verringerung der Effektivität zur Folge hat (s. Abb. 4.5). Das System hemmt sich dabei selbst, ein Abwärtskreislauf setzt sich in Gang.

Prinzipiell kann die Anspannung von außen an die Person herangetragen werden. Sie kann aber auch zu einem gewissen Teil „von innen" entstehen, also durch die Person selbst erzeugt werden.

a) Quantitative Überlastung von außen
Eine Ursache für Burnout kann in der „objektiven" quantitativen Überlastung bestehen. Sofern dies temporär begrenzt geschieht, wenn also auf eine Überlastungsphase auch wieder eine Phase der Erholung folgt, stellt es kein größeres Problem dar. Man kann in einer solchen temporären quantitativen Belastungsphase versuchen, mit Entspannungstechniken

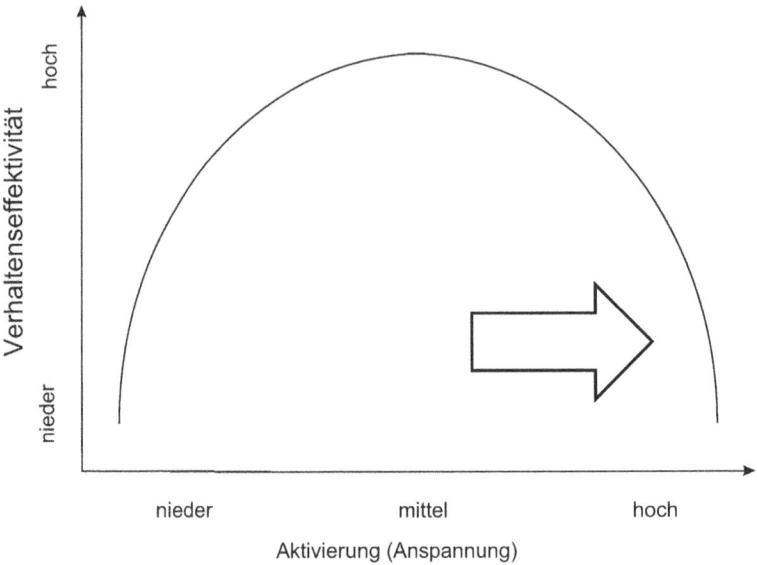

Abb. 4.5 Yerkes-Dodson-Gesetz und Überlastung

eine gewisse Abhilfe zu schaffen. Sofern man sich aber in einer dauerhaften, von außen vorgegebenen quantitativen Überlastungssituation befindet und man keine dauerhaften Schäden erleiden möchte, bleibt nur die Möglichkeit, diese Situation zu verlassen, oder die Arbeitsteilung innerhalb der Organisation zu verändern.

b) Quantitative Überlastung von innen
Eine quantitative Überlastung kann jedoch auch innerhalb der Person entstehen, z. B. wenn sie zu wenige Aufgaben delegiert und sich dadurch dauerhaft *selbst* überlastet. In diesem Falle schafft sich die betreffende Person selbst eine unangemessen hohe Arbeitsquantität, die durch die Arbeitsaufgabe an sich nicht gegeben ist. Der Ausweg besteht darin herauszufinden, welche Mechanismen die eher ungünstigen „inneren" Prozesse aufrechterhalten (vgl. Kap. 7).

4.6.2 Qualitative Überlastung durch Nichtpassung

Weitaus häufiger als die reine quantitative Überlastung treten jedoch Überlastungen auf, die auf qualitativen Nichtpassungen beruhen. Solche Nichtpassungen können auf Differenzen zwischen der Person und den Charakteristiken der Arbeitsaufgabe beruhen (s. Kap. 5). Eine Quelle der Nichtpassung kann auch die Situation darstellen, in der das Team andere Vorstellungen über das optimale Funktionieren eines Teams hat als man selbst. Worin solche idealtypischen Vorstellungen zum Team bestehen und welche Auswirkungen eine Nichtpassung haben kann, ist Gegenstand von Kap. 6. Eine weitere Nichtpassung kann zwischen der „Persönlichkeit" der Mitarbeiters und des Vorgesetzten entstehen.

Abb. 4.6 Quellen der
Nichtpassung

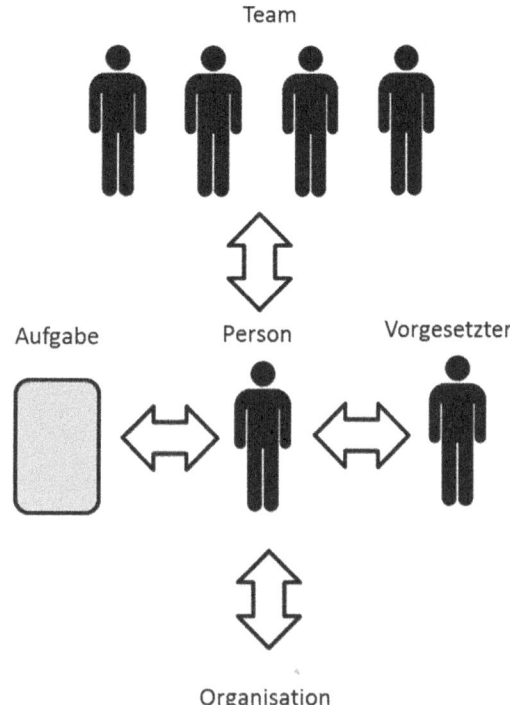

Welche Persönlichkeitsaspekte dabei relevant sind und wie verschiedene Konstellationen dabei zu analysieren sind, findet sich in Kap. 8. Im Kap. 9 geht es um die Passung bzw. Nichtpassung zwischen der Person und der Organisation (Abb. 4.6).

Die These dieses Buches ist, dass Burnout – verstanden als eine Folge lang andauernder Stresszustände – in aller Regel aus solchen Nichtpassungen entsteht und daher auch durch eine optimierte Passung vermieden werden kann (Passungsprävention). Es ist sinnvoller, an diesen Nichtpassungen als zentrale Ursachen anzusetzen als an den nachfolgenden Symptomen.

Literatur

Berlyne, D. E. (1974). *Konflikt, Erregung, Neugier. Zur Psychologie der kognitiven Motivation.* Stuttgart: Klett.

Charmandary, E. (2005). Endocrinology of the stress response. *Annual Review of Physiology, 67*–87.

Hofmann, E. (2013). *Erfolgreiches Stressmanagement.* Göttingen: Hogrefe.

Holmes, T. H., & Masadu, M. (1974). Life change and illness susceptibility. *Annual Review of Psychology, 25,* 417–452.

Holmes, T. H., & Rahe, R. H. (1967). The social readjustment rating-scale. *Journal of Psychosomatic Research, 11,* 213–218.

Kanner, A. D. (1981). Comparison of two modes of stress measurement: Daily hassles and uplifts versus major life events. *Journal of Behavior Medicine, 4,* 375–389.

Lazarus, R. S., & Folkman, S. (1984). *Stress, appraisal and coping.* New York: Springer.

Wagner-Link, A. (2010). *Verhaltenstraining zur Stressbewältigung.* Stuttgart: Klett Cotta.

Wittgenstein, L. (1921). *Tractaus Logico-Philosophicus* (Neuauflage 2003). Frankfurt a. M.: Suhrkamp.

Yerkes, R., & Dodson, J. D. (1908). *The relationship of strength of stimulus to rapidity of habitformation. Journal of Comparative Neurology and Psychology, 18,* 459–482.

Die Passung zwischen Tätigkeitsstruktur und persönlicher Orientierung

5

5.1 Die Struktur allgemeiner Aufgaben und allgemeiner Orientierungen

Allein in Deutschland gibt es ca. 2000 offizielle Berufe, also Berufe, für die es bei der Industrien- und Handelskammer (IHK) ein definiertes Tätigkeits- und Ausbildungsprofil gibt. Angesichts dieser Vielfalt stellt sich die Frage, ob es ein universelles und möglichst einfaches System gibt, mit dem sich die Anforderungen in den jeweiligen Berufen beschreiben lassen, das deutlich weniger als diese Vielzahl von Anforderungen enthält. Es ist nämlich sehr unwahrscheinlich, dass es tatsächlich ca. 2000 grundsätzlich andersartige Anforderungen an die jeweiligen Berufe gibt.

Solche Fragen werden in der Psychologie in der Regel mithilfe von sogenannten Faktorenanalysen gelöst. Dabei handelt es sich um ein mathematisches Verfahren zur Datenreduktion. Es ist der Forschung gelungen, die Tätigkeitsstruktur, die praktisch allen Berufen zugrunde liegt, mittels sechs Faktoren und deren Stellung zueinander zu beschreiben. Dies erfolgt mit dem RIASEC-Modell. Das Modell wurde von John L. Holland (z. B. 1997) entwickelt und seither ständig weiterentwickelt und modifiziert.

Holland geht davon aus, dass berufliche Interessen zu den Wesensmerkmalen einer Person gehören. Die Passung von Person und beruflicher Situation entscheidet zu einem guten Teil darüber, wie hoch die Arbeitszufriedenheit und der berufliche Erfolg sein werden. Holland entwickelte das Modell aus seiner Erfahrung beim Militär, wo er von 1942 bis 1946 mit der Musterung von Rekruten betraut war, und aus seiner späteren Tätigkeit als Studienberater. Die empirische Absicherung dieses Modells erfolgte in über 500 Studien weltweit. Die sechs RIASEC-Dimensionen finden sich immer wieder, sie scheinen eine Art Grundstruktur von Tätigkeiten zu sein. Die Faktorenstruktur sowie die Test-Retest-Reliabilität der Faktoren wurden immer wieder bestätigt. Sie sind zeitlich und auch über Kulturen hinweg sehr stabil.

© Springer Fachmedien Wiesbaden 2015
E. Hofmann, *Wo brennt es beim Burnout?*, DOI 10.1007/978-3-658-08592-6_5

Grundannahmen des RIASEC-Modells
- Menschen können sechs bestimmten Präferenzen in abgestufter Reihenfolge zugeordnet werden.
- Berufliche Tätigkeiten können ebenfalls in abgestufter Reihenfolge sechs verschiedenen Tätigkeitsgruppen zugeordnet werden.
- Beruflicher Erfolg und berufliche Zufriedenheit stellt sich dann ein, wenn die Präferenzen der Person und die beruflichen Anforderungen übereinstimmen.

5.1.1 Die RIASEC-Faktoren

Nachfolgend werden die einzelnen RIASEC-Faktoren des Modells von Holland beschrieben. Der Begriff RIASEC ist dabei nichts anderes als eine Aneinanderreihung der US-amerikanischen Kürzel für die sechs Faktoren. Die Beschreibung der Faktoren erfolgt einerseits mittels einer Menge von Begriffen, die den jeweiligen Faktor beschreiben, und andererseits mit der ganz zentralen Frage, was im Laufe eines Arbeitstages passiert sein muss, damit jemand mit der jeweiligen Orientierung abends den Arbeitsplatz verlässt und sagt: „Heute war ein guter Tag." Zusätzlich werden in der Beschreibung der Faktoren jeweils noch ein oder zwei prototypische Berufe genannt, die als ein Klischee dazu beitragen können, den Faktor plastischer werden zu lassen. Die Beschreibungen erfolgen auf der Seite der persönlichen Orientierung. Die Anforderungen unterschiedlicher Tätigkeiten ergeben sich daraus ganz analog.

Zur Erfassung der persönlichen Präferenzen gibt es im Anschluss einen Fragebogen. Sie können sich zudem auch schon beim Durchlesen der Beschreibungen überlegen, welche Orientierung für Sie zutreffend ist und welche nicht.

5.1.1.1 Der „R"-Faktor (realistic, handwerklich, technisch)

Bei diesem Faktor geht es darum, reale Gegenstände zu verändern, mit realen Gegenständen zu arbeiten. Befriedigung entsteht dadurch, dass am Ende eines Arbeitstages etwas wahrnehmbar, meist sichtbar verändert ist. Praktisches Arbeiten ist dabei wichtiger als theoretische Erkenntnis. Der Nutzen der Tätigkeit muss unmittelbar erkennbar sein. Wichtig ist, dass ein wahrnehmbarer Unterschied zwischen Anfang und Ende der Arbeit sichtbar ist. Das ist natürlich am einfachsten, wenn man mit realen Gegenständen arbeitet, es kann auch durch die Veränderung eines Computerprogramms oder einer technischen Zeichnung etc. geschehen.

Charakterisierende Begriffe
aktiv; forsch; physische Aktivität; konkrete Gegebenheiten statt abstrakter Probleme; handwerklich; technisch; Arbeit mit Gegenständen, Werkzeugen und Maschinen; körperliche Betätigung; praktische Arbeit mit Händen und Gegenständen; Erstellung eines

„greifbaren" Arbeitsergebnisses; der unmittelbare Nutzen der Tätigkeit muss erkannt werden; systematische Handhabung von Objekten, bodenständig, praktisch, *hands on*

Zentrale Motivation
Am Abend muss eine Veränderung gegenüber dem Zustand am Morgen sichtbar sein,
damit der Arbeitstag ein guter Tag war.

Prototypisches Klischee
Als Klischee hierfür kann der Beruf des Ingenieurs oder des Handwerkers dienen.

5.1.1.2   Der „I"-Faktor (investigative, untersuchend, forschend)

Das motivierende Element stellt bei diesem Faktor der Erkenntnisgewinn dar. Aus der
Sicht dieser Orientierung heraus war ein Arbeitstag dann erfolgreich, wenn man abends
mehr über die Realität weiß, als dies morgens der Fall war. Das Erkennen von Regelhaf-
tigkeiten, Abhängigkeiten, Zusammenhängen, allgemeinen Prinzipien etc. ist der zentrale
Aspekt des Interesses. Analysieren, Experimentieren, die Anwendung wissenschaftlicher
Methoden, Tüfteln und Beobachten machen Spaß.

Inhalt der Tätigkeit ist hauptsächlich Denkarbeit, die Erweiterung des Wissens und das
Erbringen einer intellektuellen Leistung. Am besten geht das natürlich durch die Beschäftigung mit bisher unerforschten Bereichen.

Das „Produkt" der Tätigkeit heißt Erkenntnis in jedweder Form. Der Unterschied zwischen einer I-Orientierung und der im Abschn. 4.1.1.4 beschriebenen S-Orientierung lässt
sich gut anhand eines Arztes beschreiben. Ein Arzt mit einer starken I-Orientierung würde
seine Behandlung hauptsächlich auf die bestmöglichen diagnostischen Befunde stützen.
Bevor er sich mit dem Patient unterhält, würde er erst einmal die diagnostischen Befunde
(Röntgen, Blutbild, …) sammeln.

Charakterisierende Begriffe
Probleme werden vorrangig intellektuell gelöst; starkes Bedürfnis, Zusammenhänge zu
verstehen; Neigung zur Vertiefung in geistige oder naturwissenschaftliche Probleme;
Beschäftigung mit wissenschaftlichen Untersuchungen; Lernen; Lesen; Schreiben; Be-
rechungen; Neugierde; Logik; rationales Verhalten; rational; methodisch; analysieren;
untersuchen; experimentieren; bevorzugtes Medium: Papier; Denkarbeit; theoretisches
Interesse; Interesse an wissenschaftlichen Methoden und Problemen; Wissen erweitern;
wissenschaftliche Leistung; Beschäftigung mit unerforschten Bereichen

Zentrale Motivation
Am Abend muss das Wissen erweitert sein. Regelhaftigkeiten, Prinzipien müssen erkannt
sein, damit ein Arbeitstag erfolgreich war.

Prototypisches Klischee
Als prototypische Klischees für diese Orientierung kann der Professor oder der Radiologe dienen.

5.1.1.3 Der „A"-Faktor (artistic, künstlerisch, gestaltend, kreativ)

Dieser Faktor ist durch das Interesse an Kreativität, am Ausdruck, an der Gestaltung und an neuartigen Kombinationsmöglichkeiten gekennzeichnet. Dies kann auch z. B. bei der Bearbeitung von Texten und sprachlichem oder auch nichtsprachlichem, künstlerischem Ausdruck erfolgen. Information wird gestaltet und dargestellt. Ideenreichtum und Unkonventionalität sind zentral.

Charakterisierende Begriffe für die A-Orientierung
Bedürfnis nach Selbstausdruck mithilfe künstlerischer Mittel; Meidung hochgradig strukturierter Probleme und Aufgaben; sprachlicher und nichtsprachlicher Ausdruck; Beschäftigung mit speziellen Materialien, Kultur, Musik, Ästhetik, Fantasie; starkes Ausdrucksvermögen; Interesse an ausgefallenen Ideen; Unkonventionalität; Gestaltung und Darstellung von Information; Begeisterung anderer Menschen als Handlungsziel; Selbstpräsentation; Ideenreichtum; mehrdeutige, freie, unsystematische Tätigkeiten; fantasievoll; schöpferisch; ausdrucksstark; intuitiv; interozeptive Ausrichtung

Zentrale Motivation
Der Tag war für jemanden mit einer starken A-Orientierung erfolgreich, wenn Dinge (Farben, Formen, Töne, Worte, etc.) neu kombiniert wurden.

Prototypisches Klischee
Als prototypisches Klischee für diese Orientierung kann der Künstler dienen.

5.1.1.4 Der „S"-Faktor (social, helfend, erziehend, pflegend)

Zentral für diese Orientierung ist der Kontakt und die Beziehung zu anderen Menschen. Im Mittelpunkt stehen andere Menschen und zwischenmenschliche Probleme. Es besteht ein Interesse am körperlichen und seelischen Wohlbefinden anderer Personen. Zu diesen anderen Menschen wird Nähe gesucht, Beziehungen werden leicht geschaffen. Selbstlosigkeit und Fürsorglichkeit sind dabei wichtige Werte. Ein Arzt mit einer starken S-Orientierung wäre ein Arzt wie Dr. Brinkmann aus der Fernsehserie „Die Schwarzwaldklinik". Er würde sich ausführlich mit den Patienten unterhalten und versuchen, deren gesamte Lebenssituation zu verstehen. Erst danach würde er (im Gegensatz zu einem Arzt mit I-Orientierung) eine Diagnostik durchführen.

Charakterisierende Begriffe
Bedürfnis nach sozialer Interaktion; sozial verantwortlich; gute verbale Fähigkeiten; Probleme werden nicht intellektuell, sondern eher emotional oder sozial bewältigt; Hilfsbereitschaft für andere Menschen; erziehen; lehren; beraten; Sorge um das Wohlbefinden

anderer Menschen; Freundlichkeit; Kontaktfreude; Mitfühlen; Verständnis; Idealismus; sozialer Ausgleich; Beziehung zu anderen Menschen und zu zwischenmenschlichen Problemen; Interesse am körperlichen und seelischen Wohnbefinden anderer Menschen; Selbstlosigkeit.

Zentrale Motivation
Der Tag für eine Person mit einer S-Orientierung war dann erfolgreich, wenn es gute Begegnungen gab.

Prototypisches Klischee
Als prototypisches Klischee zur Verdeutlichung kann der Arzt vom Typ „Dr. Brinkmann" oder der Sozialpädagoge dienen.

5.1.1.5   Der „E"-Faktor (enterprizing, führend, verkaufend, unternehmerisch)

Im Mittelpunkt des Interesses steht bei der E-Orientierung die Steigerung des wirtschaftlichen Wertes oder des Selbstwertes. Diese Generierung eines Mehrwertes ist zentral. Das kann z. B. durch eine Effizienzsteigerung in Abläufen geschehen (managen), in der Verbesserung der Marktposition (unternehmerisch handeln) oder durch Einflussnahme auf andere Personen mit dem Ziel der Wertsteigerung. Entscheidungen, Gegenstände oder Dienstleistungen werden „verkauft". Repräsentation, Rollenbewusstsein und Karriereorientierung sind wichtige Werte.

Charakterisierende Begriffe
Freude an Konkurrenz; Bedürfnis, andere zu motivieren, zu überzeugen und zu führen; Leitung; Organisation; Planung; finanzielles Interesse; Selbstbewusstsein; Ehrgeiz; Dominanz; Karriereorientierung; Repräsentation; „Verkaufen" von Dingen oder Entscheidungen; die Ökonomie steht im Mittelpunkt; Prestigebewusstsein; Erreichung von Organisationszielen; erfolgsorientiert; motiviert; verantwortungsbereit

Zentrale Motivation
Ein Arbeitstag war aus Sicht der E-Orientierung erfolgreich, wenn der wirtschaftliche Wert oder der Eigenwert gesteigert wurde.

Prototypisches Klischee
Ein Manager stellt den klischeeartigen Prototypen dieser Orientierung dar.

5.1.1.6   Der „C"-Faktor (*conventional*, ordnend, verwaltend)

Hier stehen Regeln, Konventionen und deren Anwendung im Vordergrund. Der Begriff „conventional" hat hierbei nicht die Bedeutung „konventionell" im Sinne von „gewöhnlich", sondern drückt die Orientierung an Regelhaftigkeiten, Gesetzen etc. aus. Auch

Organisieren gehört dazu. Im Mittelpunkt des Interesses stehen bei der C-Orientierung Zahlen, Texte, Normen, klare Regelungen. Genauigkeit und Ordnung sind zentrale Werte.

Charakterisierende Begriffe
Bevorzugung weitgehend strukturierter Aufgaben; Meidung unklarer Aufgaben; Meidung sozialer Probleme; ordentlich; genau; gute Organisation; klare Regeln; Bearbeiten von Zahlen oder Texten; Sorgfalt; Genauigkeit; Detailorientierung; Ausdauer; Ordnungsliebe; Gewissenhaftigkeit; gut organisierte Büroarbeit; Regelungen stehen im Mittelpunkt; gegebene Regeln werden akzeptiert; gewissenhaft

Zentrale Motivation
Der Arbeitstag war für jemanden mit einer C-Orientierung dann erfolgreich, wenn Systeme genau eingehalten wurden.

Prototypisches Klischee
Das prototypische Klischee zur Beschreibung dieser Orientierung kann der Beamte im positiven Sinne sein.

5.1.2   Der RIASEC-Code der Person

Für jeden Menschen gibt es bei der Arbeit eine spezifische Reihenfolge der Wichtigkeit der sechs Faktoren. Zu deren Beschreibung kann man den persönlichen RIASEC-Code bilden, indem man die Faktoren in eine Reihenfolge bringt. Der wichtigste Faktor steht dabei links, der unwichtigste rechts. Die drei Buchstaben, die links stehen, bilden den Präferenzpol, die drei, die rechts stehen, bilden den Gegenpol oder Aversionspol.

Beispiel für einen RIASEC-Code
Lautet die Reihenfolge:

I S E	C A R,

so bilden die Faktoren I, S und E den Pol und die Faktoren C, A und R den Gegenpol.

Zur Erfassung der eigenen RIASEC-Struktur eignet sich besonders der systematische Paarvergleich, wie er nachfolgend für die Person und für die Stelle beschrieben ist (s. Abb. 5.1). Bei diesem Vorgehen werden jeweils zwei Aussagen verglichen, und man muss sich entscheiden, welcher der beiden Aussagen man mehr zustimmt. Gehen Sie die Aussagen bei den systematischen Paarvergleichen daher komplett durch und entscheiden Sie, welcher Aussage Sie mehr zustimmen. Kreuzen Sie in dem kleinen Rechteck neben

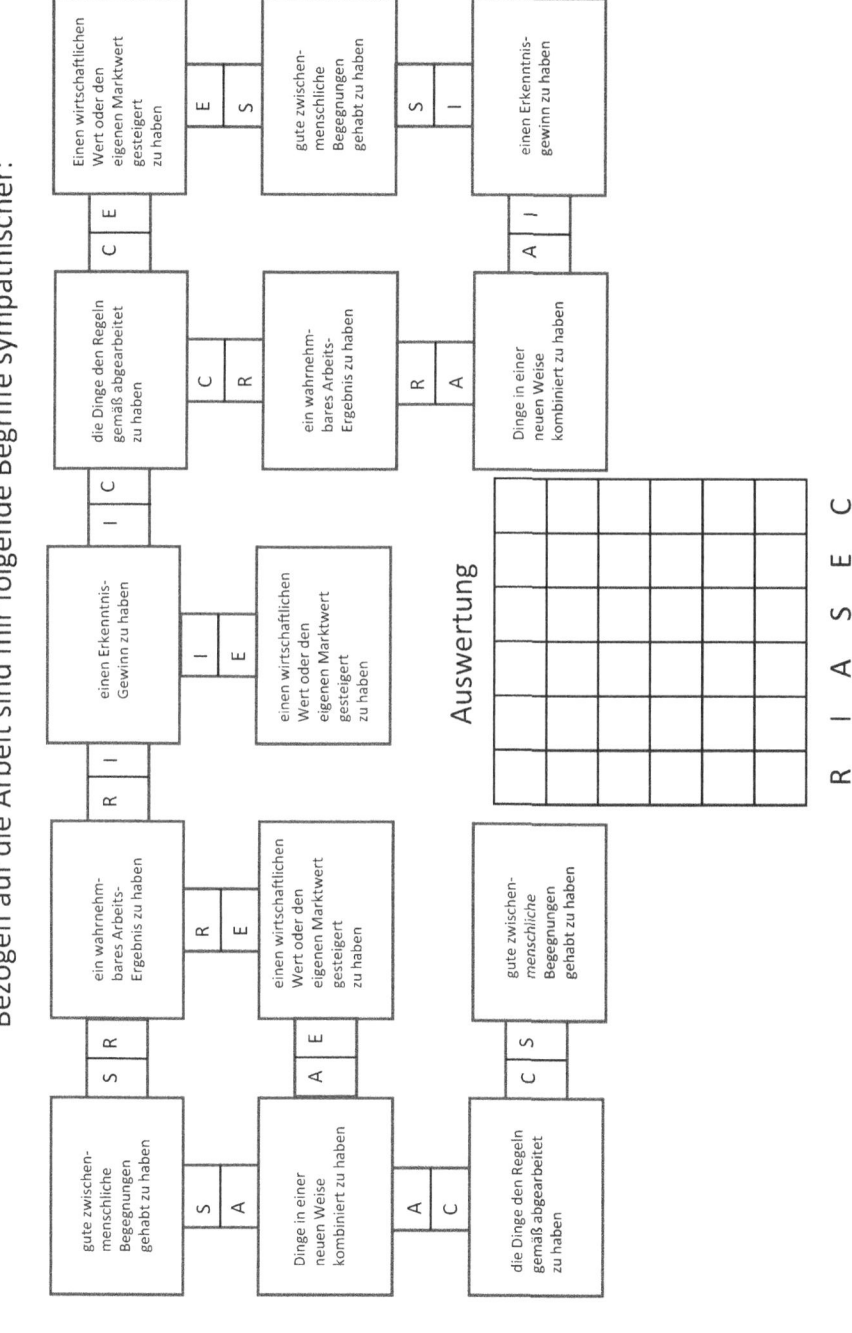

Abb. 5.1 Paarvergleich zur persönlichen Orientierung: Werte

dem Buchstaben (ohne diesen mit dem Kreuz zu verdecken) die jeweilige Aussage an, der Sie mehr zustimmen bzw. die für Sie attraktiver, „sympathischer" ist. Stellen Sie dabei sicher, dass Sie alle Entscheidungen eindeutig getroffen haben.

Zählen Sie anschließend zur Auswertung aus, wie oft Sie ein R, I, A, S E oder C angekreuzt haben und tragen Sie die Werte in der Tabelle ein. Die maximale Punktzahl je Faktor beträgt dabei fünf. Diesen systematischen Paarvergleich gibt es zu zwei Fragestellungen. Die erste Fragestellung lautet (s. Abb. 5.1): „Welche Begriffe sind mir bezogen auf die Arbeit sympathischer?" Die Fragestellung beim zweiten Labyrinth lautet (s. Abb. 5.2): „Was ist mir am Ende eines Arbeitstages wichtiger?"

Stellen Sie nun in der Tab. 5.1 die Ergebnisse beider Labyrinthe dar, indem Sie die Anzahl der angekreuzten Faktoren addieren. Die maximale Zahl beträgt dabei zehn.

Diese Darstellung gibt Ihnen eine Übersicht über Ihre persönliche Struktur der RIASEC-Faktoren. Je deutlicher die Unterschiede zwischen den Faktoren ausgeprägt sind, desto eindeutiger sind dabei Ihre persönlichen Präferenzen. Liegen einzelne Faktoren sehr nahe beieinander, so kann die Reihenfolge der Faktoren auch eventuell verändert werden. Aus IRACES kann z. B. RIACES werden, sofern die Ausprägung von I und R nicht sehr unterschiedlich ist.

5.1.3   Der RIASEC-Code der Tätigkeit

Ganz analog zu einer Person hat auch jede konkrete Stelle eine individuelle Kombination der RIASEC-Faktoren. Die ersten drei Buchstaben stellen dabei den Schwerpunkt der Tätigkeit dar, die letzten drei Buchstaben stellen den Teil der Arbeitsaufgabe dar, der nicht sehr relevant ist.

Jede Tätigkeit enthält prinzipiell Anteile von jedem der sechs Faktoren. So wird es in einer Tätigkeit, die eine starke S-Orientierung erfordert, zu einem geringen Teil auch Arbeiten geben, die dem C-Faktor zuzuordnen sind, z. B. Dokumentationen, Berichte etc. Jedoch unterscheiden sich einzelne Tätigkeiten sehr deutlich in der Gewichtung der einzelnen Faktoren. Zu jedem Beruf, der in Deutschland definiert ist, gibt es eine entsprechende RIASEC-Codierung. Diese bezieht sich jedoch nur auf den Prototyp des jeweiligen Berufes bzw. der jeweiligen Berufsbezeichnung. Hinter ihr können sich jedoch eine ganze Menge unterschiedlicher Berufsarten verbergen, die allerdings alle mit dem gleichen Überbegriff bezeichnet werden und daher nur ein sehr grobes Bild der Tätigkeiten liefern können. Das generelle Raster unterschätzt die Varianz der tatsächlichen Tätigkeiten. Die jeweiligen Binnenausprägungen können die Ursprungscodierung stark verändern.

Die Binnenausprägungen können folgendermaßen aussehen – hier am Beispiel der IT-Berufe:

- Eine starke R-Orientierung findet sich z. B. bei Software-Ingenieuren.
- Eine starke I-Orientierung findet sich z. B. bei Systemanalysten, Software-Entwicklern, Data-Minern.

Bezogen auf die Arbeit sind mir folgende Begriffe sympathischer:

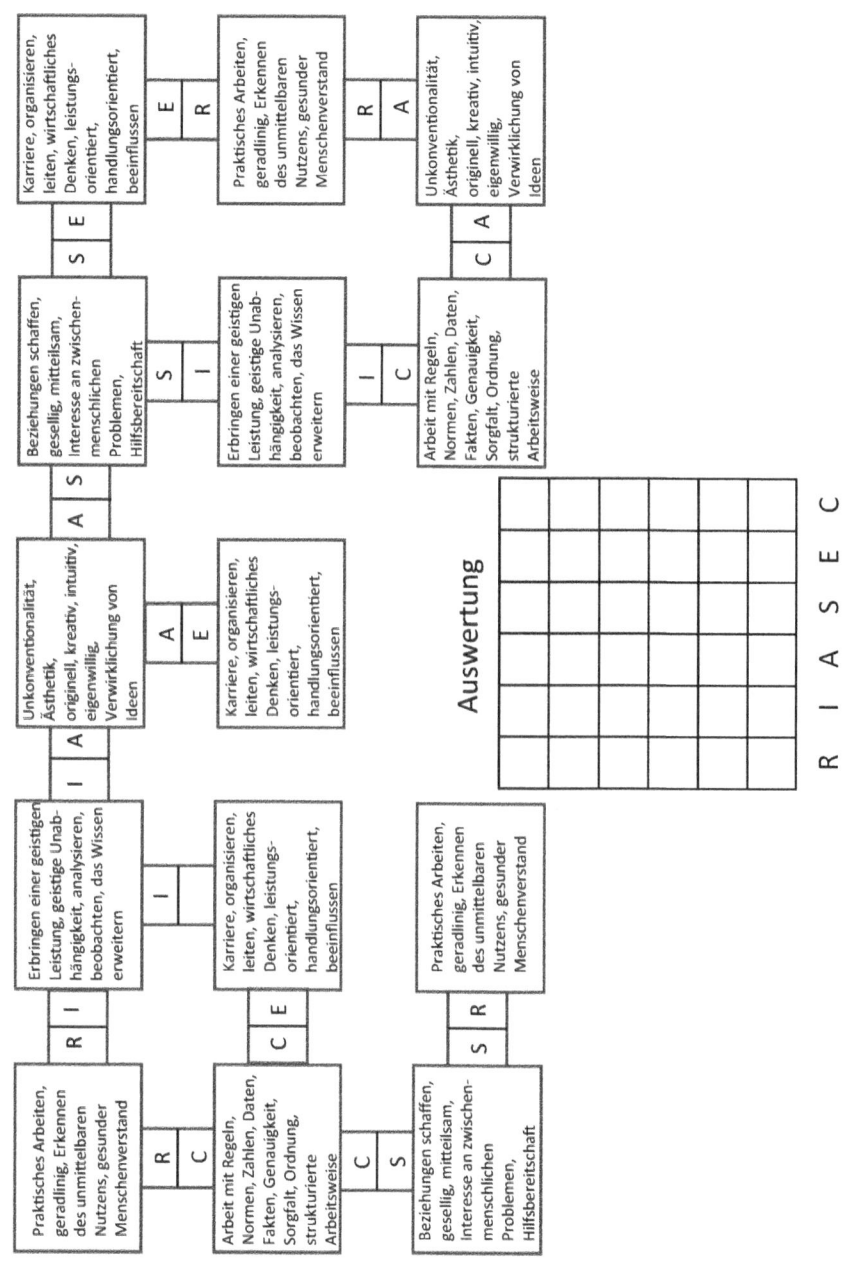

Abb. 5.2 Paarvergleich zur persönlichen Orientierung: Begriffe

Tab. 5.1 Die RIASEC-Struktur der Person

	R	I	A	S	E	C
10						
9						
8						
7						
6						
5						
4						
3						
2						
1						
	R	I	A	S	E	C

- Eine starke A-Orientierung findet sich z. B. bei Data-Warehouse-Architekten, Oberflächengestaltern, Screen-Designern.
- Eine starke S-Orientierung findet sich z. B. bei Schulungsleitern, Instruktoren, Trainern.
- Eine starke E-Orientierung findet sich z. B. bei Projektleitern, Projektmanagern, IT-Leitern.
- Eine starke C-Orientierung findet sich z. B. bei Technischer Dokumentation, IT-Qualitätsspezialisten.

Für den Bereich Personal kann eine solche Differenzierung bedeuten:

- Eine starke R-Orientierung findet sich z. B. bei Personalbetreuern.
- Eine starke I-Orientierung findet sich z. B. bei Organisationspsychologen, Personalforschern.
- Eine starke A-Orientierung findet sich z. B. im Bereich des Personalmarketings.
- Eine starke S-Orientierung findet sich z. B. beim Betriebsrat, Personalentwicklern.
- Eine starke E-Orientierung findet sich z. B. bei Personalleitern, Personalberatern.
- Eine starke C-Orientierung findet sich z. B. bei Abrechnern, Arbeitsrechtlern.

Daher muss man immer die jeweilige konkrete Tätigkeit, unabhängig von ihrer Bezeichnung betrachten, wenn man die RIASEC-Struktur einer Tätigkeit erfassen möchte.

Die Erfassung der RIASEC-Struktur Ihrer Tätigkeit erfolgt wiederum durch das Bearbeiten zweier Labyrinthe ganz analog wie die Erfassung der RISASEC-Struktur der Person. Die Frage des ersten Labyrinths lautet dabei (s. Abb. 5.3): „Die Tätigkeit lässt sich eher beschreiben mit …“ Die zweite Fragestellung lautet (s. Abb. 5.4): „Die Aufgabe fordert es/Belohnt wird bei der Aufgabe …“

Die Aufgabe fordert es/Belohnt wird bei der Arbeit:

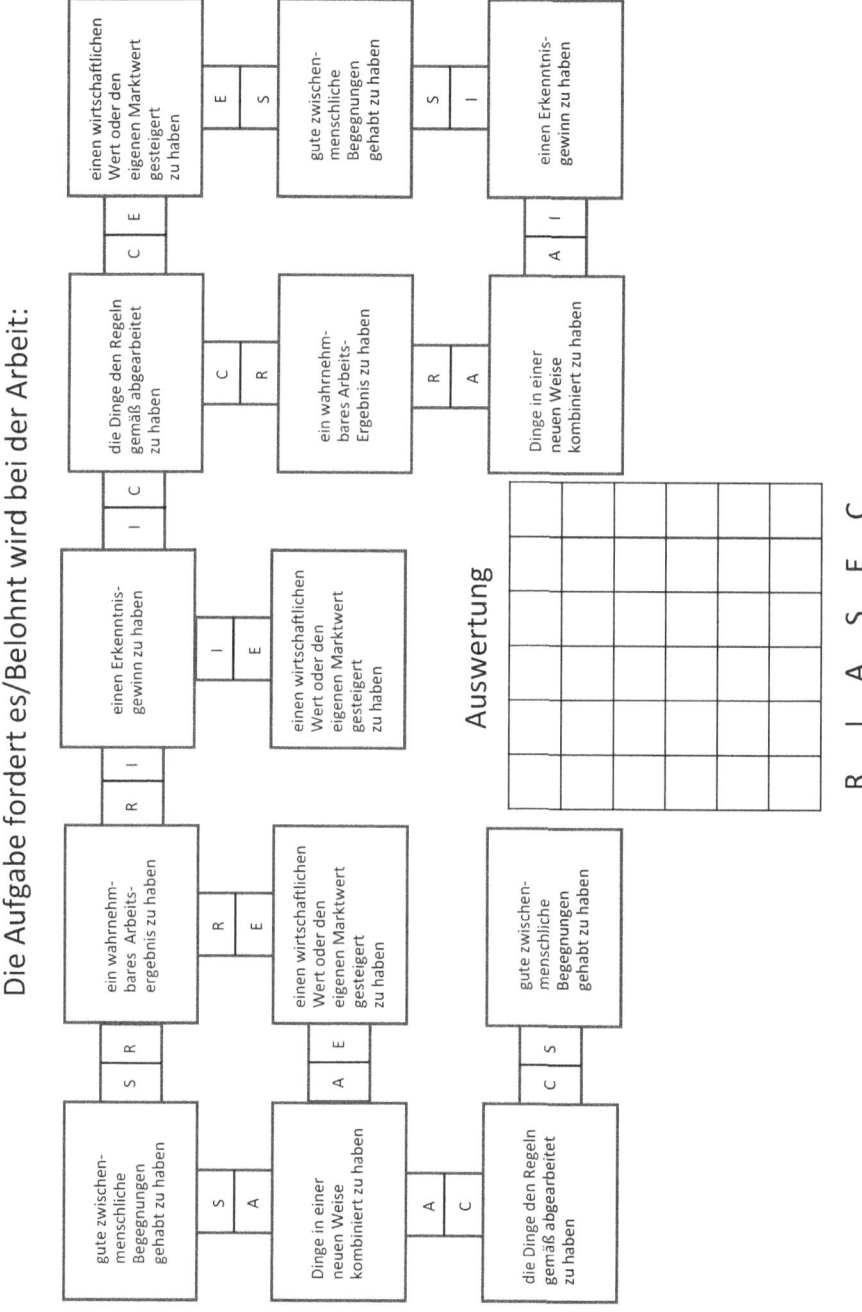

Auswertung

Abb. 5.3 Paarvergleich zur Tätigkeit: Werte

Meine derzeitige Arbeit lässt sich mit folgenden Begriffen beschreiben:

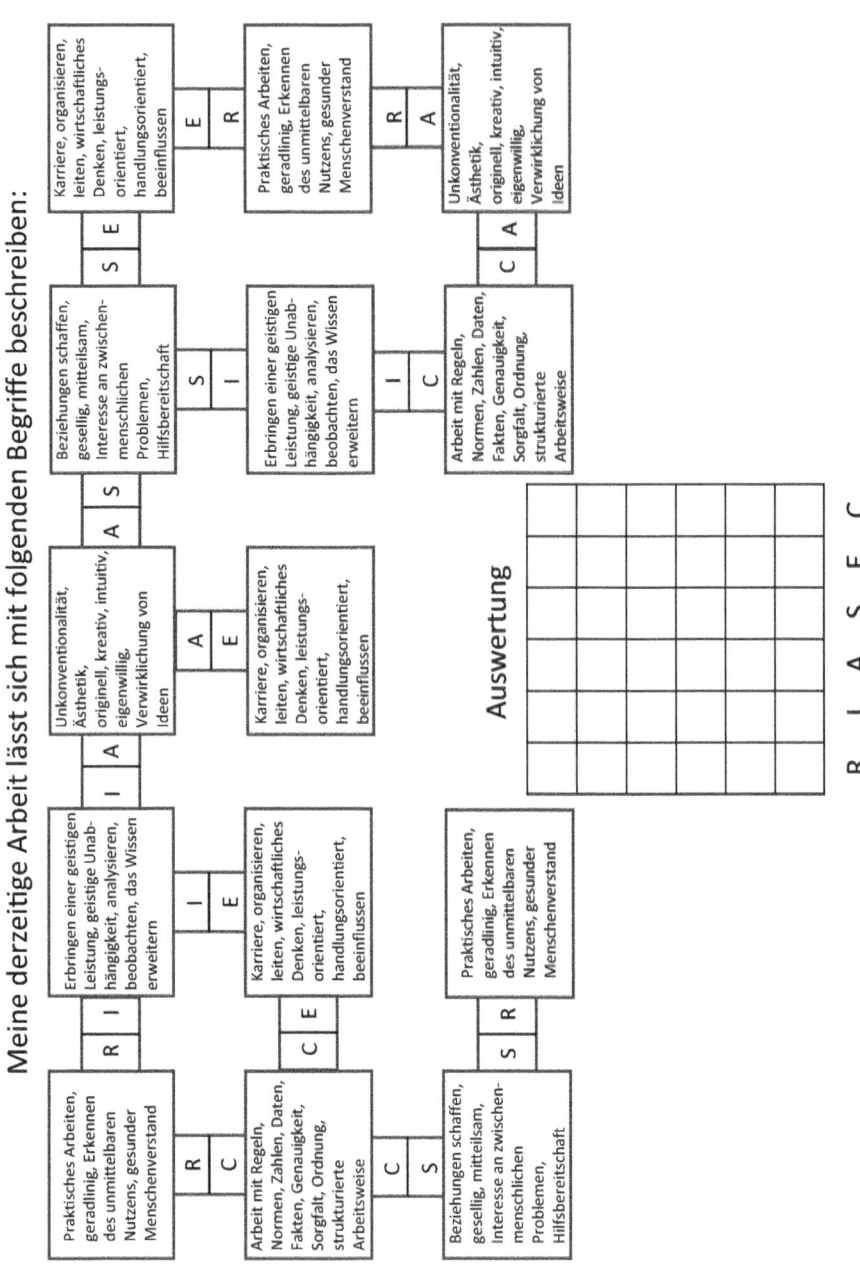

Abb. 5.4 Paarvergleich zur Tätigkeit: Begriffe

Tab. 5.2 RIASEC-Struktur
Tätigkeit

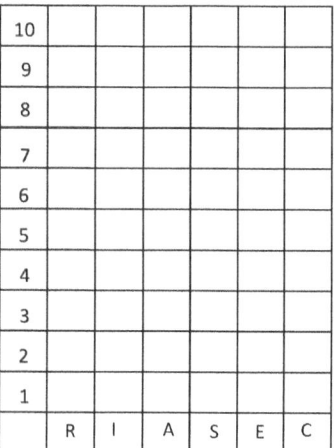

Stellen Sie nun in der Tab. 5.2 die Ergebnisse beider Labyrinthe dar, indem Sie die An-zahl der angekreuzten Faktoren addieren. Die maximale Zahl beträgt dabei zehn.

5.1.4 Vergleich von persönlicher Orientierung und der Struktur der Tätigkeit

Zu einem Vergleich der RIASEC-Struktur der Person mit der Struktur der Tätigkeit über-tragen Sie nun die Werte aus beiden Teilauswertungen in die Tab. 5.3. Je größer die Diffe-renzen der einzelnen Werte sind, desto größer ist das Stresspotenzial.

5.1.5 Fehlpassungen der RIASEC-Struktur

Bei der Auswahl der passenden Tätigkeit kann es zu Fehlern und damit zu falschen beruf-lichen Entscheidungen kommen. Wie sehr man mit der Wahl der beruflichen Tätigkeiten danebenliegen kann, selbst als Nobelpreisträger, kann man bei Albert Einstein sehen. Er begann seinen beruflichen Lebensweg im Patentamt in Bern mit einer Tätigkeit, die eine starke C-Orientierung voraussetzte. Seine eigentliche Berufung lag jedoch in einer sehr starken I-Orientierung.

Eine subjektiv als angenehm erlebte Arbeitssituation liegt dann vor, wenn die Struktur der Tätigkeit der Struktur der eigenen Präferenzen entspricht – wenn also bei der Tätig-keit hauptsächlich das gefordert wird, was der eigenen Neigung entspricht, und wenn man weitgehend vermeiden kann, was nicht der eigenen Neigung entspricht. Sofern dies nicht der Fall ist, entsteht Stress. Je diskrepanter diese Buchstabenkombinationen sind, desto mehr Stress kann potenziell entstehen. Man kann sich nun fragen, wie diese Präferenzen zustande kommen, obwohl das für die Frage der Passung aktuell keine Bedeutung hat.

Tab. 5.3 Vergleich von persönlicher Orientierung und der Struktur der Tätigkeit

	Person	Tätigkeit	Person	Tätigkeit	Person	Tätigkeit	Person	Tätigkeit	Person	Tätigkeit	Person	Tätigkeit
10												
9												
8												
7												
6												
5												
4												
3												
2												
1												
	R		I		A		S		E		C	

Diese Präferenzen haben natürlich etwas mit der Persönlichkeit des Einzelnen zu tun (vgl. Kap. 7).

Eine Fehlpassung im Bereich der RIASEC-Faktoren der Person und der RIASEC-Faktoren der Stelle kommt hauptsächlich aus zwei Gründen vor:

1.   Falsche Vorstellungen von der Tätigkeit

Ein Grund für die Nichtpassung besteht in falschen Vorstellungen von der Tätigkeit. So wählen beispielsweise viele Studenten einen Lehramtsamtstudiengang, weil sie sich für das jeweilige Fach interessieren (I-Orientierung). In der täglichen Arbeit brauchen sie jedoch viel mehr eine ausgeprägte S-Orientierung.

2.   Die Tätigkeitsstruktur ändert sich durch einen Wechsel der Ebene

Auf verschiedenen Hierarchieebenen ändert sich die Tätigkeitsstruktur teilweise dramatisch (vgl. Abschn. 5.3). Eine Beförderung bzw. ein Tätigkeitswechsel kann daher zur Nichtpassung führen. Die Tätigkeit eines Offiziers auf der Zugführerebene entspricht (zumindest im Bereich des Heeres) z. B. in etwa dem Klischee, das man vom Offiziersberuf hat. Man ist viel im Gelände, ist körperlich gefordert etc. Dies erfordert eine starke R-Orientierung. Wird nun ein Zugführer zum Kompaniechef befördert, so ändert sich seine Tätigkeitsstruktur sehr stark. Er ist nun für die Personalverwaltung zuständig, für die

Gestaltung des Dienstplans und die Einhaltung vielerlei Vorschriften. Er findet sich vornehmlich im Büro wieder. Dieser Job erfordert eine starke C-Orientierung.

Die Tätigkeitsstruktur kann sich durch einen Wechsel der Tätigkeit, in diesem Fall durch eine Beförderung, schnell ändern und dadurch zu einer eigenständigen Stressquelle werden. Eine eigentlich sehr positive Änderung in Form einer Beförderung kann auf diese Weise zu einer Überforderung führen – nicht wegen einer quantitativen Überlastung durch zu viel Arbeit, sondern durch eine nicht passende Tätigkeitsstruktur.

5.1.6 Was bedeutet das für das Thema Burnout?

Stress und somit bei lang anhaltendem Stress auch Burnout kann durch eine Diskrepanz zwischen dem RIASEC-Code der Person und dem RIASEC-Code der Tätigkeit entstehen. Damit dies nicht passiert, sollte die Diskrepanz der Codes möglichst gering sein. Es wird sich nicht immer eine hundertprozentige Deckungsgleichheit herstellen lassen. Es sollte aber sichergestellt sein, dass die wichtigsten zwei Buchstaben der persönlichen Orientierung in den ersten drei Buchstaben der Tätigkeitsstruktur auftauchen und dass die letzten zwei Buchstaben der persönlichen Orientierung nicht in den ersten drei Stellen der Struktur der Tätigkeit vorkommen.

Wie oben erwähnt, ist es sehr wahrscheinlich nicht möglich, eine Tätigkeit zu finden, bei der die letzten drei Buchstaben der persönlichen Orientierung gar nicht auftauchen. Jede Tätigkeit hat in der Regel Elemente von allen Buchstaben. Die Frage ist nur, welchen Stellenwert die Buchstaben des persönlichen Aversionscodes haben. Diese sollten möglichst wenig, zusammen max. 30 bis 40 % der Tätigkeit ausmachen, um nicht als Stressquelle wirksam sein zu können.

Bei einem Stellenwechsel ist es ratsam, sich Gedanken im Hinblick auf die Aufgabenstruktur der neuen Tätigkeit zu machen, um potenzielle Nichtpassungen zu vermeiden. Sofern die Struktur der Tätigkeit in einem Missverhältnis zu den persönlichen Präferenzen steht, kann man versuchen, die Tätigkeitsstruktur entsprechend zu ändern. Dies kann z. B. dadurch geschehen, dass man Tätigkeiten delegiert oder umverteilt. Sollte dies nicht erfolgreich sein, sollte man einen Stellenwechsel in Betracht ziehen, um die Langfristfolgen der Nichtpassung zu vermeiden.

5.2 Führungstätigkeit

In diesem Abschnitt geht es um die Aspekte der Führungstätigkeit, die auf *allen* Führungsebene relevant sind. Spezifika der einzelnen Führungsebenen werden im nächsten Abschnitt (s. Abschn. 5.3) beschrieben.

Die Frage, ob man eine Führungsposition übernehmen soll, spielt bei der beruflichen Entwicklung eine bedeutende Rolle. Für manche Menschen sind die Begriffe „Karriere" und „Führungsposition" sogar identisch. Das führt dazu, dass die Übernahme einer Führungsfunktion oftmals unhinterfragt angestrebt wird. Die Konsequenz daraus ist dann oft genug, dass man sich in einer (Führungs-)Situation wiederfindet, die man sich in dieser Form nicht vorgestellt hatte. Aus diesem Grund wird dem Thema „Führung" und „Vorstellungen über Führung" in diesem Abschnitt besondere Aufmerksamkeit gewidmet.

Es geht darum, eine kritische Bestandsaufnahme zu diesem Thema durchzuführen und dabei besonders jene Aspekte zu betonen, die bei Diskussionen zum Thema „Führung" normalerweise weniger zur Sprache kommen. Dazu wird der idealistischen Sichtweise von Führung eine deskriptiv eher triviale Sichtweise gegenübergestellt. Danach werden Dilemmata beschrieben, denen man zwangsweise ausgesetzt ist, wenn man sich in einer Führungstätigkeit befindet. Des Weiteren wird das Konzept der sogenannten Karriereanker beschrieben und dabei besonderer Wert auf die Differenzierung zwischen Fach- und Führungskarriere gelegt.

5.2.1   Die idealistische und die deskriptiv-triviale Auffassung von Führung

Die idealistische Sichtweise von Führung wird oft in Managementzeitschriften vertreten. Es ist die Sichtweise, aus der sich Führungskräfte meist selbst gerne sehen. In der Realität sieht der Alltag von Führungskräften allerdings etwas anders aus.

5.2.1.1   Die idealistische Auffassung

Betrachtet man die Literatur zum Thema Führung, so wird Führung in der Regel als eine Tätigkeit definiert, bei der es darum geht, Probleme zu analysieren, Ziele zu definieren, Lösungsalternativen zu planen, generell zu entscheiden, zu organisieren, zu koordinieren, zu motivieren, zu kontrollieren, zu bewerten, Strategien zu entwickeln etc.

Diese Sichtwiese stellt ein Idealbild der Führungstätigkeit dar, dem wohl keine einzige Führungsstelle gerecht wird. Sie zeigt die Führungskraft als Problemlöser und Visionär, der obendrein noch irgendwie „sozial kompetent" ist und daher gut mit Menschen umgehen kann. Ganz nebenbei erfüllt er auch noch seine vielgestaltigen betriebswirtschaftlichen, strategischen und fachlichen Aufgaben. Die Führungskraft wird zu dem Bild eines idealen Menschen stilisiert.

Eine weitere Idealisierung der Führungstätigkeit findet häufig im Bereich der Einschätzung der Unabhängigkeit statt, die man als Führungskraft erreichen kann. Es gibt ja mit zunehmendem hierarchischem Aufstieg potenziell immer weniger Personen, die auf die eigene Arbeit Einfluss nehmen können. Dieser idealistischen Auffassung von Führung steht jedoch ein anderes Bild von Führung gegenüber, wenn man sich einmal die Alltagsrealität von Führungskräften ansieht.

5.2.1.2   Die deskriptive Auffassung

Empirische Analysen zum tatsächlichen Alltag von Führungskräften wurden schon sehr früh z. B. von Mintzberg (1973) durchgeführt. Sie beschreiben den realen Alltag einer Führungskraft in Kontrast zu der idealistischen Sichtweise wie folgt:

- Es gibt nur geringe Anteile der Arbeitszeit, in denen ungestört gearbeitet werden kann. (In der Mintzberg-Untersuchung gab es während einer kompletten Woche nur zwölf solche Episoden von max. 23 min Dauer.)
- Ca. 75 % der Zeit wird mit Diskussionen, Konferenzen, Zweiergesprächen, Telefonaten etc. verbracht.
- Kontakte zu Unterstellten machen nur ca. 30 % der Zeit aus.
- Ein Großteil der Kontakte ist ungeplant und unvorhergesehen.
- Führungskräfte haben keinen (örtlich) festen Arbeitsplatz.

Diese Analysen wurden 2009 und 2013 erneut durchgeführt und haben die „alten" Analysen weitgehend bestätigt. Sie zeigen ein anderes Bild der Führungskraft als das des Strategen, der plant, Szenarien abwägt etc. Es entspricht mehr einem Bild, das wie folgt zu beschreiben ist:

- Die Führungskraft ist hauptsächlich ein „Reder" (kein Redner).
- Wichtig sind möglichst viele Beziehungen zu Menschen, die Informationen haben, wie z. B. Kollegen, Stäben, Externen, Betriebsrat etc.
- Gerüchte, Klatsch, Spekulationen, Hörensagen sind oft wichtiger als Fakten.
- Auf Vorgaben anderer und auf unvorhergesehene Ereignisse muss reagiert werden.
- Mehrere Probleme müssen gleichzeitig bearbeitet werden, Zeit zur Reflexion bleibt meist nur wenig.
- Die Führungskraft ist eher getrieben als treibend.

Zudem nimmt die Stressbelastung in einer Führungsposition zu, und das umso mehr, je größer die Führungsspanne ist (s. Abb. 5.5).

Auch wenn man den Aspekt der zunehmenden Unabhängigkeit infolge eines hierarchischen Aufstieges einmal näher betrachtet, so relativiert sich diese Unabhängigkeit relativ schnell. Es kommt wesentlich darauf an, worin diese Unabhängigkeit besteht. Man erhält durch einen hierarchischen Aufstieg auf einer formalen Ebene sicherlich eine größere Unabhängigkeit z. B. bei der Verfügung über Budgets, der Freiheit bei Reisen etc. Auf einer anderen, eher informellen Ebene nimmt die Abhängigkeit dagegen zu. Diese Ebene besteht z. B. in den Erwartungen an die zu leistende Arbeitszeit, an die Loyalität gegenüber der Führung etc.

Im Betriebsverfassungsgesetz wird zwischen „normalen" Arbeitnehmern und leitenden Angestellten unterschieden. Für die leitenden Angestellten gilt beispielsweise nicht das Kündigungsschutzgesetz, d. h. eine Kündigung kann ohne Angabe von Gründen erfolgen. Dadurch erhöht sich der Grad der persönlichen Abhängigkeit eines Leitenden Angestellten von seinem Vorgesetzten erheblich. Die Frage, ob mit einem hierarchischen Aufstieg die Abhängigkeit zu- oder abnimmt, fällt somit sehr differenziert aus, abhängig davon, welche Arten der Abhängigkeit man betrachtet.

Das in diesem Abschnitt gezeichnete Bild der Führungstätigkeit entspricht eher einem „Durchwursteln" mit der Zusatzaufgabe, dabei den roten Faden nicht (ganz) zu verlieren.

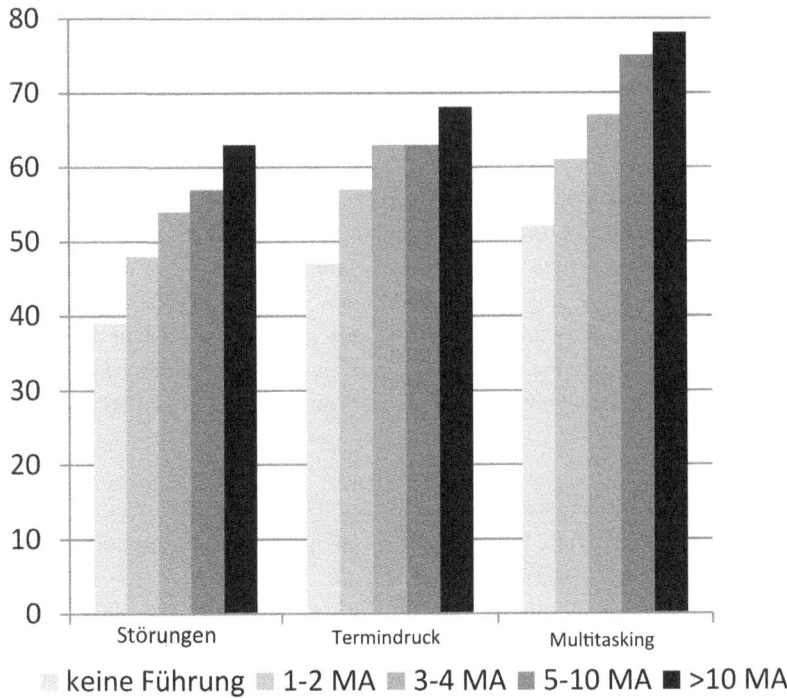

Abb. 5.5 Stressbelastung in Abhängigkeit von der Führungsspanne. (Quelle: *„Stressreport Deutschland 2012"*)

Es ist ziemlich konträr zu dem idealistischen Bild der Führungskraft als strategischem Planer und Problemlöser.

5.2.2 Dilemmata im Führungsalltag

Die Rolle der Führungskraft hat eine weitere besondere Charakteristik, auf die es sich lohnt, einzugehen. Die Führungsrolle ist nicht nur unklar definiert, sie ist auch so konstruiert, dass sich die Führungskraft in aller Regel in einem Spannungsfeld befindet, in dem es keinen „richtigen" Weg gibt, sondern nur Dilemmata, innerhalb derer oft nur die Wahl zwischen zwei unattraktiven Alternativen besteht. Ein paar eher triviale Beispiele zeigen diese Problematik auf:

- Kommt man morgens zu spät, ist man ein schlechtes Vorbild. Kommt man zu früh, ist man ein Aufpasser.
- Bleibt man abends länger, markiert man den Überbeschäftigten. Geht man pünktlich, so fehlt offenbar das Interesse an der Firma.

- Kümmert man sich um die Arbeit seiner Mitarbeiter, ist man ein Schnüffler. Tut man es nicht, dann hat man von deren Arbeit keine Ahnung.
- Hat man neue Ideen, ist man ein Fantast. Bleibt alles beim Alten, gilt man als rückständig.

Aufgrund dieser Dilemmata stellen sich mindestens zwei Frage hinsichtlich der Entscheidung, ob man Führungskraft werden möchte oder nicht: Erstens, will ich mich generell in diese strukturelle Dilemmasituation begeben – mit dem Wissen, dass sich daran nichts ändern lässt? Zweitens, entspricht mein eigener bevorzugter Umgang mit den relevanten Dilemmata in etwa dem in der Organisation allgemein erwarteten und akzeptierten Umgang damit? Besonders problematisch ist dabei die Tatsache, dass der erwartete Umgang wiederum nicht einfach abfragbar ist. Bei der Beantwortung dieser Fragen durch die Organisation können nämlich sehr stark Selbstdarstellungs- und Idealisierungstendenzen wirksam werden.

Zentral für den Charakter von Dilemmata ist, dass es prinzipiell unmöglich ist, ihnen zu entfliehen. Bewegt man sich zu einem Pol, kann dies aversive Konsequenzen haben, jedoch ist dies genauso der Fall, wenn man sich zum anderen Pol hinbewegt. Versucht man dem Dilemma zu entgehen, indem man sich stets in der Mitte positioniert, so gerät man in ein Meta-Dilemma: Man gilt als unentschlossen, unsichtbar, intransparent.

Zusätzlich wird die Situation dadurch erschwert, dass die Bewertung des Zuviels in Richtung des einen oder des anderen Pols von verschiedenen Personen verschieden beurteilt wird. Was für einen Betroffenen schon zu viel ist, wird vom anderen als unzureichend empfunden. Das macht auch den Plan von vornherein zunichte, sich stets in der Mitte zwischen beiden Polen aufzuhalten. *Die* Mitte gibt es nämlich gar nicht. Es gibt für jede beurteilende Person *eine* subjektive Mitte, die sich sehr wahrscheinlich von der einer anderen Person unterscheidet. Die Mittelposition ist also prinzipiell nicht einnehmbar und wie oben gezeigt auch nicht wünschenswert. Die Führungskraft ist also zu einer Positionierung gezwungen. Wie man es auch dreht und wendet, man kann den Dilemmata nicht entkommen.

In Anlehnung an Neuberger (1990) werden nachfolgend einige der grundlegenden Führungsdilemmata beschrieben:

1. Bewahrung – Veränderung
Um organisiertes Handeln in einer Organisation zu steuern, bedarf es einer gewissen Konstanz der Regeln, Werte, Einstellungen und Strukturen. Nur dadurch wird Berechenbarkeit, Abschätzbarkeit der näheren Zukunft, Verlässlichkeit und Transparenz erzeugt. Gleichzeitig wird von einer Führungskraft aber auch erwartet, dass sie verändert, Regeln und Strukturen anpasst, Verkrustungen aufbricht – auch eventuell gegen Widerstand. Verändert eine Führungskraft zu viel, so wird sie des blinden Aktionismus bezichtigt, die das Bestehende nicht zu schätzen weiß. Verändert sie zu wenig, gilt sie als reformunfähig. Im Managementslang der heutigen Zeit könnte man dieses Dilemma auch beschreiben mit Arbeiten im System oder Arbeiten am System.

2. Gleichbehandlung – Eingehen auf den Einzelfall

Als Vorgesetzter hat man es mit Menschen zu tun, von denen keiner dem anderen gleicht. Man muss die Individualität respektieren und auf die Besonderheiten des Einzelnen eingehen. Andererseits ist der „ganze Mensch" in der Organisation nur bedingt gefragt. Die Organisation ist eher nur an einem Teil des Menschen interessiert, nämlich dem Teil, der für die Erfüllung der jeweiligen Aufgabe erforderlich ist. Die Mitarbeiter wollen mit Fairness und Gerechtigkeit behandelt werden, aber auch individuell im Hinblick auf ihre Stärken/Schwächen/Vorlieben/Abneigungen/Wünsche etc. Geht der Vorgesetze zu sehr auf den Einzelfall ein, wird ihm schnell der Vorwurf der Parteilichkeit gemacht. Orientiert er sich dagegen sehr am Gleichbehandlungsgrundsatz, so wird sein schematisches und unflexibles Vorgehens beanstandet.

3. Spezialisierung – Generalisierung

Es ist einerseits nicht notwendig, dass der Vorgesetzte alle Tätigkeiten seiner Mitarbeiter selbst beherrscht. Je höher die Position in der Hierarchie und je größer die Organisation, desto unmöglicher wäre dieser Anspruch auch. Andererseits soll der Vorgesetzte aber die Arbeit seiner Mitarbeiter steuern, planen, einschätzen und auch bewerten können sowie die Mitarbeiter beraten können, was natürlich ein möglichst großes Verständnis für deren Arbeit voraussetzt. Verliert sich der Vorgesetzte zu sehr in der Spezialisierung, ist er überfordert und wird von seinen Mitarbeitern als störend betrachtet („Das kann er dann gleich selber machen"). Hat er jedoch zu wenig Kenntnis von der Tätigkeit seiner Mitarbeiter, wird er nicht akzeptiert („Der hat ja keine Ahnung, wovon er redet und womit wir tagtäglich konfrontiert sind").

4. Konkurrenz – Kooperation

In der wettbewerbsorientierten und rivalisierenden Welt der Organisation, in der es um knappe Güter geht, hat derjenige, der schneller, klüger und gerissener ist, also mit anderen konkurriert, persönliche Vorteile. Wettbewerb ist der Motor des Wachstums, Konflikte treiben die Entwicklung voran. Gleichzeitig sind jedoch Freundlichkeit, Genügsamkeit, Hilfsbereitschaft, Kooperation hilfreiche und wünschenswerte Werte. Tendiert ein Vorgesetzter eher in Richtung Konkurrenz, so wird er als streitsüchtig und unverträglich wahrgenommen. Tendiert er dagegen eher in Richtung Kooperation, wird er leicht als Weichei betrachtet, das seine eigenen Interessen und die seiner Mitarbeiter nicht adäquat vertreten kann und diesen daher z. B. im Interessensstreit mit anderen Organisationen handfeste Nachteile aufnötigt.

5. Nähe – Distanz

Man hat es in der Organisation einerseits mit der eher rational-distanzierten Erfüllung von Aufgaben zu tun, andererseits aber auch mit Menschen. Für beide Rollen benötigt man unterschiedliches Verhalten. Häufig ist die Rolle des „Tüchtigen", des formellen Führers, und die Rolle des „Beliebten", des informellen Führers, gar nicht in einer Person vereinbar, sondern auf zwei Personen verteilt.

6. Fremdbestimmung – Selbstbestimmung

Vorgesetzte müssen Berechenbarkeit, Regelhaftigkeit und Ordnung herstellen, was zwangsweise zu einer Einschränkung der Freiräume der Mitarbeiter führt. Sie müssen aber auch gleichzeitig sicherstellen, dass die Kreativität, Impulsivität, Einsatzfreude, Identifikation etc. der Mitarbeiter nicht blockiert werden.

7. Gesamtverantwortung – Einzelverantwortung

In der Theorie ist jeder unterstellte Mitarbeiter selbst für seine Arbeit verantwortlich. In der Praxis wird jedoch jeder Vorgesetzte für die Arbeitsqualität seiner Mitarbeiter verantwortlich gemacht. Ist sie zu gering, wird man die Richtigkeit von Selektions- bzw. Einsatzentscheidungen des Vorgesetzten bezweifeln. Deshalb befindet sich der Vorgesetzte in der Situation, dass er zwar nicht jedes Detail der Arbeiten in seinem Verantwortungsbereich verstehen, beurteilen, kontrollieren und bewerten kann, jedoch für jedes Detail verantwortlich gemacht werden kann.

8. Aktivierung – Zurückhaltung

Der Vorgesetzte soll natürlich aktiv sein, „die Dinge in Bewegung halten", „Macher" sein. Gleichzeitig soll er es aber auch unterlassen, seine Mitarbeiter zu bevormunden, sich zu sehr einzumischen, ihnen zu viel vorzuschreiben.

9. Innenorientierung – Außenorientierung

Der Vorgesetzte hat im betrieblichen Kräftespiel die Interessen seiner Organisationseinheit zu vertreten, sonst fühlen sich seine Mitarbeiter im Gesamtspiel der betrieblichen Kräfte von ihm im Stich gelassen. Vertritt er diese Interessen jedoch zu vehement, so blockiert er auf der Makroebene eventuell übergeordnete Entscheidungen, die für das Gesamtunternehmen wichtig sind (z. B. in den Spardiskussionen, die in praktisch jeder Organisation periodisch wiederkehren).

10. Zielorientierung – Verfahrensorientierung

Im Idealfall würde es reichen, wenn der Vorgesetzte die Führung lediglich an der Erreichung der Ziele orientiert und den Weg der Zielerreichung seinen Mitarbeitern überlässt (Auftragstaktik). Dies setzt selbstständige, kompetente und verlässliche Mitarbeiter voraus, die sich weitgehend selbst koordinieren. Das trifft jedoch weder auf alle Mitarbeiter zu, noch haben alle Vorgesetzten dieses Bild von den Mitarbeitern. Daher wird in der Praxis nicht nur das Ziel, sondern auch der Prozess der Zielerreichung kontrolliert. Diese Kontrolle ist zusätzlich auch noch ein beliebtes und effizientes Disziplinierungsmittel.

▶ **Die Rolle der idealen Führungskraft nach Neuberger (1990)** „Eine Linie haben, sie aber jederzeit wieder verlassen können, kommunikativ sein, aber nicht zu viel reden, anpassungsfähig sein, aber nicht angepasst, kompromissbereit sein, sich aber nicht überfahren lassen, nicht detailverhaftet sein, aber im Detail möglichst fehlerfrei sein, Widerstand leisten, aber auch erkennen, wo man ihn aufgeben muss, Unangenehmes durchdrücken, aber niemanden vergraulen, ein gutes Gedächtnis haben, aber schnell vergessen können."

Da es nicht möglich ist, den Dilemmata zu entfliehen, bleibt nur die grundlegende Frage, ob man sich ihnen überhaupt aussetzen möchte, und wenn ja, ob und welche Strategien man besitzt, um mit diesen Dilemmata zurechtzukommen. Weiterhin kann man sich überlegen, wie sich die Dilemmata in der konkreten Situation zu der persönlichen Disposition (vgl. Kap. 7) verhalten. Da die grundsätzliche Situation, dass eine Führungskraft den Dilemmata nicht entfliehen kann, nicht veränderbar ist, geht es zu einem großen Teil darum, mit diesen Dilemmata zurechtzukommen. Für diese Art der „Arbeit" bekommt eine Führungskraft letztendlich auch (zumindest zu einem gewissen Teil) ihr Geld.

Die Situation wird noch deutlich komplexer, wenn man sich das komplette Handlungsfeld einer Führungskraft ansieht. Die Zahl der Dilemmata wächst ins Unermessliche, wenn man nicht nur die unterschiedlichen Erwartungen der Mitarbeiter an die Führungskraft betrachtet, sondern auch noch die der anderen Akteure. Diese anderen Akteure sind die Vorgesetzten des Vorgesetzten, die Kollegen des Vorgesetzten, der Betriebsrat etc. Die Liste ließe sich noch mit außerorganisatorischen Akteuren verlängern, z. B. Behörden, Lieferanten, Kunden, Lebenspartner, Familie und Freunde.

Wie kann sich nun die Übernahme einer Führungsposition mit ihren strukturellen Dilemmata auf das Entstehen langfristiger Stressbelastungen auswirken? Um darüber Klarheit zu gewinnen, sind folgende Schritte hilfreich:

1. Welches Dilemma (oder welche Dilemmata) würden mir am meisten zu schaffen machen? Sicherlich kommt man mit manchen Dilemmata besser, mit anderen schlechter zurecht. Das ist nicht zufällig, es hängt auch von der persönlichen Disposition ab (vgl. Kap. 7). Sinnvoll ist es, im Vorstellungsgespräch gezielt danach zu fragen, wie sich die Dilemmata in der Organisation darstellen.
2. Zu welcher Seite neige ich am ehesten, um das Dilemma scheinbar zu „lösen" bzw. um ihm aus dem Wege zu gehen? Nutzen Sie die Checkliste „Eigene Präferenzen im Umgang mit Dilemmata" und kreuzen Sie Ihre jeweilige Position an. Seien Sie bei Ihrer Wahl mutig, sodass ein möglichst deutliches Profil entsteht.
3. Versuchen Sie, sich ein Bild davon zu machen, wie in der Organisation bevorzugt mit den Dilemmata umgegangen wird. Tragen Sie Ihre Erkenntnisse in die Checkliste „Präferenzen der Organisation im Umgang mit Dilemmata" ein, sodass Sie ein Profil der Organisation erhalten. Dabei treten natürlich zwei Probleme auf:
   a. Es ist schwer, valide Informationen über eine Organisation zu bekommen, wenn man außerhalb der Organisation steht. Auch wenn man sich innerhalb einer Organisation befindet, ist es problematisch, da man dabei fast immer auf verbale Auskünfte angewiesen ist, die oft eher idealisierte Selbstbilder als „objektive" Informationen sind.
   b. Man muss auswählen, wer „die Organisation" ist. Sind es die Mitarbeiter oder die nächsthöheren Vorgesetzten?
4. Gleichen Sie nun ab, ob der eigene Stil, mit den Dilemmata umzugehen, zu dem Stil passt, der in der Organisation akzeptiert wird. Welche Konflikte könnten aus der Nichtpassung heraus wahrscheinlich entstehen?

Wie sind Ihre Präferenzen im Umgang mit Dilemmata? Markieren Sie Ihre Position!

Bewahrung	□	□	□	□	□	Veränderung
Gleichbehandlung	□	□	□	□	□	Eingehen auf Einzelfälle
Spezialisierung	□	□	□	□	□	Generalisierung
Konkurrenz	□	□	□	□	□	Kooperation
Nähe	□	□	□	□	□	Distanz
Fremdbestimmung	□	□	□	□	□	Selbstbestimmung
Gesamtverantwortung	□	□	□	□	□	Einzelverantwortung
Aktivierung	□	□	□	□	□	Zurückhaltung
Innenorientierung	□	□	□	□	□	Außenorientierung
Zielorientierung	□	□	□	□	□	Verfahrensorientierung

Wie sind die Präferenzen der Organisation im Umgang mit Dilemmata? Markieren Sie jeweils die von Ihnen angenommene Position der Organisation!

Bewahrung	□	□	□	□	□	Veränderung
Gleichbehandlung	□	□	□	□	□	Eingehen auf Einzelfälle
Spezialisierung	□	□	□	□	□	Generalisierung
Konkurrenz	□	□	□	□	□	Kooperation
Nähe	□	□	□	□	□	Distanz
Fremdbestimmung	□	□	□	□	□	Selbstbestimmung
Gesamtverantwortung	□	□	□	□	□	Einzelverantwortung
Aktivierung	□	□	□	□	□	Zurückhaltung
Innenorientierung	□	□	□	□	□	Außenorientierung
Zielorientierung	□	□	□	□	□	Verfahrensorientierung

5.2.3 Das Konzept der Karriereanker

Ob eine Führungsaufgabe ein erstrebenswertes Ziel für den Einzelnen ist, hängt maßgeblich davon ab, welche hauptsächliche Motivation derjenige bei der Arbeit hat. Um die jeweiligen Motive herauszufinden, ist das Konzept der „Karriereanker" von Edgar Schein (1985) bestens geeignet. Der US-amerikanische Organisationspsychologe hat eine Langzeituntersuchung an MBA-Studenten an der Alfred Sloan School of Management am Massachusetts Institut of Technology (MIT) in Boston durchgeführt. Dabei wurde der Lebensweg von 440 Studenten beginnend im Jahr 1961 über insgesamt zwölf Jahre verfolgt. Die Teilnehmer der Studie wurden intensiv und systematisch befragt. Außerdem wurden „harte" Kriterien der beruflichen Entwicklung erhoben, z. B. Stellenwechsel und die Stellung in der Hierarchie. Ursprünglich wollte Schein untersuchen, inwieweit die berufliche Sozialisation zur „Gehirnwäsche" führt, wie er es ausdrückte.

Erst im Laufe der Zeit stellte er fest, dass in den Interviews immer wieder verschiedene „Grundthemen" der beruflichen Entwicklung auftauchten. Aus diesen der Karriere zugrunde liegenden Entscheidungen entwickelte Schein acht Grundtypen beruflicher Orientierung, die sogenannten Karriereanker. Der Karriereanker ist die Qualität des Arbeitslebens, die eine Person nicht aufgeben will. Er beschreibt das berufliche Selbstbild der Person. Wenn die berufliche Entwicklung diesem Selbstbild entspricht, wird der Beruf als produktiv und zufriedenstellend erlebt, ist dies nicht der Fall, entsteht Stress. Ein Karriereanker gibt das an, auf was man in beruflichen Entscheidungssituationen auf keinen Fall verzichten möchte, er ist zeitlich sehr stabil. Wenn die Berufswahl frei erfolgen kann, passt sie zum Karriereanker. Der Karriereanker entspricht dem, was man *eigentlich* will. Er muss dabei nicht unbedingt in Bezug zu dem stehen, was man aktuell real beruflich tut. Durch vielerlei Rahmenbedingungen sind dem, was man *eigentlich* tun möchte, mehr oder weniger enge Grenzen gesetzt. Der Karriereanker beschreibt das, was man eigentlich tun möchte, wenn man frei wählen könnte. Er ist quasi der um die Widrigkeiten der Situation bereinigte innere Sollwert der beruflichen Entwicklung. Dabei gibt dabei es keine guten und keine schlechten Karriereanker, sondern nur individuelle Präferenzen bzw. Aversionen. Der Begriff „Anker" geht auf die Vorstellung zurück, dass ein Karriereanker wie ein Schiffsanker funktioniert. Er stellt einen Fixpunkt dar, von dem man zwar temporär abgetrieben werden kann, zu dem man aber immer wieder zurückgezogen wird.

Aufgrund seiner Untersuchungen hat Schein acht Karriereanker identifiziert: Fachwissen und Können, Führung, Autonomie/Unabhängigkeit, Sicherheit/Beständigkeit, Gleichgewicht zwischen Berufs- und Privatleben, Totale Herausforderung, Unternehmerisches Denken/Selbstständigkeit und Arbeit zum Wohle anderer Personen.

Bis zu einem gewissen Teil wird jeder Karriereanker für jede Person wichtig sein. Es kommt im Vergleich der Anker darauf an, welcher Anker dominiert, wie das relative Verhältnis der Anker zueinander ist. Besonders wichtig dabei ist die Differenzierung zwischen dem Anker „Fachwissen und Können" und „Führung". Diese beiden Orientierungen werden daher auch nachfolgend sehr detailliert beschrieben. Die anderen Orientierungen sind der Vollständigkeit halber und zur besseren Verständlichkeit des Modells ebenfalls kurz beschrieben.

5.2.3.1 Karriereanker: Fachwissen und Können

Dieser Karriereanker definiert sich hauptsächlich durch die Abgrenzung zum Karriereanker Führung. Bei der Orientierung Fachwissen und Können ist es zentral, zu wissen, dass man ein Experte ist, der „Kick" kommt aus der fachlichen Kompetenz. Führung ist dagegen maximal auf dem eigenen Fachgebiet (*Managing a function*) interessant. General Management (*Managing a business*) ist für Menschen mit dieser Verankerung ziemlich uninteressant. Die Befriedigung erfolgt durch das Wissen, dass man auf seinem Gebiet

Experte ist. Eine Versetzung in ein anderes, fremdes Fachgebiet wird daher oft als Strafe empfunden. In anderen Fachgebieten geht der Spaß an der Arbeit schnell verloren. Eine Jobrotation als Personalentwicklungsmaßnahme wird daher oft nicht als eine solche empfunden. Verwaltungsarbeiten abseits der fachlichen Tätigkeit werden bei dieser Orientierung schnell als Stress erlebt. Die ideale Tätigkeit muss eine fachliche Herausforderung darstellen, sonst wird sie als langweilig oder gar erniedrigend wahrgenommen. Einzelne wichtige Elemente dieser Orientierung sind nachfolgend beschrieben:

Arbeitsinhalt
Die fachliche Herausforderung ist zentral. Der Inhalt der Tätigkeit ist wichtiger als das Umfeld. Im Rahmen eher grob definierter Ziele wird freie Hand verlangt, uneingeschränkte Verfügung über Material, Budget, Gerät etc. wird angestrebt (dadurch kommt es oft zu Konflikten mit dem Management). Verwaltungs- und Koordinationstätigkeiten werden als lästiges Übel angesehen. Die Beförderung in eine umfassende Führungsfunktion ist nicht erstrebenswert.

Entlohnung
Die Entlohnung sollte im Lichte dieser Orientierung gemäß Ausbildung und Arbeitserfahrung erfolgen. Der externe Vergleich ist wichtiger als der interne, die absolute Gehaltshöhe ist zentral. Auf die Frage: „In welcher Firma möchten Sie lieber arbeiten: in Firma A, wo Sie 90.000 Euro verdienen, jedoch alle anderen 80.000 Euro, oder in Firma B, wo Sie 100.000 Euro verdienen, alle anderen aber 110.000 Euro?" würde jemand mit der Fachorientierung eindeutig antworten: „Natürlich in Firma B, denn 100.000 Euro sind mehr als 90.000 Euro."

Karriere
Die Karriere hängt nicht so sehr vom Rang ab, sie besteht dagegen eher in der Erweiterung des (fachlichen) Aufgabenfeldes und der fachlichen Verantwortung sowie in der freieren Verfügung über Ressourcen.

Anerkennung außerhalb der Entlohnung
Die Anerkennung derer, die die Arbeit wirklich beurteilen können (Kollegen, Experten, Externe, …), ist bei der Fachorientierung wichtiger als die des Managements. Preise, Auszeichnungen, Publikationen etc. sind u. U. wichtiger als die Höhe des Gehalts. Personen mit einer starken Orientierung an Fachwissen und Können legen in der Regel großen Wert auf eine Art der Führung, die sie akzeptieren können. Entspricht die tatsächliche Führung, der sie sich gegenübersehen nicht diesen Vorstellungen, so wird dies schnell zu einer Stressquelle.

5.2.3.2   Karriereanker: Führung

Der Anker „Führung" steht im direkten Gegensatz zum gerade beschriebenen Anker „Fachwissen und Können". Für Menschen mit dieser Karriereorientierung stellt eine etwaige Spezialisierung auf ein Fachgebiet eine Einengung dar. Es ist für sie wichtig, viele Bereiche der Organisation genau zu kennen und sie zu integrieren. Das Karriereziel ist dann erreicht, wenn es die Position erlaubt, mehrere betriebliche Funktionen auf einmal wahrzunehmen. Diese Karriereorientierung erfordert auch Anpassungsfähigkeit, um mit Machtbefugnissen und Verantwortung in der jeweiligen Situation erfolgreich umgehen zu können. Die wesentlichen Komponenten dieser beruflichen Orientierung sind nachfolgend beschrieben:

Arbeitsinhalt

Umfassende Aufgaben über verschiedene Fachgebiete hinweg sind zentral. Die Aufgabe muss bedeutend für den Unternehmenserfolg sein. Die Chance, sich als Führungskraft zu qualifizieren und zu profilieren, ist wichtig. Spezialisierungen werden als Einengungen empfunden. Es besteht eine hohe Bereitschaft, sich in fremde Gebiete einzuarbeiten. Dadurch entstehende Unsicherheiten werden toleriert, ebenso eine große Menge an Verwaltungsarbeit. Zwischenmenschliche Konflikte regen eher an als auf. Andere persönliche Ziele werden dem des hierarchischen Aufstiegs untergeordnet.

Entlohnung

Das Einkommen ist ebenfalls von zentraler Bedeutung, es bestimmt den Wert der Arbeit und den Selbstwert. Kurzfristige Anreize (Prämien) wirken. Interne Vergleichsprozesse sind wichtiger als die absolute Höhe des Gehaltes. Auf die Frage: „In welcher Firma möchten Sie lieber arbeiten: In Firma A, bei der Sie 90.000 Euro verdienen, jedoch alle anderen 80.000 Euro, oder in Firma B, in der Sie 100.000 Euro verdienen, alle anderen aber 110.000 Euro?" würde jemand mit dieser Orientierung eindeutig antworten: „Natürlich in Firma A, da ich dort mehr verdiene als die anderen Angestellten."

Karriere

Karriere entsteht hauptsächlich in hierarchischer Weiterentwicklung. Anerkennung außerhalb der Entlohnung kann erfolgen durch: Beförderung, eine neue Dienststellung, einen Titel, die Zahl der Mitarbeiter, das Budget, Statussymbole, die Wertschätzung durch Vorgesetzte, die Übernahme bedeutender Projekte. Die Anerkennung durch den Vorgesetzten ist bei dieser Orientierung sehr wichtig, auch wenn dieser die Arbeit nicht genau beurteilen kann.

Anfangs ging Schein davon aus, dass für den erfolgreichen Aufstieg in einer Organisation der Faktor „Führung" am bedeutsamsten sei. Mittlerweile nimmt er an, dass eine Kombination aus den Faktoren „Führung" und „Fachwissen" die größte Bedeutung hat, da ein Management ohne eine fundierte fachliche Basis keine Akzeptanz besitzen würde.

Hauptunterschiede zwischen den Karriereankern „Fachwissen" und Führungs-orientierung

Dimension	Fachorientierung	Führungsorientierung
Höhe der Bezahlung	Absolut	Relativ
Bewertung	Durch Experten	Durch den Vorgesetzten
Fremde Fachgebiete	Unattraktiv	Attraktiv
Verwaltungstätigkeit	Aversiv	Attraktiv
Jobrotation	Aversiv	Angestrebt

5.2.3.3   Konsequenzen aus diesen beiden Orientierungen

Die Unterscheidung der Anker „Fachwissen und Können" und „Führung" haben einige weitreichende Konsequenzen:

Fachlaufbahn

In einer klassischen Organisation sind die Möglichkeiten, ein gewisses Einkommen und einen gewissen Status zu erreichen, in der Regel an die Übernahme von Führungsauf-gaben geknüpft. Da viele Unternehmen erkannt haben, dass es für die Person und die Organisation nicht sinnvoll ist, jemanden mit einer Fachorientierung nur deshalb in eine Führungsposition zu entwickeln weil er nach einem gewissen Einkommen und einem ge-wissen Status strebt, werden zunehmend Konzepte zur Fachlaufbahn entwickelt. Sofern Sie sich in einer Organisation befinden, in der es keine Fachlaufbahn gibt, sollten Sie sich überlegen, ob Sie eine Führungsfunktion übernehmen, wenn diese nicht Ihrem Karriere-anker entspricht, da Sie sich durch diese Nichtpassung eine Stressquelle schaffen würden.

Personalentwicklung

Aus dem Modell der Karriereanker leitet sich auch ab, dass Personalentwicklungsmaß-nahmen äußerst unterschiedliche Wirkungen haben können, je nachdem wem sie zuteil wird. Eine Jobrotation kann für jemanden mit einer funktionalen Orientierung eine Strafe sein, ebenso eine Beförderung, die zu einer Einschränkung der Flexibilität oder zu einem Verlust von Autonomie führen könnte. Achten Sie bei einer Personalentwicklungsmaß-nahme, die ja im Normalfall als eine Chance zu sehen ist, sehr darauf, ob sie für Sie vor dem Hintergrund Ihrer Karriereorientierung auch tatsächlich eine Chance ist oder ob sie zu einer Stressquelle werden kann.

5.2.3.4   Karriereanker: Autonomie/Unabhängigkeit

Personen mit dem Karriereanker „Unabhängigkeit" fällt es schwer, in einem für sie zu engen Korsett aus Vorschriften, Regelungen etc. zu agieren. Das Karriereziel ist dann erreicht, wenn sie eine Position *innerhalb* einer Organisation (dadurch unterschieden sie sich vom Anker „Unternehmerisches Denken/Selbstständigkeit") erreicht haben, in der sie selber entscheiden können, womit, wann und wie sie arbeiten. Das Bedürfnis, die

Arbeit nach der eigenen Art und Weise zu verrichten, ist dominant. Vorschriften, Verfahrensanweisungen etc. werden als störend empfunden. Die Arbeit soll nach dem eigenen Rhythmus erledigt werden. Die eigenen Normen werden als Maßstab angelegt. Freiheit ist wichtiger als Verdienst. Die vorgegebenen Ziele werden akzeptiert, jedoch nicht eine Einmischung in die Art der Zielerreichung.

Arbeitsinhalt

Bevorzugt werden klar umrissene, zeitlich definierte Aufgaben im eigenen Fachgebiet sowie genau definierte Zielvorgaben mit maximaler Freiheit bei der Durchführung. Vorgesetzte, die genau auf die Finger schauen, werden nicht ertragen.

Entlohnung

Kontingente, an der Zielerreichung orientierte Bezahlung ist wichtig.

Karriere

Eine höhere Dienststellung und gesteigerte Verantwortung gehen manchmal mit Unzufriedenheit einher, da sie mit einem Verlust an Freiheiten verbunden sind. Sie werden daher oft abgelehnt.

Anerkennung

Auszeichnungen, Urkunden, Preise, Empfehlungsschreiben etc. sind wichtiger als Beförderungen. Dinge, die bei einem Arbeitswechsel mitgenommen werden können, haben eine höhere Bedeutung als die interne Hierarchie. Ein Zuwachs an Autonomie und Eigenverantwortung wirkt motivierend.

5.2.3.5 Karriereanker: Sicherheit/Beständigkeit

Für diese Orientierung ist das Bewusstsein, es wirtschaftlich geschafft zu haben, zentral. Menschen mit dieser Orientierung organisieren ihr Berufsleben so, dass sie sich frei von Sorgen fühlen können und die berufliche Zukunft vorhersehbar ist. Dauerhafte Beschäftigung und der gute Ruf des Unternehmens sind wichtig. Das Unternehmen sollte eine dauerhafte Beschäftigung garantieren. Die Position ist dabei eher unwichtig. Ungenutzte Fähigkeiten werden gegebenenfalls in der Freizeit eingesetzt. Als Gegenleistung für einen sicheren Arbeitsplatz werden auch Einschränkungen der Freiheit hingenommen. Zufriedenheit mit der Tätigkeit entsteht durch materielle Absicherung. Die eigenen Ziele werden bereitwillig denen des Vorgesetzten angepasst.

Arbeitsinhalt

Vorhersehbare, beständige Tätigkeiten sind wichtig. Die Arbeitsumgebung und Arbeitsbedingungen sind wichtiger als der Arbeitsinhalt. Neue Herausforderungen (Jobrotation) haben geringere Bedeutung als eine Gehaltserhöhung.

Entlohnung

Ein „goldener Käfig" ist willkommen. Ein dienstzeitabhängiges Gehaltssystem wird angestrebt.

Karriere

Ist bei dieser Orientierung weniger wichtig.

Anerkennung

Personen mit dieser Orientierung möchten für Loyalität und kontinuierliche Leistung geschätzt werden.

5.2.3.6 Karriereanker: Gleichgewicht zwischen Berufs- und Privatleben

Diese Orientierung ist keine spezielle Karriereorientierung. Zentrales Motiv ist die Integration von Arbeit, Familie und eigenen Bedürfnissen. Die Flexibilität des Arbeitgebers ist dabei das wichtigste Kriterium, sie ist wichtiger als die Bezahlung. Karriereschritte, die die Flexibilität beeinträchtigen, werden abgelehnt. Die Haltung des Unternehmens zur Gestaltung der Arbeit ist bedeutsamer als der Tätigkeitsinhalt. Dieser Karriereanker wird oft mit Faulheit verwechselt. Dies ist jedoch nicht richtig. Wie auch alle anderen Anker beschreibt er die Bedingungen, unter denen die Person gute Arbeit leistet.

5.2.3.7 Karriereanker: Herausforderung

Diese Karriereorientierung speist sich nicht so sehr aus der Auseinandersetzung mit einer speziellen Arbeitsaufgabe, sondern eher aus dem kompetitiven Motiv. Es geht darum, besser zu sein und Hindernisse zu überwinden, egal auf welchem Gebiet die Schwierigkeiten liegen. Personen mit dieser Orientierung richten all ihr Streben darauf, auf der Gewinnerseite zu stehen. Das zentrale Motiv ist es, Problem zu lösen, bevorzugt solche, die andere nicht lösen konnten. Der Beruf wird als Kampf empfunden, in dem es Sieger und Besiegte gibt. Er ist dann interessant, wenn es einen permanenten Wettbewerb gibt. Der Tätigkeitsinhalt und das Gehaltssystem sind dabei nebensächlich. Fortwährende Leistungsüberprüfungen werden akzeptiert. Eine Beförderung wird unattraktiv, wenn sie mit der Aufgabe der Konsensbildung verbunden ist (wie dies z. B. bei einer General-Management-Aufgabe der Fall wäre). Menschen mit dieser Orientierung bevorzugen Organisationen, in denen Selbstbehauptung möglich ist und honoriert wird. Dies ist z. B. auch in der Politik der Fall. Die Anerkennung erwächst aus dem permanenten Vergleich mit anderen Personen. Diese Orientierung kann leicht zu Problemen mit Personen führen, die diese Orientierung nicht haben.

5.2.3.8 Karriereanker: Unternehmerisches Denken, Selbstständigkeit

Die Triebfeder dieser Orientierung stellt die Innovation dar. Hinzu kommt der Wunsch, bei allen Aktivitäten eine entscheidende Rolle zu spielen. Für andere Personen (z. B. einen Vorgesetzten) arbeiten Personen mit dieser beruflichen Orientierung nur ungern (das unterscheidet sie von der Orientierung General Management *in* einer Organisation). Der Unternehmer baut seine Firma oft auch auf, um seiner Persönlichkeit ein Denkmal zu setzen.

5.2.3.9 Karriereanker: Arbeit zum Wohle anderer

Menschen mit dieser Orientierung möchten bestimmte Werte verwirklichen, wie z. B. die Verbesserung der Lebensbedingungen, die harmonische Gestaltung der zwischenmenschlichen Beziehungen. Oft sind diese Personen auch therapeutisch tätig. Beförderungen werden nur dann akzeptiert, wenn sie den Wertvorstellungen nicht widersprechen.

Zu einer detaillierten Analyse der Karriereorientierungen gibt es einen schriftlichen Test, den der Autor gemeinsam mit Professor Schein entwickelt hat. Konditionen zur Durchführung des Tests sind beim Autor erfragbar.

5.2.4 Was bedeutet das für das Thema „Burnout"?

Eine Differenz zwischen der Tätigkeit, die aktuell ausgeübt wird, und der Tätigkeit, die dem Karriereanker entsprechen würde, erzeugt Stress und ist somit ein Risikofaktor für Burnout. Insbesondere die Antwort auf die Frage, ob eine Führungstätigkeit die relevanten Motivationselemente beinhaltet oder ob es besser wäre, der Fachorientierung zu folgen, wird eine starke Bedeutung für das eventuelle Entstehen von Burnout haben.

Man muss aber auch die Organisation, in der man arbeitet, betrachten und sich fragen, ob sie die Belohnungen bereithält, die gemäß der Karriereanker persönlich für einen relevant sind. Um es mit einem drastischen Bild zu verdeutlichen (s. Abb. 5.6): Welche Mohrrübe muss man Ihnen vor die Nase hängen, damit Sie zu laufen beginnen? Welche Mohrrüben akzeptieren Sie nicht? Gibt Ihnen die Organisation die Mohrrüben, für die Sie anfangen zu laufen?

Die Übernahme einer Führungsposition kann unter gewissen Voraussetzungen zu einer mächtigen Stressquelle werden, sofern die Führungstätigkeit im Gegensatz zu den persönlichen Interessen und Dispositionen steht. Es ist dabei besonders wichtig, sich ein realistisches Bild der Führungstätigkeit zu machen und sich nicht von den idealistischen, teils heroischen Beschreibungen der Führungstätigkeit blenden zu lassen.

Ein weiterer wichtiger Faktor stellt die Konfrontation mit Führungsdilemmata dar. Solche Dilemmata können, wie gesagt, prinzipiell nicht gelöst werden. Man verbringt die ganze Zeit im Spannungsfeld dieser Dilemmata, solange man sich in einer Führungsposi-

Abb. 5.6 Welche Mohrrübe
akzeptieren Sie?

tion befindet. Man muss sich die Frage stellen, in welchem Ausmaß das Ausgeliefertsein an diese Dilemmata zu einer Stressquelle werden kann.

Letztlich gilt es kritisch zu prüfen, ob die zentrale berufliche Motivation, wie sie mit den Karriereankern beschrieben ist, zu der Übernahme einer Führungsaufgabe passt. Das Ausfüllen einer Führungsaufgabe hat generell ein großes Potenzial zur Erzeugung von Stress.

5.3   Strukturell unterschiedliche Anforderungen auf verschiedenen Führungsebenen

Im vorangegangenen Abschn. 5.2 ging es um Charakteristiken der Führungstätigkeit, die für die Tätigkeitsstruktur auf *allen* Ebenen zutreffen. Dieser Abschnitt befasst sich nun mit den strukturellen Eigenheiten der verschiedenen Führungsebenen.

Man geht bei der Beschreibung der Anforderungen auf verschiedenen Ebenen oft implizit davon aus, dass auf allen Ebenen immer die gleichen Fähigkeiten relevant sind. Je höher aber die Ebene, desto stärker die Ausprägung der Fähigkeit, z. B. die Delegations- fähigkeit, die Kommunikationsfähigkeit etc. (s. Abb. 5.7).

Entgegen dieser impliziten Annahme können sich in der Realität die Anforderungen und die Eigenheiten einer Führungstätigkeit ziemlich grundlegend auf den verschiedenen Führungsebenen unterscheiden. Es gibt nicht *die* Führungstätigkeit, sondern sehr verschiedene Führungstätigkeiten. Charan et al. (2001) haben in ihrem Buch „The Leadership Pipeline" die Eigenheiten der verschiedenen Ebenen sehr klar herausgearbeitet.

Auf jeder Ebene spielen jeweils andere Anforderungen und somit auch andere notwendige Fähigkeiten eine zentrale Rolle. Die Fähigkeiten, die auf einer Ebene förderlich sind, können auf einer anderen Ebene irrelevant oder sogar hinderlich sein (s. Abb. 5.8).

Die Kompetenzen auf der einen Ebene können im besten Falle auf einer anderen Ebene zum Teil hilfreich, im schlimmsten Falle sogar hinderlich sein. Bei einem Übergang von einer auf die andere Ebene kommt es weniger darauf an, die neuen Anforderungen

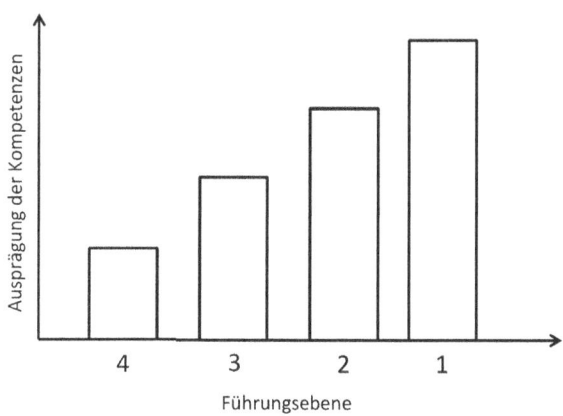

Abb. 5.7 Implizite Vorstellung von den Anforderungen auf verschiedenen Ebenen: mehr desselben

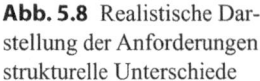

Abb. 5.8 Realistische Darstellung der Anforderungen: strukturelle Unterschiede

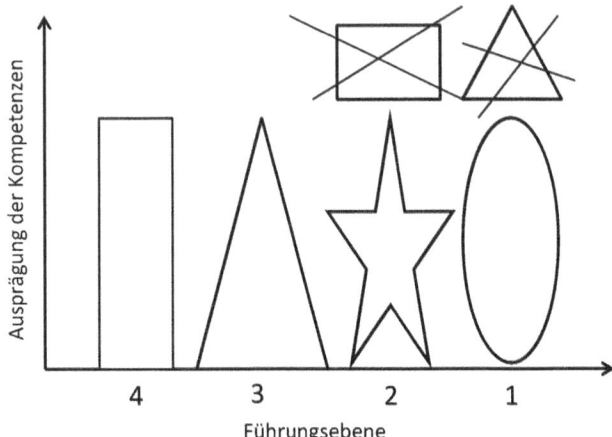

intellektuell zu verstehen (wie in einem Seminar), als vielmehr darauf, dass die neuen Anforderungen zu den Eigenheiten der Person passen.

Dazu ist es wichtig, die psychologischen Mechanismen zu kennen, die dem jeweiligen Übergang ggf. entgegenstehen. Die größte Hürde dabei stellt wahrscheinlich das „Verlernen" von Verhaltensweisen dar, und zwar manchmal genau der Verhaltensweisen, die hilfreich waren, um einen in die neue Position zu bringen, auf der neuen Ebene jedoch wertlos oder hinderlich sind. Die Strategie, an die Aufgaben der neuen Ebene heranzugehen, ist in der Regel „Mehr desselben". Die optimale Strategie wäre stattdessen: „Sich ganz anders verhalten und den neuen Anforderungen anpassen". Daher ist es wichtig, sich die unterschiedlichen Anforderungen auf den jeweiligen Ebenen bewusst zu machen und zu entscheiden, welche Auswirkungen diese Anforderungen auf die Person-Situation-Passung und somit auf das Entstehen von Stress haben.

Bei der Beschreibung der jeweiligen Ebenen verwende ich die amerikanischen Originalbezeichnungen. „*Specialist*" bedeutet dabei „Sachbearbeiter, „*First Line Manager*" meint die erste Führungsfunktion, dies wird normalerweise eine Stelle sein, die man im Deutschen als Teamleiter bezeichnet. „*Senior Manager*" bedeutet im Deutschen am ehesten Abteilungsleiter, also eine Funktion, die dadurch gekennzeichnet ist, dass es unter ihr noch eine Unterstruktur von Teamleitern gibt. „*Functional Manager*" bezeichnet die Verantwortung für eine betriebliche Disziplin (Personal, Einkauf, Produktion, Controlling, IT, …), was im Deutschen mit der Bezeichnung Bereichsleiter gemeint ist. Die Ebene „*Business Manager*" beschreibt die Gesamtverantwortung für eine „Business-Unit", ein Geschäftsfeld, und ist gleichbedeutend mit der deutschen Bezeichnung Geschäftsführer. Charakteristisch für die Ebenen ist dabei jedoch die Anforderungsstruktur und natürlich nicht so sehr die verbale Benennung der Ebenen.

5.3.1 Beschreibung der strukturellen Anforderungen der Ebenen

Die speziellen Anforderungen und Eigenheiten der verschiedenen Ebenen werden nachfolgend in Anlehnung an Charan et al. (2001) beschrieben.

5.3.1.1 First Line Manager (managing others)

Beim *First Line Manager* handelt es sich um die erste Führungsfunktion. Die Perspektive muss sich dabei ändern: Vom Tun der Arbeit zum Organisieren der Arbeit anderer Personen, von der Perspektive „Ich" zur Perspektive „Andere", von „Führung tolerieren" zu „Führung für wichtig halten", von „Produzent" zu „andere Personen produktiv machen".

Eine wichtige Frage dabei lautet: Wofür wird die Arbeitszeit verwendet? In der Funktion des Spezialisten wurde die Zeit vollständig für die inhaltliche Aufgabenerledigung verwendet. Nun muss ein Großteil der Zeit für Kontakte und Absprachen mit den Mitarbeitern verwendet werden. Der *First Line Manager* muss für die Mitarbeiter verfügbar sein. Dies bedeutet einerseits die rein physische Verfügbarkeit und die entsprechende Verplanung der zur Verfügung stehenden Zeit (und somit Kontrollverlust), andererseits auch die „emotionale" Erreichbarkeit. Die Mitarbeiter spüren, ob der Vorgesetzte ein „echtes" Interesse an der Interaktion hat oder ob er dieses nur vorspielt. Die Beschäftigung mit Menschen muss Priorität vor der Beschäftigung mit Sachfragen erhalten.

Nach der RIASEC-Systematik verschiebt sich die Tätigkeit in Richtung „S". Dieser Faktor gewinnt weitere Bedeutung dadurch, dass es in der Rolle des *First Line Managers* auch darum geht, zwischenmenschliche Konflikte, die von den Mitarbeitern zum Vorgesetzten eskaliert werden, zu lösen. Da Mitarbeiter beurteilt werden müssen, besteht ein weiteres zwischenmenschliches Konfliktpotenzial. Dies wird noch dadurch erweitert, dass Ressourcen verteilt werden müssen – eine Aufgabe, die ein hohes Konfliktpotenzial in sich birgt.

Es gibt noch eine zweite Verschiebung in den RIASEC-Anteilen. Der „C"-Anteil erhöht sich stark. Diese Erhöhung geht besonders zulasten der „I"-Orientierung. Es müssen Budgets verwaltet werden, Personalanträge gestellt werden, die Einhaltung von Gesetzen und Regelungen durch die Mitarbeiter muss sichergestellt werden. Kapazitäten müssen geplant werden. Das Reporting muss erstellt werden, die Mitarbeiter müssen systemkonform beurteilt werden etc. Es kommt darauf an, die Aufgaben den Mitarbeitern effektiv zuzuordnen (Job-Design) und inhaltliche Aufgaben zu delegieren. Der Delegation steht dabei jedoch oft die Angst vor Kontrollverlust entgegen (vgl. Kap. 7).

Welche typischen Probleme treten beim Übergang vom *Specialist* zum *First Line Maneger* auf? Woran kann man erkennen, dass die neue Führungsaufgabe (noch) nicht akzeptiert wird? Dafür gibt es einige sichere Indikatoren: Die Mitarbeiter werden mit der Expertise des Chefs überhäuft, oder es beginnt ein Kampf um die Bearbeitung der Sachthemen, weil sich der *First Line Manager* hauptsächlich über inhaltliche Themen definiert. Fragen der Mitarbeiter oder Diskussionen mit ihnen werden als störend empfunden. Es erfolgt eine starke Einmischung in die inhaltlichen Themen der Mitarbeiter, die Administration wird als lästig, maximal als notwendiges Übel empfunden. Es erfolgt eine Distanzierung von Fehlern der Mitarbeiter und/oder eine Fixierung auf die Fehler der Mitarbeiter.

5.3.1.2   Senior Manager (managing managers)

Diesem Übergang wird oft wenig Bedeutung zugemessen, da er scheinbar nur eine „Verlängerung" des ersten Übergangs ist. Es gibt jedoch eine Reihe spezifischer Veränderung auf dieser Ebene. Sie stellt den Übergang zu einer Tätigkeit dar, die hauptsächlich aus Management besteht. Die inhaltlichen Aspekte treten dabei weiter in den Hintergrund. Die Zeit wird nur noch in einem geringen Maße in Form konzentrierter, individueller Arbeit verbracht werden können. Die Zeit, die für Gesprächen, Sitzungen, Workshops etc. aufgewandt wird, nimmt dagegen stark zu. Nun müssen auch *First Line Manager* beurteilt werden. Dazu braucht es andere Kriterien als zur Beurteilung von Spezialisten, diese Kriterien sind zudem eher noch uneindeutiger als die zur Beurteilung von Spezialisten. Zudem müssen neue *First-Line*-Führungskräfte ausgewählt werden.

Woran kann man erkennen, dass ein *Senior Manager* seine Aufgabe nicht ausfüllt?

Als erster Punkt ist hier wieder die fehlende Delegation zu nennen. Anders als bei dem *First Line Manager* müssen auf dieser Ebene weniger Sachaufgaben als Führungsaufgaben delegiert werden. Entscheidungen werden jedoch im negativen Fall an sich gerissen, dadurch verlängern sich die Entscheidungswege der nachgelagerten Ebene. Ein *Senior Manager* sieht sich, sofern die *First Line Manager* gut ausgewählt wurden, einem starken Team von *First Line Managern* gegenüber. Das kann dazu führen, dass der *Senior Manager* aus Angst vor Widerspruch häufig Gespräche unter vier Augen führt und Entscheidungen bilateral festlegt, die einzelnen *First Line Manager* dabei gegeneinander ausspielt. Ein *Senior Manager* kann aber auch versuchen, erst gar keine Opposition bei seinen *First Line Managern* aufkommen zu lassen, indem er solche *First Line Manager* auswählt, die so sind wie er, nur eine Stufe kleiner (Schmidt-sucht-Schmidtchen-Strategie). Diese Strategie ist natürlich für die Gesamtorganisation fatal. Da der *Senior Manager* den Führungsnachwuchs der *First Line Manager* auswählt, kommt dieser Ebene eine besondere Bedeutung hinsichtlich des Themas Ge- und Missbrauch von Macht zu.

5.3.1.3   Functional Manager (managing a function)

Bei dieser Ebene geht es darum für eine betriebliche Disziplin (Einkauf, Entwicklung, Controlling, IT, Personal, …) umfassend verantwortlich zu sein. Die Verantwortung besteht dann auch für die Teilfunktionen, für die der *Functional Manager* wenig Fachwissen und Erfahrung besitzt. Diese fach-„fremde" Arbeit innerhalb der eigenen Disziplin muss jedoch verstanden und als sinnvoll beurteilt werden. Das führt dazu, dass viel Information bewertet werden muss, ohne sie im Detail verstehen zu können. Ging es beim *First Line Manager* darum, inhaltliche Aufgaben zu delegieren, beim *Senoir Manager* darum, Führungsaufgaben zu delegieren, geht es beim **Functional Manager** hauptsächlich darum, fachliche Verantwortung zu delegieren. Der Fokus der Betrachtung muss von der Ebene der Inhalte auf die Ebene der Prozesse verlagert werden. Dabei ist es besonders wichtig, die Change-Bedarfe zu erkennen.

Der Kontakt zur „Basis" geht auf dieser Ebene schnell verloren, da nun über zwei gefilterte Ebenen kommuniziert werden muss. Das generiert spezielle kommunikative Anforderungen: Informationen aus der Basis müssen aktiv gesucht werden. Es muss sichergestellt werden, dass gesendete Informationen auch die dazwischenliegenden Ebenen durchdringt und möglichst unverändert ankommt. Es muss viel Zeit damit verbracht werden, die anderen Funktionsteilbereiche zu verstehen. Ebenso muss viel Zeit dazu verwendet werden, mit den anderen Funktionen in Kontakt zu kommen. Geduld, Empathie und Erreichbarkeit sind zentral. Es müssen Kommunikationswege nach oben, unten und zur Seite aktiv angelegt werden. Es kommt auch besonders darauf an, zu erkennen, was *nicht* gesagt wird, Tabuthemen wahrzunehmen und unterschiedliche Sichtweisen zu verschiedenen Themen zu erhalten.

Das Zuhören ist oft wichtiger als das Sprechen. Informationen von Kunden, Lieferanten, Mitarbeitern, anderen Bereichen etc. müssen als Grundlage für Entscheidungen vorhanden sein. Regelmäßige „Zuhörsessions" mit allen Ebenen und Bereichen sind notwendig, um eine „*sonar capability*" zu entwickeln und zu sehen, was unter der Oberfläche passiert.

Folgende Fragen müssen beantwortet werden können: Woran arbeiten die Leute gerade? Wie werden sie gemanagt, entwickelt, belohnt? Kennen und verstehen sie die Bereichs- und Businessstrategie? Mit welchen Problemen haben sie zu tun? Wo sind Hindernisse? Welche Ideen haben die Leute zu Verbesserung? Wo findet Innovation statt? Wie sind die Entscheidungswege? Letztendlich muss dem Unwissen mehr Zeit gewidmet werden als dem Wissen. Während für den *Senior Manager* der Schwerpunkt auf der Face-to-Face-Kommunikation liegt, liegt er beim *Functional Manager* auf dem Aufbau von Kommunikationsstrukturen. Der RIASEC-„S"-Faktor mit seiner direkten zwischenmenschlichen Komponente tritt dabei in den Hintergrund.

Der *Functional Manager* ist verantwortlich für die Bereichsstrategie. Er muss Antworten auf die folgende Fragen geben: Wie sieht die Langzeitperspektive des Bereiches aus? Wie wird der State-of-the-Art-Zustand des Bereiches sichergestellt? Was trägt die Funktion zur Gesamtstrategie bei?

Die Interessen des eigenen Bereiches müssen gegenüber denen der anderen Bereiche vertreten werden. Dies muss auf eine Art und Weise erfolgen, in der die eigene Funktionalität von unterschiedlichen Businessperspektiven gesehen wird. Der eigene Beitrag zum Gesamterfolg muss gesehen und relativiert werden. Die eigenen Bereichsinteressen müssen vertreten werden, mit anderen Ressorts muss aber auch zusammengearbeitet werden. Auf dieser Ebene erfolgt in der Regel formal juristisch, aber auch vom Selbstverständnis her der Übergang vom Arbeitnehmer zum Arbeitgeber. Der E-Faktor aus dem RIASEC-System gewinnt eine starke Bedeutung.

Probleme beim Übergang auf diese Ebene können in verschiedener Weise auftreten: Dies kann in einer zu starken Fokussierung auf die eigene Funktion innerhalb der Organisation erfolgen. Die Gesamtsicht leidet dann unter Bereichsegoismen. Die Abgrenzung gegenüber anderen Bereichen funktioniert zwar, jedoch nicht die Zusammenarbeit mit diesen. Die Funktionsstrategie ist dominant gegenüber der Gesamtstrategie, anstatt diese zu unterstützen. Da ein *Functional Manager* sich nicht in allen Teilfunktionen seines Bereiches gut auskennen kann, kann es sein, dass diejenigen Teilfunktionen, die ihm vertraut sind, gegenüber ihm unbekannteren Funktionen bevorzugt werden. Den bevorzugten Funktionen wird dann viel Zeit gewidmet, den anderen eher wenig. Themen, die eigentlich delegiert werden sollten, werden vom *Functional Manager* aufgrund ihrer Vertrautheit mit der fachlichen Thematik selbst bearbeitet. Ein weiteres zentrales Problem ist die fehlende Kommunikationsstruktur, das Abgekoppeltsein von der „Basis".

5.3.1.4   Business Manager (managing a business)

Ein *Business Manager* ist für eine Geschäftseinheit voll verantwortlich. Er erhält aus dem Markt eine direkte Rückmeldung über den Erfolg seines Wirkens. Das Wirtschaftlichkeitsdenken und somit der E-Faktor des RIASEC-Systems wird nun zentral.

Durch die Gesamtverantwortung ist ein cross-funktionales Denken notwendig. Da niemand das ganze Wissen der verschiedenen betrieblichen Funktionen haben kann, kommt es auf dieser Ebene darauf an, sich schnell in fachfremde Gebiete einzuarbeiten und diese Gebiete trotzdem bis zu einem gewissen Maß beurteilen zu können. Währen der *Functional Manager* immer auch die Abgrenzung seines eigenen Bereiches berücksichtigen muss, kommt es beim *Business Manager* einzig und allein auf die Integration der verschiedenen Funktionen an. Die widerstreitenden Interessen der Funktionen müssen im Sinne eines Ganzen kanalisiert werden. Der *Business Manager* muss eher Diplomat als Vertreter eigener Interessen sein. Während die Hauptfrage für den *Functional Manager* lautet: „Ist das fachlich machbar?", lautet sie für den *Business Manager*: „Lohnt es sich, das zu machen?"

Der *Business Manger* ist für die Gesamtstrategie verantwortlich, er muss Antworten auf die Fragen geben: Welche Ziele hat das Unternehmen? Wie will es sich im Markt positionieren? Woher kommt der Gewinn? Wie werden der Kurz- und der Langfristerfolg ausbalanciert?

Da diese Fragen prinzipiell nicht sicher beantwortet werden können, muss ein *Business Manager* gut mit Unsicherheit umgehen können. Ein zu großes Bedürfnis danach, alles unter Kontrolle zu haben, steht dem im Wege. Zudem kann oft eine lange Zeit vom Treffen einer Entscheidung bis zum Sichtbarwerden ihrer Resultate vergehen. Ein *Functional Manager* löst die fachlichen Probleme, der *Business Manager* definiert und priorisiert *die zu lösenden* Probleme. Der *Business Manager* kommuniziert nach innen und nach außen, die Außenkommunikation erfolgt dabei z. B. gegenüber Verbänden, Medien, Presse etc. (Public-Fishbowl-Effekt).

5.3.2   Was bedeutet das für das Thema Burnout?

Da sich die Anforderungen auf den verschiedenen Managementebenen strukturell ändern, verändert sich damit auch die RIASEC-Struktur der Tätigkeit. Daher kann es im Falle einer Beförderung auf die nächsthöhere Ebene zu einer Nichtpassung von Person und Situation kommen. Eine an sich positive Veränderung, nämlich die Beförderung, kann zu einer Stressquelle werden, und zwar weniger auf der quantitativen als auf der qualitativen Seite. Die Stressquelle kann für diejenige Person wirksam sein, die sich an der jeweiligen Stelle befindet und sich „verbiegen" muss, um mit dieser Nichtpassung zurechtzukommen. Die Situation der Nichtpassung zwischen Person und Anforderungen auf einer Ebene kann aber auch für die Mitarbeiter zur Stressquelle werden. Die entsprechenden Auswirkungen wurden bei den jeweiligen Ebenen beschrieben.

Für die Organisation, die Person und die Mitarbeiter wäre es besser, wenn eine Beförderung auf eine Ebene, bei der die Anforderungen nicht der Motivation der Person entsprechen, unterbleiben würde.

Literatur

Charan, R., Drotter, S., & Noel, J. (2001). *The leadership pipeline*. San Francisco: Wiley.

Holland, J. (1997). *Making vocational choices. A Theory of vocational personalities and work environments*. Psychological Assessments Inc. Odessa.

Mintzberg, H. (1973). *The nature of managerial work*. New York: Harper & Row.

Neuberger, O. (1990). *Führen und geführt werden*. Stuttgart: Enke.

Schein, E. (1985). *Career anchors*. San Diego: Pfeiffer & Company.

Idealtypische Gruppenmodelle 6

Ein wichtiger Faktor für das Entstehen von Burnout ist die engere soziale Umgebung am Arbeitsplatz, das "Team". Sofern die Vorstellungen des Teams von der idealen Art der Zusammenarbeit zu sehr von den Vorstellungen der eigenen Person zu diesem Thema abweichen, entstehen Spannungen. In diesem Kapitel werden unterschiedliche Vorstellungen beschrieben, die man von der Zusammenarbeit im Team haben kann, um eine klare Vorstellung der eigenen Präferenzen für das ideale nähere soziale Umfeld am Arbeitsplatz zu entwickeln.

6.1 Grundtypen von Gruppenmodellen

Eine sehr hilfreiche Typisierung von Ideen, die man zum Thema „Gruppen" haben kann, findet sich bei Stahl (2005). Idealtypische Ideen zur Gruppe unterscheiden sich demnach hauptsächlich in den zwei Dimensionen Nähe/Distanz und Dauer/Wechsel. Wenn man diese Dimensionen senkrecht zueinander anordnet, dann erhält man ein Achsenkreuz, das sogenannte Riemann-Tomann-Kreuz. Jedem der dabei entstehenden Quadranten ist ein idealtypisches Gruppenmodell zuordnenbar. Ein Modell, das sich durch hohe Nähe und hohe Stabilität auszeichnet, ist das Modell „Gemeinschaft", eines, das sich durch geringe Nähe und hohe Stabilität auszeichnet, ist das Modell „Truppe". Im Quadrant mit hoher Nähe und hohem Wechsel befindet sich das Modell „New Economy", im Quadranten mit geringer Nähe und hohem Wechsel das Modell „Haufen". Alle vier Modelle haben gewisse Eigenheiten, die nachfolgend beschrieben werden sollen. Zu jedem dieser prototypischen Modelle gibt es ein holzschnittartiges Klischee, das bewusst und zur Verdeutlichung die Funktion der Klischees hat und nicht unbedingt ein Abbild der tatsächlichen Realität sein muss (s. Abb. 6.1).

© Springer Fachmedien Wiesbaden 2015
E. Hofmann, *Wo brennt es beim Burnout?*, DOI 10.1007/978-3-658-08592-6_6

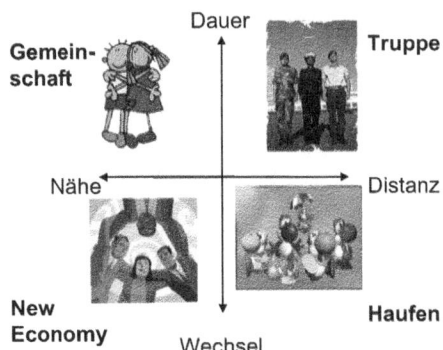

Abb. 6.1 Idealtypische Vorstellungen, wie eine Gruppe aussehen soll

6.1.1 Das Modell „Truppe"

Dieses Gruppenmodell bevorzugt klare Hierarchien und einen sachlich-förmlichen Umgangsstil. Das Funktionieren im Sinne der Aufgabenerfüllung ist zentral. Zwischenmenschliche „Sentimentalitäten" und emotionale Töne sind verpönt. Es herrscht Sicherheit in den Abläufen, willkürliches und unkonventionelles Handeln wird eher ungern gesehen. Um in der Gruppe anerkannt zu werden, ist Leistung oder Sachwissen notwendig.
Gefühle, Gedanken und Empfindungen der Gruppenmitglieder werden als Privatsache
behandelt. In der Übersteigerung führt dieses Gruppenmodell zur Gnadenlosigkeit. Als
holzschnittartiges Klischee einer solchen Gruppe kann das Militär oder eine Bürokratie
dienen.

6.1.2 Das Modell „Gemeinschaft"

Gruppen mit dieser Leitidee schätzen ein starkes Zusammengehörigkeitsgefühl, Zuverläs-
sigkeit und emotionale Nähe. Berechenbarkeit ist wichtig. Die Zugehörigkeit zur Gruppe
muss nicht verdient werden, sie ist a priori gegeben. Hierarchie ist eher verpönt. Sicherheit
geht im Zweifelsfall vor Freiheit. In der Übersteigerung kann dies zu einem Harmonie-
diktat, zum Bekämpfen von Unterschieden und zur Unterdrückung von Konflikten führen. Als holzschnittartiges Klischee für dieses Gruppenmodell kann die Familie oder die
Wohngemeinschaft dienen.

6.1.3 Das Modell „New Economy"

In diesem Gruppenmodell hat der lockere Umgang miteinander eine hohe Bedeutung. Im
Mittelpunkt steht die Mannschaft. Man stürzt sich mit Haut und Haaren in die jeweilige
Aktion. Das Motto heißt „Have fun!". „Einzelkämpfer" werden nicht geduldet. Das Ziel
muss nicht zu 100 % erreicht werden, Hauptsache ist, dass es Spaß gemacht hat. Abgrenzung und Prinzipientreue sind eher verpönt. In der Übersteigerung kann dieses Modell zu

hektischem Stillstand führen. Als holzschnittartige Analogie kann eine Werbeagentur zu Zeiten der New-Economy- Phase um das Jahr 2000 herum dienen.

6.1.4   Das Modell „Haufen"

Diese Idealvorstellung besteht in der Gruppe als einer Interessengemeinschaft auf Zeit im Hinblick auf ein gemeinsames Ziel. Die Mitglieder beanspruchen große Freiheiten und individuelle Spielräume. Regeln dienen dabei weniger der Kooperation als mehr der Abgrenzung. Die Sachorientierung steht im Vordergrund. Ist das Ziel erreicht, löst sich die Gruppe auf. Langfristiges Planen oder hierarchisches Denken sind verpönt. In der Übersteigerung kann dies zu Beziehungslosigkeit und zu Egozentrik führen. Ein holzschnittartiges Bild dazu ist eine Gruppe von „Einzelkämpfern" (obwohl dies nicht der militärischen Realität entspricht).

6.2   Diagnose: Was ist Ihre Idealvorstellung von einem Team?

Um eine erste Idee davon zu gewinnen, welche ideale Teamvorstellung Sie haben, kann der Fragebogen in Tab. 6.1 hilfreich sein. In ihm finden Sie in der ersten Spalte verschiedene Fragen zu Themen, die für ein Team relevant sind. In den folgenden Spalten sind

Tab. 6.1 Fragebogen „**Ihre ideale Teamvorstellung**"

Wie gut sind Sie über das Privatleben der anderen im Bilde?	Ich weiß bei allen, wie es aussieht und was die einzelnen umtreibt	Wir tauschen uns viel und intensiv darüber aus- vor allem natürlich über Krisen und Höhepunkte	Das tut bei uns nicht viel zur Sache. Wir arbeiten eher an den Inhalten orientiert zusammen	Von den meisten weiß ich nichts
Wie schwer muss man in dieser Gruppe krank sein, um guten Gewissens daheim bleiben zu können?	So, dass die eigenen Arbeitsfähigkeit für alle anderen nachvollziehbar ein-geschränkt ist	Wenn man nicht mehr kann,dann kann man halt nicht mehr, das ist dann schon in Ordnung	So, dass ein ärztliches Attest vorliegt oder vorliegen könnte	So lange jeder seine Arbeit erledigt, interessiert daskeinen. Wenn jedoch der Job darunter leidet, braucht es einen sehr guten Grund
Welche Entschuldigung für zu spätes Kommen bzw. zu frühes Gehen ist in der Gruppe akzeptiert?	Krankheitsfälle, verspätete Verkehrsmittel etc.	Behördengänge, Verschlafen, Verabredungen, Handwerker etc.	Stau, noch wichtigere berufliche Termine, Todesfälle etc.	Solange jeder seinen Job hinkriegt, interessiert das keinen

Tab. 6.1 (Fortsetzung)

Wie klar ist bei Ihnen geregelt, wer wem was zu sagen hat?	Natürlich haben einige mehr Verantwortung als andere zu tragen. Das hängt hier aber niemand an die große Glocke	Es gibt wahrscheinlich irgendwo eine Vorgabe, aber die kennt hier keiner. Wir ziehen alle an einem Strang	Das ist im Organigramm sauber definiert	Das ist sehr klar, keiner hat jemandem etwas vorzuschreiben. Jeder ist sein eigener Herr
Wie klar ist bei Ihnen geregelt, wer wann für was zuständig ist?	Es gibt eine klare Aufgabenteilung. Wer aber allein nicht klarkommt, kann jederzeit um Unterstützung bitten	Das brauchen wir nicht, jeder hilft hier jedem, wir teilen die Arbeit spontan auf	Das ist in den einzelnen Arbeitsplatzbeschreibungen detailliert geregelt und nachlesbar	Jeder tut das, was er für richtig hält. Nur entlang von Schnittstellen gibt es Zuordnungen, um Überschneidungen zu verhindern
Wie werden bei Ihnen Geburtstage gefeiert?	Jeweils mit einem Geschenk aus der Kaffeekasse, mit Kaffe und Kuchen ab 15:00	Wenn wir daran denken, dann mit Überraschungen und sehr persönlich	Mit Gratulation und Handschlag	Wir wissen in der Regel nicht, wer wann Geburtstag hat
Wie sieht bei Ihnen in der Regel eine Weihnachtsfeier aus?	Wir treffen uns immer zur gleichen Zeit, gehen dann Essen und verteilen die Geschenke	Jedes Jahr haben wir eine andere verrückte Idee dazu	Wir verzichten aus Kostengründen auf eine Feier. Der Chef hält eine kurze Rede	Um Gottes Willen keine Weihnachtsfeier
Wie bestimmen Sie, wer in Ihrer Gruppe der/die Beste, Erfolgreichste, Fleißigste ist?	Bei uns soll sich jeder um eine optimale Leistung kümmern, ob einer besser ist als der andere spielt dabei keine Rolle	Das spielt bei uns keine Rolle, das Teamergebnis zählt	Das klärt der Chef in Einzelgesprächen. Aber natürlich weiß man aufgrund von Positions- und Privilegienverteilung in etwa, wo man in Hackordnung steht	Wir scheuen weder Auseinandersetzungen noch Vergleiche – wenn sie sich ergeben. Eine Rangliste führen wir nicht, aber hätten auch nichts dagegen
Wie sorgen Sie für eine gerechte Arbeitsbelastung?	Wir haben eine klare Aufgabenverteilung und tauschen uns regelmäßig aus	Das ergibt sich bei uns, jeder nimmt auf jeden Rücksicht	Das regelt der Chef, bzw. dafür gibt es Arbeitsplatzbeschreibungen	Indem jeder seinen Job tut. Wenn es einem zu viel wird, der meldet sich schon

Tab. 6.1 (Fortsetzung)

Was muss ein Neuankömmling tun, um sich so rasch wie möglich Sympathien zu erwerben?	Er/sie sollte sich rücksichtsvoll, bescheiden, fleißig in den Dienst der gemeinsamen Sache stellen	Er/sie sollte aus sich herausgehen, kreativ und kontaktfreudig auftreten und ein ausgesprochener Teamplayer sein	Man sollte sich beherrschen, sachlich kompetent,belastbar und mit guten Manieren in den bestehenden Rahmen einfügen	Er/sie sollte die Aufgaben eigenverantwortlich in bester Qualität lösen und die anderen nicht unnötig belästigen
Was blüht einem hier, wenn man getroffene Absprachen nicht einhält?	Das wird genau registriert. Die Kritik wird selten offen, dafür unterschwellig-vorwurfsvoll geäußert	So genau überprüfen wir uns hier gegenseitig nicht. Wenn einer etwas vergisst, macht´s halt ein anderer oder es knallt mal kurz ohne Folgen	Die Benachteiligten gehen zum Chef oder sprechen– seltener – das Fehlverhalten direkt an	Solange keine anderen geschädigt sind, ist hier jeder für sich verantwortlich. Wer anderen auf die Füße tritt, muss eben mit einer Abreibung rechnen
Wie kommt man hier in strittigen Fragen zu einer Entscheidung?	Wir reden lange und versuchen eine Lösung zu finden, in die alle ein-gebunden sind	Wir versuchen, rasch eine für alle akzeptable Lösung zu finden, ohne lange ins Detail zu gehen	Entweder der Chef ent-scheidet oder die Mehrheit bestimmt nach Diskussion die Richtung	Wir lassen möglichst verschiedene Ansätze neben-einander gelten. Im Notfall entscheidet die Mehrheit
Wie wichtig sind informelle Kontakte für den Zusammenhalt der Gruppe?	Entscheidend. Wir tauschen uns über Höhen und Tiefen im Privatleben aus und unternehmen häufig etwas zusammen. Es gibt Freundschaften unter uns	Bei uns gibt es keine Trennlinie privat/beruflich. Man unterhält sich intensiv Über alles, unternimmt abends etwas gemeinsam und lädt sich nach Hause ein	Im Mittelpunkt steht natürlich der Job. Aber ein gemein-sames Event alle paar Monate lassen wir uns nicht nehmen. Private Themen sind dabei jedoch zweitrangig	Sie sind irrelevant
Was muss ein Neuankömmling tun, damit er sich möglichst rasch alle Sympathien verscherzt?	Wer kommt, um uns zu zeigen, dass er alles besser machen und anders machen will, der hat es schwer	Unbeliebt machen könnte er sich durch Arroganz, Fantasielosigkeit und Kleinkariertheit	Wer sich anbiedern und/oder die geltenden Regeln missachten würde, der hätte es schwer	Wer immer hier den Takt-stock schwingen und uns dirigieren wollte, der würde sich die Zähne ausbeißen

Tab. 6.1 (Fortsetzung)

Inwieweit ist es erlaubt, auf eine Bitte um Unterstützung mit „Nein" zu antworten?	Das sollte man im Dienste eines guten Miteinanders nicht tun. Hat man keine Zeit, bietet man eine andere Zeit an	Ich wüsste nicht, dass es verboten wäre, aber das macht keiner. Wenn einer Hilfe braucht, kümmern wir uns alle sofort	Sobald eine Bitte unsachgemäß ist oder zu einer nicht vertretbaren Verzögerung der eigenen Arbeit führt, ist sie abzulehnen	Kein Problem. Erstens fragt kaum jemand um Hilfe. Zweitens wäre niemand nachtragend, wenn der andere keine Zeit hätte, wir haben alle viel zu tun
Welche Gefühle sollte man in der Gruppe lieber nicht haben bzw. nicht ausdrücken?	Bei uns ist Platz für alles, nur laut, egoistisch und aggressiv sollte es dabei nicht zugehen, und es sollte im Rahmen bleiben	Bei uns darf man sich gehen lassen, solange man andere nicht attackiert oder einschüchtert	Man sollte sich schon im Griff haben, ohne zu weinen, ängstlich und eingeschüchtert zu sein oder auszurasten	Welche Gefühle jeder hat, ist seine Sache. Im beruflichen Miteinander haben Gefühle eigentlich keinen Platz
Wie werden Absprachen in Ihrer Gruppe festgehalten?	Durch Protokolle und Merkzettel an der gemeinsamen Infowand	Die merken wir uns, manchmal schreiben wir Wichtiges auf die Infowand	Durch Protokolle, die jedem ausgehändigt werden. Bei Nichtreklamation gelten sie nach 3 Tagen als verbindlich	Die paar, die wir brauchen, merken wir uns, Protokolle würden sowieso nicht Gelesen werden
SUMMEN	↑ Skala 1	↑ Skala 2	↑ Skala 3	↑ Skala 4

dann dazu jeweils vier mögliche Antworten aufgeführt. Wählen Sie aus diesen vier Alternativen diejenige Antwort aus, die das für Sie ideale Team darauf geben sollte. Gehen Sie davon aus, dass das Team homogen ist, also alle Mitglieder die gleiche Idealvorstellung von einem Team haben. Kreuzen Sie jeweils nur eine Antwort an. Suchen Sie dabei nicht die „richtige" Antwort (die es nicht gibt), sondern geben Sie die *für Sie* relevanten Präferenzen an.

Nachdem Sie alle von Ihnen präferierten Antworten gewählt haben, zählen Sie nun zusammen, wie oft Sie jeweils die Antwort in der Spalte 1, 2, 3 oder 4 gewählt haben. Notieren Sie die einzelnen Summen in der letzten Zeile des Fragebogens in den Feldern, die mit Skala 1, 2, 3 oder 4 bezeichnet sind. Tragen Sie als Nächstes die Anzahl der gewählten Antworten im Koordinatensystem der Abb. 6.2 auf der jeweiligen Achse ein.

Verbinden Sie anschließend die Punkte auf den vier Skalenachsen, sodass sich daraus eine Fläche bildet. Suchen Sie dann den „Schwerpunkt" dieser Fläche. Das ist der Punkt, der in der geometrischen Mitte dieser Fläche liegt. Man kann ihn auch folgendermaßen finden: Stellen Sie sich vor, dass Sie die Fläche ausschneiden und sie auf einem Finger balancieren sollen. Wo müsste die Fläche auf dem Finger aufliegen? Dort befindet sich der Schwerpunkt (vgl. Abb. 6.3).

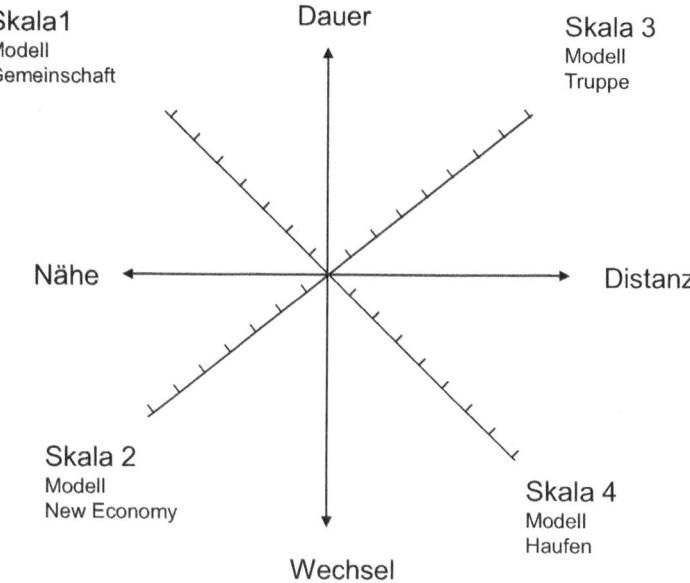

Abb. 6.2 Auswertung des Fragebogens

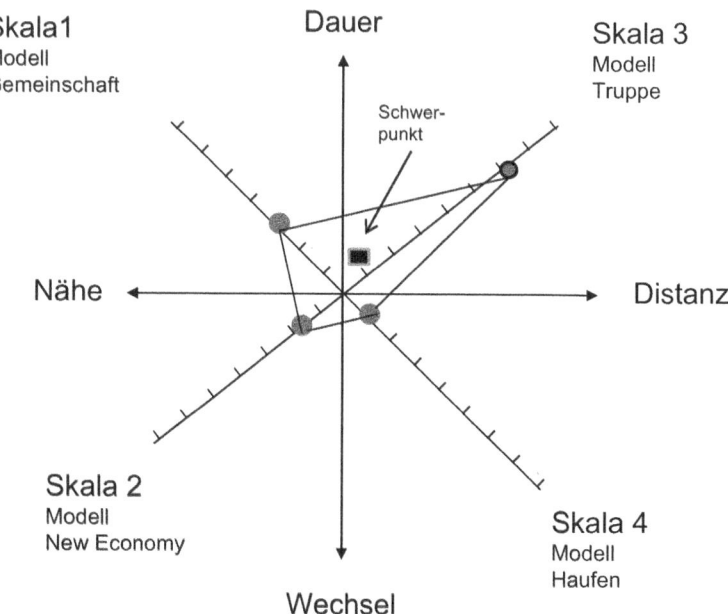

Abb. 6.3 Beispielauswertung

Wenn Sie auf einer Skala null Antworten angekreuzt haben, ergibt sich ein Dreieck. Andersfalls erhalten Sie ein Viereck. Das Vorgehen um den Schwerpunkt zu finden, ist jedoch identisch. Die Lage des Schwerpunkts gibt Ihnen einen Hinweis darauf, welches Gruppenmodell Sie präferieren. Das präferierte Modell in Abb. 6.3 ist beispielsweise das Modell „Truppe".

Sollte sich der Schwerpunkt genau auf einer Achse und nicht eindeutig in einem Quadranten befinden, gehen Sie den Fragebogen entweder noch einmal durch, diesmal mit einer pointierteren Auswahl der Antworten, oder „korrigieren" Sie die Einordnung mithilfe weiterer Informationen aus diesem oder den folgenden Kapiteln. Sicher haben Sie sich auch schon, während Sie die Beschreibungen der Gruppenmodelle gelesen haben, Gedanken dazu gemacht, welches Sie bevorzugen würden. Sie werden im Folgenden noch weitere Modelle finden, die Ähnlichkeiten mit den hier aufgeführten Dimensionen aufweisen.

6.3   Stärken und Schwächen der jeweiligen Gruppenarten

Die jeweiligen Idealvorstellungen vom Funktionieren einer Gruppe führen zu spezifischen Verhaltensweisen, die die Interaktion innerhalb der Gruppe charakterisieren. In der Abb. 6.4 sind die jeweils dominanten Verhaltensweisen dargestellt. Innerhalb des Kreises sind dabei solche Verhaltensweisen aufgeführt, die im „Normalzustand" der Gruppe

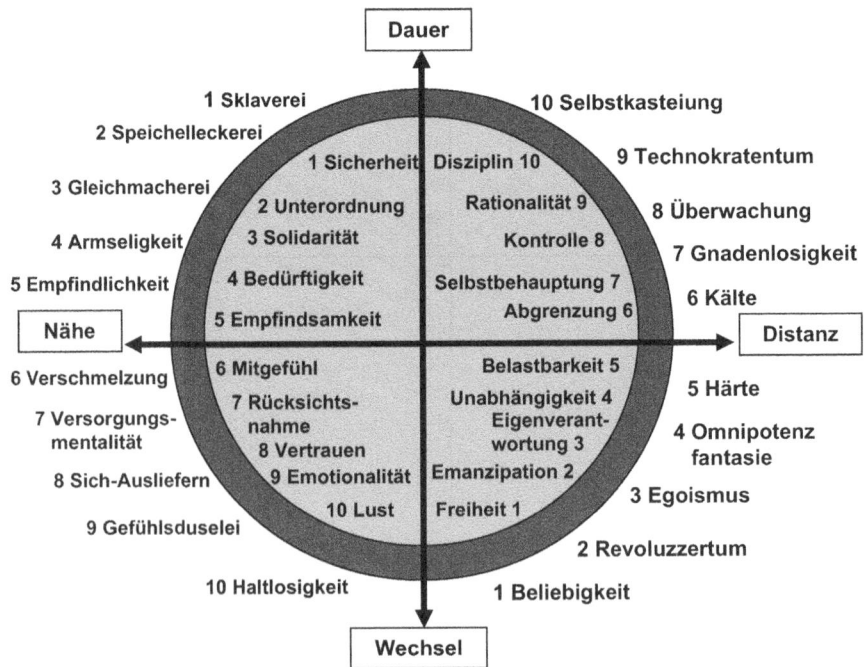

Abb. 6.4 Eigenheiten der Idealmodelle und Verhalten unter (externem oder internem) Druck

Abb. 6.5 Heimat- und Schattengebiet einer Gruppe

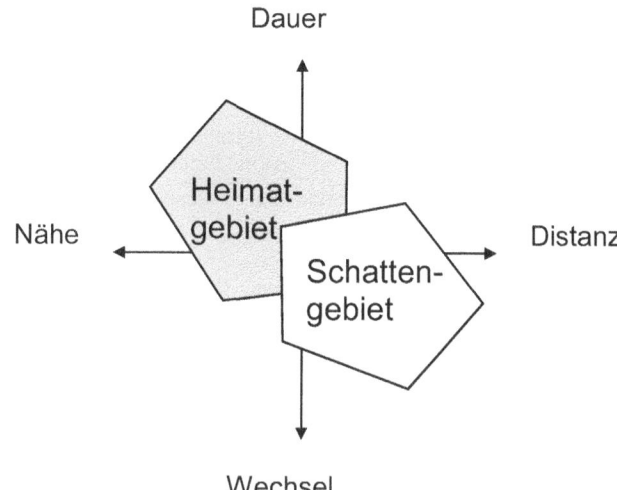

auftreten. Sie werden in der Regel positiv beurteilt. Außerhalb des Kreises sind Verhaltensweisen aufgeführt, die die jeweilige Idealvorstellung überzeichnen. Sie werden eher negativ bewertet. Eine Gruppe neigt dazu, unter Druck die negativen Verhaltensweisen zu produzieren. Dieser Druck kann durch äußere Einflüsse (z. B. eine schwierige, intransparente oder gefährliche Situation etc.) entstehen oder durch die Struktur der Gruppe (ein oder mehrere Gruppenmitglieder haben eine andere Grundidee von einer idealen Gruppe als die Mehrheit der Gruppenmitglieder).

Jede Gruppe hat ihr „Heimatgebiet", auf dem sie sich wohlfühlt. In diesem Heimatgebiet sind die Idealvorstellungen der Mehrzahl der Gruppenmitglieder kongruent. Diagonal entgegengesetzt zu diesem Heimatgebiet befindet sich das „Schattengebiet" der Gruppe (s. Abb. 6.5). Die Verhaltensweisen dieses Schattengebietes sind inkompatibel zu denen des Heimatgebietes und erzeugen offene oder verdeckte Aggressionen. Die Verhaltensweisen, die nicht diagonal zum Heimatgebiet einer Gruppe sind, sondern „neben" dem Heimatgebiet der Gruppe liegen, sind der Gruppe zwar auch fremd, aber nicht so fremd wie die Verhaltensweisen des Schattengebietes und werden daher eher toleriert. Je eindeutiger sich eine Gruppe auf einem Quadranten befindet, desto mehr fehlen die Verhaltensweisen, die sich in der Darstellung diagonal zu dem Heimatquadranten befinden.

Nun könnte man sich die Frage stellen, welche Idealvorstellung einer Gruppe denn richtig ist. Diese Frage ist jedoch prinzipiell nicht zu beantworten. Es gibt nur zwei Kriterien, die über die „Richtigkeit" der Vorstellungen entscheiden. Das erste Kriterium ist, inwieweit alle Gruppenmitglieder die gleiche oder zumindest eine ähnliche Vorstellung von der idealen Gruppe haben. Ist dies der Fall, so harmoniert die Gruppe. Das zweite Kriterium ist, ob die Idealvorstellungen der Gruppenmitglieder mit der Struktur der Aufgabe vereinbar sind. Der Idealzustand tritt dann ein, wenn die Aufgabe, die die Gruppe bearbeiten muss, zu dem jeweiligen von der Gruppe vertretenen idealtypischen Gruppenmodell passt und möglichst viele Mitglieder dieser Gruppe die gleiche Vorstellung von einer idealen Gruppe besitzen. Eine solche Gruppe wäre dann harmonisch und effizient. Das Schattengebiet der Gruppe könnte dann getrost ausgeblendet werden, da die jeweilige

Aufgabe ja bei der gegebenen Idee der Idealgruppe passen würde und die Arbeitsaufgabe die Gruppe nicht allzu oft mit ihrem Schattengebiet konfrontieren würde. In dem Fall, in dem die Aufgabe auch Fähigkeiten verlangt, die im Schattengebiet der Gruppe liegen, ist es u. U. sinnvoller, zwei in sich homogene Subgruppen zu bilden, als eine Gruppe, die in sich heterogen ist. Sofern eine Gruppe heterogen ist, kann sie zwar unterschiedlichere Anforderungen abdecken, sie erkauft sich diesen Vorteil dann jedoch dadurch, dass Konflikte in der Gruppenstruktur angelegt sind.

Arten von Teamaufgaben
Nachfolgend werden verschiedene Arten von Aufgaben beschrieben, die für die jeweiligen idealtypischen Vorstellungen zur Zusammenarbeit in Gruppen passen (s. Abb. 6.6).
Modell „Gemeinschaft":
- Die Tätigkeit bringt große psychische Belastungen mit sich.
- Die Gruppenmitglieder sind auf gegenseitigen Rat angewiesen.
- Bei der Problemlösung spielen Intuition und Gefühle eine große Rolle.
- Das Gesamtergebnis der Gruppe wird honoriert.
- Die Persönlichkeit der Beteiligten spielt bei der Aufgabenerfüllung eine große Rolle.
- Zu viel Distanz, Förmlichkeit, Konkurrenz und Abgrenzung stehen einem effektiven Arbeiten im Wege.
- Ein unterstützendes, warmherziges Miteinanderumgehen ist notwendig.

Modell „Truppe":
- Arbeitsschritte müssen genau aufeinander abgestimmt werden.
- Es werden hauptsächlich langfristig angelegte Aufgaben und Projekte bearbeitet.
- Kleine Fehler können schwere Konsequenzen nach sich ziehen.
- Verantwortlichkeiten müssen klar zurechenbar sein.
- Nach außen hin muss ein solider Eindruck gemacht werden können.
- Zu viel Spontaneität, Lockerheit und Unverbindlichkeit stehen der Aufgabenerfüllung im Wege.
- Die Aufgaben müssen strukturiert, termingetreu und sorgfältig bearbeitet werden.

Modell „New Economy":
- Die Aufgaben müssen in einem chaotischen Umfeld erledigt werden.
- Lösungswege und Lösungsprinzipien veralten rasch.
- Kooperationspartnerschaften wechseln oft.
- Die Aufgabenerfüllung erfordert Erfindungsreichtum und Improvisationstalent.
- Zu viel Prinzipientreue, Detailversessenheit, Formalismus und Perfektionismus stehen einem effektiven Arbeiten im Wege.
- Die Gruppe muss sich selbst Regeln geben, die den ständigen Wechsel erleichtern.
- Eine Problemlösung muss unkonventionell, flexibel und kreativ erfolgen.

Modell „Haufen":

- Das Gruppenergebnis wird an „harten" Leistungskriterien gemessen.
- Die Bewältigung der Aufgaben erfordert wechselseitige Kritik.
- Eine hierarchische Strukturierung ist hilfreich bzw. erforderlich.
- Zum Zweck der Selbstoptimierung der Gruppe müssen Mitglieder auch ausgeschlossen werden können.
- Zu viel Nähe, Rücksichtnahme und Gemeinsinn stehen einem effektiven Arbeiten im Wege.
- Die Aufgaben müssen überwiegend sachlich und kühl erledigt werden.
- Bei der Aufgabenerledigung kann auch Konkurrenz eine Rolle spielen.

Team   Aufgabe

Abb. 6.6 Die Idealvorstellung der Gruppe und die Anforderungen der Aufgabe müssen zueinander passen

6.4 Was heißt „teamfähig"?

In fast jeder Stellenanzeige sowie in vielen „Kompetenzmodellen" (vgl. Kap. 3) taucht der Begriff „Teamfähigkeit" auf. Aus dem bisher Gesagten ergibt sich, dass dieser Begriff völlig sinnlos ist. Für jede Person gibt es ein gewisses Team, das gut zu ihren individuellen Vorstellungen passt. Darüber hinaus existieren noch zwei andere Vorstellungen zum idealen Team, die für die Person nicht optimal, aber zumindest noch erträglich sind (die Nachbargebiete, die unmittelbar an den jeweiligen Quadranten angrenzen), sowie eine weitere Vorstellung vom Idealteam, die überhaupt nicht zu der Person passt (diejenige, die dem eigenen Quadranten diagonal gegenüberliegt). Eine Person ist also für manche Teams geeignet, für andere hingegen mehr oder weniger nicht. Die Teamfähigkeit oder -unfähigkeit ergibt sich aus der Person-Situations-Passung und keinesfalls aus einer Fähigkeit der Person.

Könnte „Teamfähigkeit" theoretisch bedeuten, dass sich jemand in seinen Vorstellungen ganz einfach den jeweiligen Teams, so unterschiedlich sie auch sein mögen, anpassen kann? Eine solche Eigenschaft wäre jedoch besser mit „extremer Anpassungsfähigkeit" oder „Fähigkeit zur Selbstverleugnung" benannt. Man kann es drehen und wenden, wie man will: Trotz seiner Beliebtheit ergibt der Begriff „teamfähig" keinerlei Sinn!

6.5   Was bedeutet das für das Thema Burnout?

Wenn eine Nichtpassung zwischen individueller Person und Gruppe besteht, kommt es zu unterschiedlichen Konflikten, die als potenzielle Stressoren wirken. Schließlich sind Konflikte in aller Regel und für die Mehrheit der Personen eine Belastung. Diese Konflikte werden nachfolgend beschrieben.

6.5.1   Das Team hat keine homogenen Vorstellungen vom idealen Team

Warum sind homogene Ideen zu den idealtypischen Gruppenmodellen eher anzustreben als heterogene? In einer Gruppe mit unterschiedlichen Ideen zur idealen Zusammenarbeit wird die Frage, wie das Team zusammenarbeiten soll, immer mehr oder weniger stark im Raum stehen. Diese Frage wird normalerweise nicht in Form einer offenen Diskussion geklärt, sondern sie führt wahrscheinlich zu Stellvertreterkriegen, z. B. über Verfahrensfragen oder über das Personalisieren von Konflikten (Sündenböcke suchen) etc. Ein Teil der Energie der Gruppe wird dann unterschwellig dafür verbraucht, die divergierenden Vorstellungen zur idealen Zusammenarbeit in der Gruppe immer wieder, latent oder manifest zu thematisieren. Existieren in einer Gruppe homogene Ideen zur idealen Gruppe, so ist diese Energie nicht gebunden und kann zur Aufgabenerledigung genutzt werden.

6.5.2   Die (homogene) Vorstellung des Teams passt nicht zur eigenen Person

Aus der Auswertung des Fragebogens in diesem Kapitel (vgl. Tab. 6.1) ergibt sich das für die Person optimale Modell der Zusammenarbeit einer Gruppe. Man kann den Fragebogen nun auch stellvertretend noch einmal aus der Sicht der Gruppe ausfüllen, was natürlich nicht unproblematisch ist, weil die Gruppe ja aus mehreren Individuen besteht. Sind die individuellen Unterschiede in den Vorstellungen zu groß sind, besteht die beschriebene Teamproblematik (s. Abschn. 6.5.1).

Gehen wir davon aus, dass sich „die Gruppe" eindeutig einem Quadranten zuordnen lässt, so gibt es folgende Möglichkeiten im Verhältnis von Person und Gruppe (s. Abb. 6.7):

- Befinden sich die Person und die Gruppe im gleichen Quadranten, so ist dies optimal, sofern diese Vorstellungen der idealen Zusammenarbeit in der Gruppe auch noch zu der Aufgabe der Gruppe passen.
- Befindet sich der Schwerpunkt der Gruppe in einem Nachbarquadranten, so ergibt sich folgendes Bild: Die beiden jeweils unmittelbar an den Quadranten angrenzenden Quadranten stellen die beiden nicht optimalen, aber noch akzeptablen Quadranten dar. Der Grund für diese Noch-Akzeptanz besteht darin, dass die jeweiligen Quadranten zumindest noch eine Achse gemeinsam haben und sich daher zumindest ein Teil der Vorstellungen decken. Der Quadrant, der dem eigenen Quadranten diagonal gegenüberliegt,

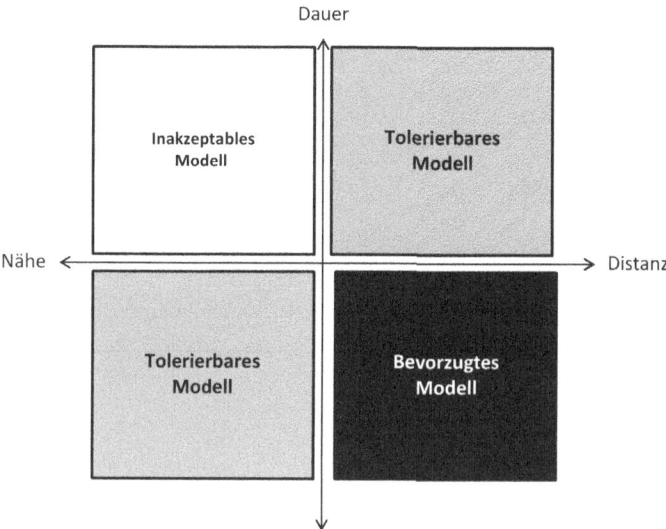

Abb. 6.7 Mögliche Grade der Team-Personen-Passung

ist für die Person absolut inakzeptabel, da dieser Quadrant keine gemeinsame Achse (und somit keine Gemeinsamkeiten) mit dem eigenen Quadranten aufweist.

6.5.3   Die Art des wahrscheinlichsten Konfliktes

Wenn sich die Person und die Gruppe in diagonal voneinander entfernten Quadranten befinden, kann man die Art des ständigen Konfliktes der Person mit der Gruppe folgendermaßen bestimmen (s. Abb. 6.8): Von der Position dieser Person, ihrem „Schwerpunkt" innerhalb des Riemann-Tomann-Kreuzes aus zieht man eine Gerade durch den Nullpunkt des Kreuzes und verlängert diese. Sie zeigt dann auf einen Begriff des diagonal gegenüberliegenden Quadranten. Dieser Begriff und seine unmittelbaren Nachbarbegriffe beschreiben die „Frontlinie", an der sich die Konflikte der Person mit Gruppen hauptsächlich abspielen.

6.5.4   Normale und paradoxe Selektion

Ein erprobter Weg zum Burnout besteht darin, Stellenbesetzungen in einer paradoxen Art vorzunehmen (also einen „unpassenden" Bewerber einzustellen), ohne dem jeweiligen Bewerber dies kundzutun. Das hört sich widersprüchlich an? Ist es oft auch. Es kann jedoch auch sehr rational sein.

Die „normale" Strategie der Personalauswahl besteht darin, einen Bewerber zu suchen, der auf die zu besetzende Stelle passt. Das heißt denjenigen auszuwählen, der zu dem je-

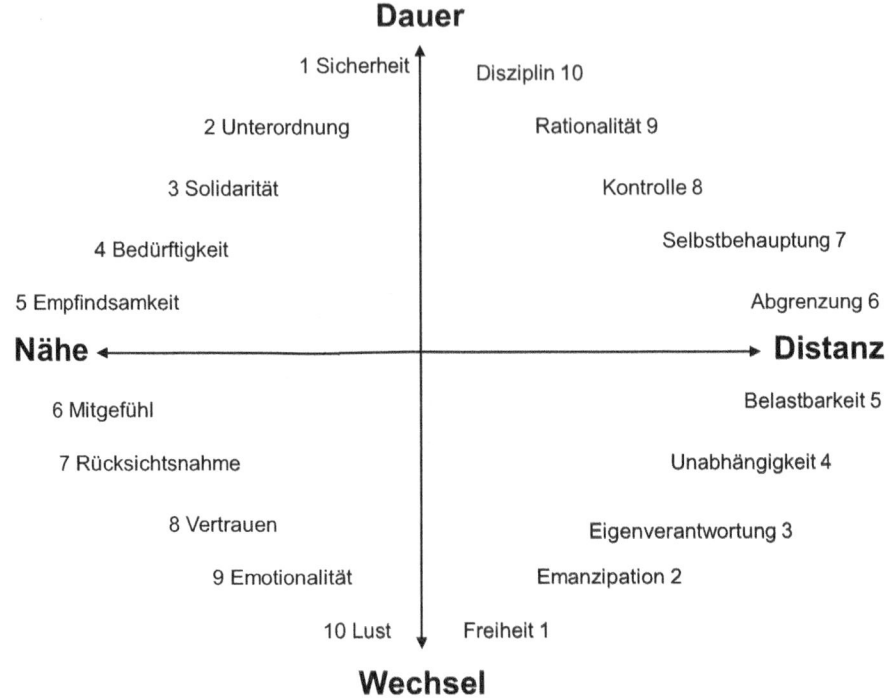

Abb. 6.8 Ermittlung des wahrscheinlichsten Konflikts

weiligen Team passt. Diese Strategie ist natürlich absolut sinnvoll, da sich das Team und der neue Mitarbeiter mit hoher Wahrscheinlichkeit wohlfühlen werden, denn sie werden die gleichen Verhaltensweisen, Wertvorstellungen und Regeln des zwischenmenschlichen Umgangs haben – sonst würden sie ja nicht zueinander passen. Die Grenzen dieser „normalen" Selektionsstrategie sind jedoch dann erreicht, wenn das Team nicht zur Arbeitsaufgabe passt, die Aufgabenerledigung unter den Eigenschaften des Teams leidet. Dann braucht man einen Bewerber, der anders ist als die bisherigen Teammitglieder, sonst würde man ja den bisherigen, als unproduktiv empfundenen Zustand aufrechterhalten.

Soziale Systeme neigen ja immer dazu, sich selbst zu reproduzieren, also solche neuen Mitglieder zu akzeptieren, die den schon bestehenden Mitgliedern möglichst ähnlich sind. Es kann also für eine Organisation durchaus sinnvoll sein, einen zum bestehenden Team *nicht* passenden Bewerber auszuwählen. Das ist jedoch nur dann legitim, wenn man offen mit dem Bewerber darüber spricht, dass zumindest ein Teil seiner Qualifikation für die Stelle darin besteht, dass er zu dem Team bzw. dem Vorgesetzten eben gerade *nicht* passt. Man muss ihm weiterhin erklären, welche Konflikte er zu erwarten hat und welche Unterstützung ihm „die Führung" dabei gewährt. Sofern dies alles offen diskutiert ist, kann der Bewerber entscheiden, ob er sich dieser Situation aussetzen will oder nicht. Es wird dann mit offenen Karten gespielt.

Ist dies nicht der Fall und man lässt ihn in dem Glauben, dass er auf „normalem" Wege (also nach Passung) und nicht paradox (also unpassend) ausgewählt wurde, ist das Scheitern dieser Strategie vorprogrammiert. Die Hoffnung der Organisation besteht dann darin, dass der neue Mitarbeiter es schon irgendwie richten werde und das Team bzw. den Vorgesetzten schon „umpolen" werde. Nur in den allerwenigsten Fällen wird dies jedoch gelingen können. Sehr viel häufiger wird Folgendes passieren: Der neue Mitarbeiter erwartet ein „passendes" Team. Er wird sich schnell wundern, wie seltsam (aus seiner Sicht) das Team funktioniert. Dem Team ergeht es ähnlich. Es wird sich fragen, was für ein seltsamer Mensch der neue Kollege eigentlich ist.

Um es nochmals zu betonen: Eine paradoxe Situation ist durchaus sinnvoll und zulässig, wenn sie offen kommuniziert erfolgt und „die Führung" den neuen Mitarbeiter entsprechend unterstützt. Sie wird erst dann zum Problem, wenn die paradoxe Selektion verdeckt erfolgt. Wie kann man nun als Bewerber eine solche verdeckte paradoxe Selektion erkennen? Im Grunde genommen nur, indem man sehr genau auf die Formulierungen im Vorstellungsgespräch achtet. Oftmals gibt die Organisation die realen Verhältnisse lediglich zwischen den Zeilen preis. Dies geschieht z. B. mit den Formulierungen: „Das Team braucht frischen Wind", „Die Strukturen haben sich etwas verfestigt", „Wir brauchen mal frisches Blut", „Neue Besen kehren besser", „Manches muss man anderes angehen als in der Vergangenheit", „In der Vergangenheit hat sich viel eingeschliffen".

Überlegungen zum idealen Team
- Machen Sie sich eine genaue Vorstellung von Ihren persönlichen idealtypischen Vorstellungen davon, wie eine Gruppe funktionieren sollte.
- Machen Sie sich ein möglichst genaues Bild von der vermuteten Idealvorstellung Ihrer primären Bezugsgruppe bezüglich des idealen Teams.
- Gleichen Sie Ihre eigene Idealvorstellung mit der Idealvorstellung Ihrer primären Bezugsgruppe ab.
- Prüfen Sie, ob die Arbeitsaufgabe Ihres Teams zu der idealen Vorstellung der Gruppe von der Zusammenarbeit im Team passt.
- Bilden Sie möglichst homogene Gruppen, wenn es die Arbeitsaufgabe erlaubt. Andersfalls bilden Sie möglichst intern homogene Subgruppen.
- Machen Sie sich bei paradoxer Selektion die potenziellen Schwierigkeiten bewusst, die Sie antreffen werden. Wenn Sie diese akzeptieren, tun Sie es bewusst.
- Versichern Sie sich bei paradoxer Selektion der Unterstützung „der Führung".
- Wenn Sie das „Opfer" einer verdeckten paradoxen Selektion geworden sind, verlassen Sie die Situation und machen Sie sich Gedanken über die Organisation, die diese Konstellation hergestellt hat.

Literatur

Stahl, E. (2005). *Dynamik in Gruppen*. Weinheim: Beltz.

Die Rolle der eigenen Persönlichkeit 7

Auch die Eigenheiten der eigenen Persönlichkeit (nachfolgend "Verhaltens- und Kommunikationsstil" genannt) können zur Burnout-Problematik beitragen. In diesem Kapitel werden zunächst die verschiedenen Funktionssysteme der Persönlichkeit beschrieben. Danach werden die einzelnen Stile detailliert erklärt und auch ihr Potenzial untersucht, beim Zustandekommen von Burnout mitzuwirken.

Die folgenden Verhaltens- und Kommunikationsstile basieren auf dem sogenannten kognitiv-behavioralen Modell der Persönlichkeit. Dabei handelt es sich um die Beschreibung relativ einfacher kybernetischer Prozesse, die im Gehirn systematisch und konstant ablaufen, als ob dieses programmiert worden wäre. Jedes Gehirn enthält dabei leider auch einige Fehlprogrammierungen, die zu fehlerhaftem Verhalten in kritischen Momenten führen können.

7.1 Die Funktionssysteme der Persönlichkeit

Der Mensch verfügt über zwei Funktionssysteme zur Steuerung von Verhalten und Entscheidungen: ein bewusstes System und ein „autonomes" Verarbeitungssystem. In diesem Zusammenhang wird der Begriff „unbewusst" vermieden, weil er mittlerweile durch seine Nähe zu psychoanalytischen Ideen sehr oft mit Begriffen wie „Verdrängung", „triebhaft", „primitiv", „unberechenbar" etc. assoziiert wird. Das Unbewusste wird im Kontext dieser psychoanalytischen Begriffe zumeist als eine Art Rumpelkammer der Psyche verstanden. Im Gegensatz dazu sollen hier „autonome psychische Prozesse" als Funktionen verstanden werden, die aus reinen Ökonomiegründen automatisch ablaufen, ohne dass sie ständig mit Aufmerksamkeit belegt sein müssen.

© Springer Fachmedien Wiesbaden 2015
E. Hofmann, *Wo brennt es beim Burnout?*, DOI 10.1007/978-3-658-08592-6_7

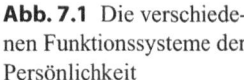 **Abb. 7.1** Die verschiedenen Funktionssysteme der Persönlichkeit

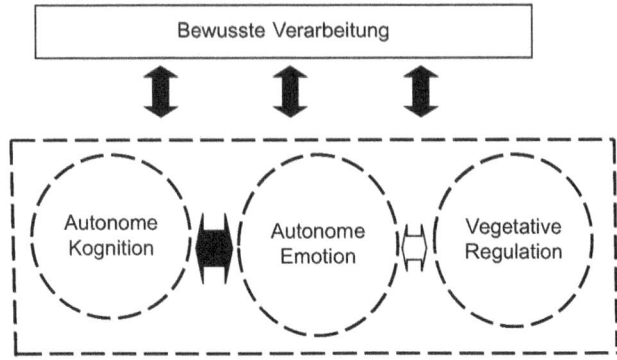

Es wäre katastrophal, wenn man sich immer und vollständig dessen bewusst wäre, was gerade im Körper abläuft. Man würde dann z. B. die Muskelspannung wahrnehmen, die in den verschiedenen Muskelgruppen nötig ist, um ein Buch in der Hand zu halten. Man würde auch wahrnehmen, wie die Körpertemperatur konstant gehalten wird. Beim Lesen dieser Sätze würde man sich darüber bewusst sein, wie einzelne Linien Buchstaben bilden und diese zu Worten zusammengesetzt werden usw. Wenn uns alles ständig bewusst wäre, bräuchten wir entweder eine ungeheure Verarbeitungskapazität oder wir wären gar nicht lebensfähig. Darüber hinaus wäre es sehr unökonomisch, ständig Wahrnehmungen präsent zu halten, die für das, was im Moment passiert, nicht notwendig sind. Unter „autonom" versteht man daher mehr jene Prozesse, bei denen Funktionsweisen im „Background" ablaufen, ohne dass der Scheinwerfer des Bewusstseins im Moment gerade auf sie gerichtet ist.

Eine Analogie für den Dualismus bewusst/autonom stellt auch der Gebrauch eines Computers dar. Für den User ist nur das relevant, was er auf seinem Bildschirm sieht. Alles, was in der Software abläuft oder auch die gesamte Hardware, ist für die effiziente Benutzung des Computers zumindest so lange irrelevant, wie das Programm einwandfrei funktioniert. Ist dies jedoch nicht der Fall, so kann man immer noch in die einzelnen Menüs gehen, die Betriebsanleitung lesen oder im Notfall sogar zu einem Spezialisten gehen, der sich mit speziellen Funktionsweisen besser auskennt. Die Notwendigkeit, sich tiefer in die Funktionalität hineinzudenken, ergibt sich immer erst im Ausnahmefall. Der Normalfall, die Routine, läuft rein auf der Benutzeroberfläche ab.

Im Zusammenspiel von bewusster und autonomer Funktionsweise sind verschiedene Subsysteme zu berücksichtigen. Das autonome Nervensystem (vegetative Regulation), die autonome Kognition, die autonome Emotion und der bewusste Verarbeitungsmodus (s. Abb. 7.1). Diese Subsysteme werden nachfolgend näher beschrieben.

7.1.1 Bewusstsein

Betrachtet man die Gesamtfunktionen, die im Lebensvollzug reguliert werden müssen, so stellt das Bewusstsein einen eher kleineren Teil der Regulationsmechanismen dar. Anatomisch ist das Bewusstsein in den ersten drei Millimetern der Großhirnrinde lokalisiert. Diese macht nur rund 1 % der Gesamtzahl der Nervenzellen aus und spielt damit rein quantitativ betrachtet eine sehr geringe Rolle.

Das Bewusstsein ist ein wesentliches Kriterium, das den Menschen von anderen Lebewesen unterscheidet und dem Menschen einen enormen evolutionären Vorteil verschafft hat. Zwar ist das Bewusstsein eher der Ausnahmezustand in der Gesamtregulation, jedoch stellt es auch das „besondere Werkzeug" dar. Mithilfe des Bewusstseins ist es möglich, sich vom Hier und Jetzt zu lösen und in die Zukunft zu planen. Es ermöglicht eine rationale Reflexion und ein logisches Durchdringen von Sachverhalten. Weiterhin macht es das Bewusstsein möglich, zumindest zeitlich begrenzt die Lust- bzw. Unlustimpulse zu unterdrücken und sie in den Dienst „höherer" Ziele zu stellen. So kann man sich zum Beispiel einer Zahnbehandlung unterziehen, was ja nicht besonders viel Spaß macht, aber längerfristig zu einem besseren Gesundheitszustand verhilft. Oder man kann Hausaufgaben machen anstatt zu spielen, obwohl dies momentan relativ unattraktiv sein kann. Mithilfe des Bewusstseins kann man der Diktatur der momentanen Handlungsimpulse entfliehen und zumindest zeitlich begrenzt übergeordnete Ziele zum Maßstab des Handelns machen. Es ermöglicht dadurch eine stärkere Aktion in Relation zur Reaktion. Das Bewusstsein kommt immer dann zum Einsatz, wenn es um längerfristige Planungen, rationales Denken, logisches Argumentieren etc. geht.

Diesen vielen Vorteilen des Bewusstseins stehen jedoch auch einige Nachteile gegenüber. Das Bewusstsein arbeitet im Gegensatz zu den anderen Regulationsmechanismen eher langsam und braucht viel Energie. Daher ist es sinnvoll, diesen „teuren" Prozess des Bewusstseins tunlichst auf ein Minimum zu beschränken. Die bewusste Verarbeitung von Informationen kann nur seriell (also in einzelnen Schritten jeweils nacheinander) erfolgen und ist recht störanfällig. Besonders bei Stress ist auf die Funktion des Bewusstseins eher weniger Verlass. Immer dann, wenn es „eng wird", sind die Handlungen einer Person daher mehr durch die emotionalen Lernerfahrungen gesteuert. Der freie Wille kommt in Situationen zum Zug, in denen man Zeit und Freiheit hat, zu reflektieren. Autonome Regulationen steuern dagegen das Verhalten in Routinesituationen oder in Notfallsituationen.

7.1.2 Autonomes Nervensystem

Die allermeisten Körperfunktionen laufen ab ohne dass wir uns ihrer bewusst sind und ohne dass wir viel Einfluss darauf haben. Sie werden vom sogenannten „autonomen Nervensystem" gesteuert. Solche Körperfunktionen sind z. B. der Herzschlag, die Atmung, die Verdauung, die Regulation der Körpertemperatur, die Hormonausschüttungen usw. Der Körper regelt die physiologische Homöostase mit dem autonomen Nervensystem in der Regel völlig unbemerkt. Sonst wäre es auch schwerlich möglich zu schlafen. Dass das autonome Nervensystem eine ganze Menge an Funktionen reguliert wird immer erst dann wahrnehmbar, wenn es zu Fehlfunktionen kommt.

7.1.3   Autonome Kognition

In der autonomen Kognition läuft all das ab, was man hauptsächlich in der Schul- und sonstigen Ausbildungen lernt, was durch die jahrelange Übung aber völlig automatisch geschieht. Beispiele hierfür sind das Lesen, das Verständnis für Grammatik, das Rechnen, aber auch viele komplexe Bewegungsleistungen, wie z. B. das Halten des Gleichgewichts beim Radfahren, das Binden einer Krawatte oder einer Schleife.

Betrachten wir einmal das Fahren einer Kurve mit dem Auto genauer. Es stellt eine komplexe Berechnung zwischen optischen und kinästhetischen Parametern dar, die niemand so genau beschreiben kann, die aber auf einer Autofahrt ständig autonom abläuft. Ein weiteres Beispiel ist der Schaltvorgang beim Autofahren. Für den Anfänger ist es eine aufmerksamkeitsverschlingende Tätigkeit, die Kupplung zu betätigen, den Schalthebel in die richtige Position zu bringen, die Kupplung wieder synchronisiert mit dem Gasgeben einzukuppeln und dabei auch noch den der jeweiligen Geschwindigkeit angemessenen Gang zu wählen, ohne dabei hinzusehen. Um noch ein Beispiel aus einem anderen Bereich zu nennen: Fast jeder von uns kann erkennen, ob ein Satz grammatikalisch richtig oder falsch ist. Die wenigsten von uns können jedoch exakt begründen, warum ein Satz grammatikalisch richtig oder falsch ist. Wir nehmen auch hier das Ergebnis einer Regelanwendung wahr, können aber die Regel selbst nur bedingt verbalisieren.

Bei all den Funktionen, die durch die autonome Kognition gesteuert werden, ist man sich normalerweise zwar bewusst, *dass* man etwas tut, jedoch nicht, *wie* man etwas genau tut. Genau dieses Wie ist Inhalt der autonomen Kognition. Viele Dinge, die durch die autonome Kognition gesteuert werden, sind im Langzeitgedächtnis abgelegt. Anatomisch ist für die Steuerung der kognitiven Psyche hauptsächlich eine Gehirnstruktur verantwortlich, die Hippocampus heißt. Diese Struktur stellt das Tor zum Langzeitgedächtnis dar. Wenn der Hippocampus geschädigt ist (z. B. durch einen Schlaganfall), kann keine Information mehr in die autonome Kognition aufgenommen werden. Was sich jedoch schon in der autonomen Kognition befindet, ist weiterhin verfügbar.

Welche Leistung die autonome Kognition vollbringt, merkt man immer dann sehr gut, wenn man die entsprechenden Fähigkeiten neu lernen oder umlernen muss – z. B. wenn man Kindern das Lesen oder Rechnen beibringt, wenn man eine neue Sportart lernt, wenn man in Großbritannien Auto fahren muss, wenn man sich (als Rechtshänder) die Zähne mit der linken Hand putzt oder wenn man von einem Schalt- auf ein Automatikgetriebe oder umgekehrt umsteigt.

Die Inhalte der autonomen Kognition benötigten zu Ihrem Erlernen ursprünglich einmal das Bewusstsein, mit zunehmender Routine wurden sie dann in die autonome Kognition „ausgelagert". Das Bewusstsein wurde dadurch wieder frei für das Erlernen neuer Inhalte.

7.1.4   Autonome Emotion

Ganz analog zur autonomen Kognition gibt es auch eine autonome Emotion. Wir haben alle eine „automatische" Empfindung dafür, was gut (z. B. Nahrung) und was nicht gut

(z. B. Schmerzen) für uns ist. Wir alle verfügen über ein basales Annäherungs- bzw. Vermeidungssystem, das uns sagt, was wir anstreben oder vermeiden sollen.

Zu diesem für alle Menschen ziemlich gleich funktionierenden und angeborenen basalen emotionalen System gibt es noch ein zweites emotionales Regulationssystem, das auf den individuellen Lernerfahrungen der Person beruht. Diese Lernerfahrungen dienen als gelerntes Koordinatensystem, das uns sagt, welche Situationen (insbesondere soziale) wir aufsuchen und welche wir besser vermeiden sollten. Die Regeln der Annäherung und der Vermeidung werden vornehmlich in der Kindheit erworben. Diese frühen Lernerfahrungen sind sehr intensiv, weil in den ersten Lebensjahren eine besonders hohe Lernfähigkeit besteht, die Kritikfähigkeit noch sehr gering ausgeprägt ist und der gedächtnismäßige Speicher noch ziemlich leer ist.

Bei der Verarbeitung der Außenereignisse stehen dem Kind zudem die Regeln der Logik noch nicht zur Verfügung. Es dauert in der Regel bis zum 12. Lebensjahr, bis es in der Lage ist, alle formalen logischen Operationen zu beherrschen. Das Kind bildet sich daher vor dem Beherrschen der formalen Logik seine eigene, individuelle Logik, mit deren Hilfe es sich die Vorgänge in der Welt erklärt.

Bis ein Kind die Sprache einigermaßen beherrscht, dauert es zwei bis drei Jahre. In dieser Zeit finden jedoch natürlich auch emotionale Lernerfahrungen statt. Diese Erfahrungen können jedoch nur schlecht oder gar nicht benannt und eventuell entsprechend der Logik realitätsadäquat modifiziert werden. Der Grund dafür liegt im Hippocampus. Die Neuronen in diesem Teil des Gehirns sind erst zu einem relativ späten Zeitpunkt voll entwickelt.

Oftmals werden die frühen emotionalen Lernerfahrungen dann ein Leben lang nicht korrigiert, sondern dienen als unhinterfragter Autopilot. Die relevanten frühen emotionalen Lernerfahrungen werden zu einem großen Teil durch die primären Bezugspersonen vermittelt, in der Regel werden dies die Eltern sein. Die autonome Emotion ist die komprimierte Lebenserfahrung. Sie stammt primär aus der Kindheit, wird jedoch auch aus Erfahrungen gebildet, die wir unser ganzes Leben lang machen.

Wir haben zudem nicht *ein* Gedächtnis, sondern verschiedene Gedächtnissysteme. Im sogenannten deklarativen Gedächtnis können wir die Gedächtnisinhalte benennen, sie sind verbal zugänglich. Im impliziten Gedächtnis sind die emotionalen Lernerfahrungen gespeichert, die meist nicht exakt benannt werden können. Das implizite Gedächtnis arbeitet weitgehend unbeeinflusst von Stress und sehr zuverlässig. Das explizite Gedächtnis dagegen wird vom Stressgeschehen stärker beeinflusst. Gerät die Bewertung einer Situation auf der Grundlage der emotionalen Lernerfahrung in Konflikt mit der kognitiven Bewertung, so wird in aller Regel die emotionale Lernerfahrung die daraus resultierende Handlung bestimmen. Die neuroanatomische Basis für diese Dominanz des impliziten Gedächtnisses ist die Tatsache, dass wesentlich mehr neuronale Fasern von der Amygdala zum Kortex (der Großhirnrinde) verlaufen als vom Kortex zur Amygdala. Die Amygdala, jener Teil des Gehirns, der für die Verarbeitung von Emotionen sehr bedeutsam ist, stellt daher einen zentralen Trigger für die Funktionen des Kortex dar. Allerdings sind die Bahnen vom Kortex zur Amygdala umso stärker ausgeprägt, je höher das Lebewesen in der evolutionären Reihe steht. Die Evolution scheint sich in Richtung mehr Einfluss der Kognition auf die Emotion zu bewegen.

Aus der Tatsache, dass es ein deklaratives und ein implizites Gedächtnis gibt, die beide relativ unabhängig voneinander arbeiten, folgen einige interessante Erklärungen für einige Phänomene des Alltags, die für das Zustandekommen von Stress und Burnout eine bedeutende Rolle spielen.

- Es kann zu machtvollen Lernprozessen kommen, die das Verhalten in vielen Situationen steuern, ohne dass das deklarative Gedächtnis davon etwas weiß.
- Menschen behaupten (aufgrund ihres impliziten Gedächtnisses) steif und fest und ohne absichtlich zu lügen, dass sie sich in einer gewissen Art und Weise verhalten (Selbstbild). Tatsächlich verhalten sie sich in vielen Situationen (aufgrund ihrer emotionalen Lernerfahrungen) völlig anders (Fremdbild). Eine Diskussion über diese Differenz ist dabei schwer möglich.
- Es entstehen „blinde Flecke" im Verhalten.
- Der Ratschlag an eine Person, die z. B. Flugangst hat: „Sei doch nicht so ängstlich", ist absolut wirkungslos, da er vollständig am impliziten Gedächtnis vorbeigeht.
- Menschen reden über ihre eigenen Wertvorstellungen und man wundert sich sehr darüber, dass sich diese Wertvorstellungen nicht in ihrem Verhalten auswirken. Offenbar ist der Weg von der Wertvorstellung zum Verhalten blockiert.
- Allgemein gilt: Je mehr emotionale Komponenten eine Verhaltensänderung enthält, desto schwieriger wird diese auf dem Wege der Einsicht möglich sein.

Da wir über verschiedene System der Verhaltenssteuerung verfügen und sich diese Arbeitsteilung im Laufe der Evolution offenbar als sinnvoll erwiesen hat, müssen wir mit dieser Arbeitsteilung leben. Sie kann jedoch, speziell im beruflichen Kontext und im Kontext des zwischenmenschlichen Miteinanders zu Problemen führen. Wir verhalten uns teilweise widersprüchlich, je nachdem, von welchem System wir gerade mehr gesteuert werden. Das kann bei uns selbst und bei anderen Personen zu Verwirrungen führen.

Man kann nun versuchen, mit seinem Bewusstsein die Funktionsweise der eigenen autonomen Emotion zu verstehen. Dieser Versuch soll mit diesem Kapitel unternommen werden. Man muss sich dabei jedoch immer darüber im Klaren sein, dass man es mit zwei prinzipiell verschiedenen Funktionssystemen zu tun hat. Seien Sie also selbstkritisch, wenn Sie die nachfolgenden Beschreibungen der Verhaltens- und Kommunikationsstile lesen und bedenken Sie, dass Ihre autonome Emotion vielleicht nur bedingt hilfreich ist beim Übertragen der Beschreibungen auf Ihre eigene Person. Manchmal ist sie auch regelrecht hinderlich dabei. Jedoch ist Ihre eigene emotionale Reaktion ein guter Indikator dafür, ob das jeweilige Thema auch ein „Thema" für Sie darstellt. Ein solches „Thema" kann für Sie dadurch entstehen, dass Ihnen das Beschriebene besonders sympathisch ist oder eben besonders unsympathisch. In beiden Fällen hat die jeweilige Beschreibung eine gewisse Bedeutung für Sie. Es wird jedoch auch Beschreibungen geben, die bei Ihnen keine emotionale Reaktionen auslösen werden. Diese sind für Sie daher sehr wahrscheinlich eher irrelevant oder neutral. Lesen Sie also die folgenden Beschreibungen der Verhaltens- und Kommunikationsstile auf zwei Ebenen durch. Versuchen Sie einerseits auf einer kognitiven Ebene das Beschriebene nachzuvollziehen und beachten Sie andererseits Ihre emotionale Bewertung dessen, was Sie durchlesen.

7.2 Was ist ein Verhaltens- und Kommunikationsstil?

In stressfreien Situationen verfügen wir alle grundsätzlich über eine ganze Bandbreite an Verhaltensweisen, die wir in verschiedenen Situationen möglichst angemessen einsetzen können. Normalerweise wählen wir unser Verhalten in bestimmten Situationen jedoch nicht völlig flexibel aus, sondern wir haben spezielle Verhaltensgewohnheiten, die uns in vielen Situationen die Entscheidung abnehmen, wie wir reagieren sollen. Es wäre fatal, wenn wir in jeder Situation ständig neu überlegen müssten, wie wir handeln sollen. Schon aus rein ökonomischen Überlegungen heraus ist es sehr effizient, über Handlungsroutinen zu verfügen, die in verschiedenen Situationen „automatisch" eingesetzt werden können. Wenn solche Verhaltensgewohnheiten in sehr vielen Situationen ablaufen, kann man von einem Persönlichkeitsstil sprechen. Es handelt sich also um situationsübergreifende Verhaltensweisen, die für eine Person typisch sind.

Nachfolgend soll es um Verhaltensweisen gehen, die „typisch" für eine Person sind, also von der Person in vielen Situationen eingesetzt werden, insbesondere in Situationen, in denen es für die Person „kritisch" wird. Der Verhaltens- und Kommunikationsstil repräsentiert das Arrangement der Eigenschaften, Gedanken, Gefühle, Einstellungen, Verhaltensweisen und Stressbewältigungsmechanismen einer Person. Er ist das charakteristische Muster des psychologischen Funktionierens, der Art und Weise, in der die Person denkt, fühlt und handelt. Verhaltens- und Kommunikationsstile sind zugespitzte Wesenszüge einer Person. Man könnte auch sagen, der Verhaltens- und Kommunikationsstil ist die spezifische Erlebniswelt einer Person. In der Arbeitswelt zeigt sich ein Verhaltens- und Kommunikationsstil besonders daran, wie man Aufgaben ausführt, Anweisungen gibt oder entgegennimmt, Entscheidungen trifft, plant, wie man mit äußeren und inneren Anforderungen umgeht, Kritik annimmt oder formuliert, Regeln befolgt, Verantwortung übernimmt, delegiert und mit anderen Menschen zusammenarbeitet.

Wenn die Verhaltensweisen sehr inflexibel und generalisiert sind, können sie so starr werden, können sie als interne Stressoren wirken. Sieben dieser Persönlichkeitsstile sind besonders relevant. Wenn Sie lernen, die Logik der Verhaltens- und Kommunikationsstile zu verstehen, werden Sie andere Menschen besser verstehen und vielleicht sogar Mitgefühl für Menschen entwickeln, die Sie bisher glaubten, nicht ertragen zu können.

Bevor Sie nun weiterlesen, sollten Sie den nachfolgenden Fragebogen ausfüllen. Sie sollten dabei sich selbst in Situationen beschreiben, die für Sie schwierig, also stresserzeugend sind. Lesen Sie jeden einzelnen Satz und entscheiden Sie, ob Sie ihm zustimmen oder eher nicht, wenn Sie Ihr Verhalten in für Sie schwierigen Situationen beschreiben sollten. Kreuzen Sie den Satz an, wenn Sie ihm zustimmen. Zählen Sie anschließend die Zahl der Zustimmungen je Skala. Seien Sie „mutig" in den Zustimmungen, d. h., wenn Sie sich unschlüssig sind, stimmen Sie eher zu.

Skala 1

- Ich fürchte etwas zu tun, wofür ich kritisiert oder abgelehnt werde.
- Ich weiß im Gespräch mit unvertrauten Menschen oft nicht, was ich sagen soll.
- Ich traue mich selten, anderen zu sagen, was ich will.
- Ich befürchte, vor anderen in Verlegenheit zu geraten (Erröten, Unsicherheit, …).
- Forderungen anderer kann ich schlecht ablehnen. Ich sage oft „ja", obwohl ich lieber „nein" sagen würde.
- Wenn mich etwas ärgert, behalte ich es meist für mich, um Streit zu vermeiden.
- Ich gehe auf andere Menschen nur zu, wenn ich sicher bin, dass sie mich akzeptieren.

Zahl der Zustimmungen:

Skala 2

- Die wichtigsten Entscheidungen trifft fast immer meine Bezugsperson (Partner, Freunde, Eltern).
- Es macht mir einfach keinen Spaß, allein ohne eine Bezugsperson etwas zu unternehmen.
- Wenn ich mir dadurch die Zuneigung meiner Bezugsperson erringe oder bewahre, übernehme ich dafür auch unangenehme Tätigkeiten.
- Ich übernehme meist die Interessen, Vorlieben und Meinungen von anderen.
- Ich habe in Beziehungen Angst verlassen zu werden.
- Ich fühle mich allein unwohl und vermeide das Alleinsein.
- Die Initiative übernimmt meist meine Bezugsperson.

Zahl der Zustimmungen:

Skala 3

- Ich werde oft nicht fertig, weil ich es perfekt machen will.
- Ich gebe meist nicht nach.
- Meine Pläne/Vorhaben sind mir meist wichtiger als meine Vergnügungen und Geselligkeit.
- Ich kann mich lange nicht entscheiden, weil ich das Für und Wider zu ausgiebig abwäge.
- Ich bin sehr gewissenhaft, gesetzestreu, moralisch.
- Mit Zeit, Geld und Geschenken bin ich sparsam.
- Gefühle drücke ich nur wenig aus.

Zahl der Zustimmungen:

Skala 4

- Unangenehme Arbeiten verrichte ich langsam, mürrisch oder als „Dienst nach Vorschrift".
- Lästige Pflichten „vergesse" ich einfach.
- Ich ärgere mich, wenn andere mir sagen, wie ich meine Arbeit besser machen könnte.
- Wenn mich stört, was mein Gegenüber will, so gehe ich eher in passive Verweigerung als in aktiven Protest.
- Bei Autoritätspersonen fällt mir sofort ein, was es an ihnen zu kritisieren gibt, und ich achte sie nicht sonderlich.
- Wie und wann ich meine Arbeit mache, entscheide ich selbst.
- Verlangt man etwas von mir, was ich nicht will, werde ich mürrisch, gereizt oder es kommt zum Streit.

Zahl der Zustimmungen:

Skala 5

- Ich verschaffe mir Bestätigung und Beifall.
- Attraktives Auftreten ist mir wichtig.
- Ich drücke meine Gefühle sehr stark aus.
- Ich fühle mich wohler, wenn ich im Mittelpunkt stehe.
- Meine Gefühle können sehr schnell wechseln, mal froh, dann wieder ganz traurig.
- Ich reagiere so stark mit Gefühlen, dass sie mich in schwierigen Situationen eher kopflos machen.
- Wenn der andere die Initiative ergreift, wird es mir schnell zu nah und ich ergreife die Flucht.

Zahl der Zustimmungen:

Skala 6

- Auf Kritik reagiere ich oft mit Wut oder Demütigung.
- Wenn ich mal Probleme habe, dann ganz besondere.
- Sehr oft bewegen mich Fantasien großen Erfolges.
- Ich bin eine außergewöhnliche Persönlichkeit und will nicht wie eine unter vielen behandelt werden.
- Wenn ich es einmal nicht geschafft habe, erstklassig zu sein, so fühle ich mich als der ganz große Versager.
- Wenn andere besser sind, kann ich es kaum aushalten.
- Ich suche Aufmerksamkeit und Bewunderung.

Zahl der Zustimmungen:

Skala 7

- Ich suche mir oft Unternehmungen aus, die ich allein machen kann.
- Lob oder Kritik anderer Menschen lösen bei mir kaum Gefühle aus.
- Abgesehen von Eltern und Geschwistern habe ich höchstens eine wichtige Bezugsperson.
- Ich weiß von mir, dass ich wenig Wärme ausstrahle, eher distanziert wirke.
- Ich weiß von mir, dass ich selten durch meinen Gesichtsausdruck oder Gesten zeige, was in mir vorgeht.
- Ich lasse nur sehr wenige Gefühle aus mir heraus.
- Starke Gefühle wie Freude oder Wut habe ich selten.

Zahl der Zustimmungen:

Übertragen Sie nun die Zahl der Zustimmungen auf den einzelnen Skalen auf die nachfolgende Matrix.

Skala 1	0...1...2...3...4...5...6...7
Skala 2	0...1...2...3...4...5...6...7
Skala 3	0...1...2...3...4...5...6...7
Skala 4	0...1...2...3...4...5...6...7
Skala 5	0...1...2...3...4...5...6...7
Skala 6	0...1...2...3...4...5...6...7
Skala 7	0...1...2...3...4...5...6...7

Was bedeuten hohe Zustimmungszahlen zu den jeweiligen Skalen nun inhaltlich? Sie sprechen jeweils für:

Skala 1	Sensibel-vermeidend
Skala 2	Kooperativ
Skala 3	Gewissenhaft
Skala 4	Lässig-kritisch
Skala 5	Selbstbezogen
Skala 6	Dramatisierend
Skala 7	Rational-distanziert

Zu diesen Begriffen gibt es auch entsprechende Synonyme:

Sieben Verhaltens- und Kommunikationsstile und synonyme Begriffe
Sensibel-vermeidend: zurückhaltend, selbstkritisch
Kooperativ: nachgiebig, anhänglich, bedürftig

Gewissenhaft: genau, bestimmend, kontrollierend
Lässig-kritisch: mürrisch, negativistisch, verweigernd
Selbstbezogen: selbstbewusst, sich beweisend, ehrgeizig
Dramatisierend: mitteilungsfreudig, kontaktfreudig, expressiv
Rational-distanziert: eigenbrötlerisch, emotionsfrei

Die Skalen sind dabei immer im Sinne von „Im Zweifelsfalle eher zu ... tendierend" zu verstehen. Damit wird ausgedrückt, dass wir im Normalfall über alle der beschriebenen Verhaltensweisen verfügen können, sich unser Verhaltensspektrum jedoch unter Druck stark einschränkt.

Sehr wahrscheinlich findet sich bei Ihnen eine deutliche Differenzierung in der Zahl der Zustimmungen auf den jeweiligen Skalen. Bei einer oder zwei Skalen werden Sie besonders hohe Zustimmungen haben. Diese geben Hinweise auf den von Ihnen bevorzugten Verhaltens- und Kommunikationsstil in schwierigen Situationen. Nehmen Sie diese Information jedoch zunächst nur als eine erste Näherung. Eine sichere Diagnose braucht noch einige andere Informationen. Lesen Sie dieses Kapitel ganz durch und entscheiden Sie dann, welche der ausführlichen Beschreibungen der Verhaltens- und Kommunikationsstile Ihnen am zutreffendsten erscheint. Korrigieren Sie gegebenenfalls die obige Einschätzung. Ein komplettes Programm zur Erfassung des Verhaltens- und Kommunikationsstils findet sich bei Hofmann (2011).

Man benötigt in verschiedenen Situationen unterschiedliche Verhaltensweisen. Wenn man die Steuererklärung macht, ist es angebracht, sehr genau zu sein, in einer Freundschaftsbeziehung kann es manchmal gut sein, sich anhänglich zu verhalten, in einem Vorstellungsgespräch ist es sinnvoll, selbstbewusst zu sein, bei einer größeren Kaufentscheidung ist es empfehlenswert, sehr kritisch zu sein, auf einer Party ist es gut, kontaktfreudig zu sein und bei der Berufswahl ist es sehr gut, besonders selbstkritisch zu sein. Daher gibt es natürlich keinen „richtigen" und keinen „falschen" Verhaltensstil. Alle Stile haben in verschiedenen Situationen ihre Berechtigung, und es ist wichtig, über alle Verhaltensweisen zu verfügen, die Situation richtig einzuschätzen und die passende Verhaltensweise zu finden und diese auszuführen.

Im Normalbereich der Anspannung (vgl. Kap. 4) verfügen wir in der Regel über sehr viele Verhaltensweisen. Sobald wir uns jedoch auf der Anspannungsachse des Yerkes-Dodson-Gesetzes nach rechts bewegen, wird unser Verhalten unflexibler. Wir haben dann nur noch Zugriff auf maximal zwei Verhaltensstile (s. Abb. 7.2).

Der jeweilige Verhaltensstil kann jedoch auch zu einer eigenständigen Stressquelle werden. Für jeden von uns gilt, dass wir in unseren Verhaltensweisen umso inflexibler werden, je mehr wir „im Stress" sind, also je weiter wir uns auf der X-Achse des Yerkes-Dodson-Gesetzes nach rechts bewegen. In diesem Falle wird also die Verhaltensflexibilität stark eingeschränkt. Daher kann es sein, dass man in stressigen Situationen das eigentlich notwendige Verhalten nicht zur Verfügung hat und dadurch in der jeweiligen Situation inadäquat handelt.

Abb. 7.2 Einengung der Verhaltensstile bei Stress

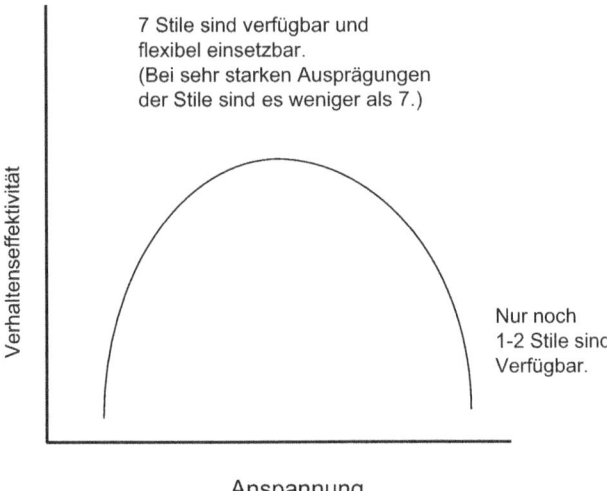

Was passiert, wenn es „kritisch" wird?

7 Stile sind verfügbar und
flexibel einsetzbar.
(Bei sehr starken Ausprägungen
der Stile sind es weniger als 7.)

Nur noch
1-2 Stile sind
Verfügbar.

Verhaltenseffektivität

Anspannung

Eine weitere „effiziente" Stressquelle kann das sogenannte „psychologische Kalkül" darstellen. Um das psychologische Kalkül verstehen zu können, das hinter einem entsprechenden Stil steckt, muss man zwei Elemente berücksichtigen. Erstens das Zentrale Bedürfnis, mit dessen Hilfe der Selbstwert optimiert werden soll, und zweitens die Zentrale Angst, die vorgibt, welche Situationen und welches Verhalten anderer Menschen den Selbstwert bedrohen und daher strikt zu vermeiden sind.

Die Strategie, die daran ausgerichtet ist, das Zentrale Bedürfnis zu verfolgen und die Zentrale Angst zu vermeiden, hat in aller Regel einen sehr gut funktionierenden kurzfristigen Erfolg, aber oftmals langfristig kontraproduktive Effekte, die einem dauerhaften Erfolg des Kalküls entgegenstehen können und zu einer eigenständigen Stressquelle werden können. Diese auf längere Sicht gesehene Untauglichkeit der angewandten Strategie zum Erreichen des Zentralen Bedürfnisses und zur Vermeidung der Zentralen Angst ist vergleichbar mit dem Versuch, Meerwasser gegen den Durst zu trinken. Dieser untaugliche Lösungsversuch würde nur dazu führen, den Durst zu verschlimmern, statt ihn zu reduzieren. Genauso verhält es sich mit den langfristigen Folgen der Verhaltens- und Kommunikationsstile. Das psychologische Kalkül ist somit der selbstgeschnitzte Holzweg des jeweiligen Verhaltens- und Kommunikationsstils.

Für jeden der sieben, im Alltag relevanten Stile wird dieser psychologische Mechanismus nachfolgend beschrieben. Die Grundstruktur ist dabei immer gleich: Die kurzfristig erfolgreichen Lösungsversuche erzeugen längerfristig eine Situation, in der die Zentrale Angst nicht reduziert, sondern aktiviert wird, und in der das Zentrale Bedürfnis längerfristig nicht erreicht wird. Dieser Zustand erzeugt Stress. Der jeweilige Verhaltensstil stellt also eine langfristig ungünstige Strategie im Umgang mit Zentralem Bedürfnis und Zentraler Angst dar. Es ist die „Kraft, die stets das Gute will und stets das Böse schafft". Vor dem Hintergrund des Zentralen Bedürfnisses und der Zentralen Angst entscheidet sich zu einem guten Teil, ob ein potenzieller Stressor wirksam wird oder nicht (vgl. Kap. 4).

Niemand zeigt jedoch einen entsprechenden Stil, der ihm längerfristig Nachteile bringt, aus Dummheit oder aus masochistischen Tendenzen heraus. Er wendet vielmehr eine ungünstige Strategie an, um zu seinem Zentralen Bedürfnis zu kommen bzw. seine Zentrale Angst zu vermeiden. Diese Strategie ist in der Autonomen Emotion abgespeichert und daher eher „unbewusst" im Sinne von ungewusst. Die jeweilige Strategie war zu dem Zeitpunkt ihres Entstehens sicherlich erfolgreich und wurde daher auch beibehalten. Im Laufe der Zeit können sich jedoch die Rahmenbedingungen des Handelns ändern. Die Strategie verliert dann zwar ihre Funktion, wird aber dennoch beibehalten. Häufig führt gerade der Versuch, das Zentrale Bedürfnis mit einer ungünstigen Strategie zu realisieren, zu dessen Frustration, und der ungünstige Versuch, die Zentrale Angst zu vermeiden, kann dazu führen, dass diese permanent aktiviert wird. Dieser Mechanismus wird jeweils mithilfe der Abb. 7.3 beschrieben.

Für jeden der Stile gibt es Verhaltensweisen, die *in der Regel* eher positiv, und solche, die eher negativ bewertet werden. Die Abgrenzung zwischen positiv und negativ bewerteten Verhaltensweisen kann nicht allgemeingültig sein, da sie immer Werturteile enthält, die „in der Regel", aber nicht zwingend vorherrschen. Unter Anspannung ist es wahrscheinlicher, dass die jeweils negativen Aspekte des Verhaltens- und Kommunikations-

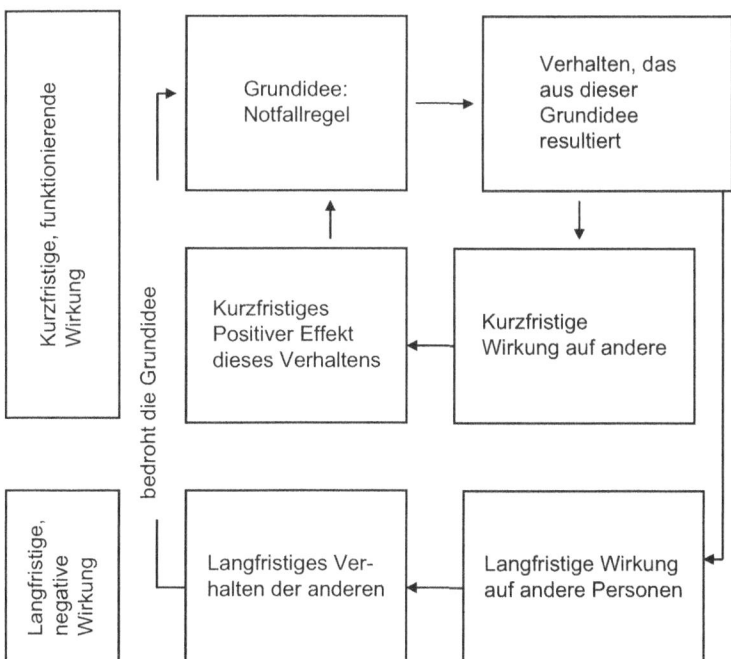

Abb. 7.3 Schema zur Beschreibung des psychologischen Kalküls

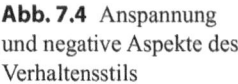

Abb. 7.4 Anspannung
und negative Aspekte des
Verhaltensstils

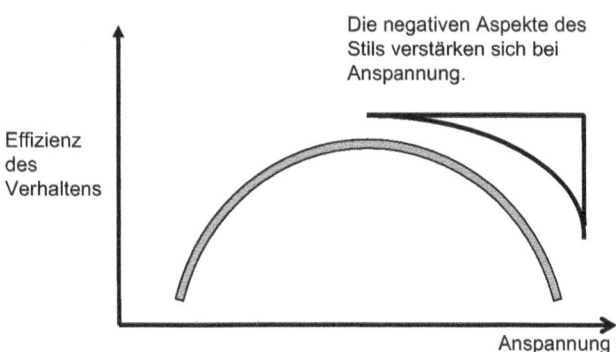

stils ausgeprägter sind, wohingegen die positiven Aspekte bei Anspannung tendenziell abnehmen (Abb. 7.4).

7.3   Beschreibung der Verhaltens- und Kommunikationsstile

Die nachfolgenden detaillierten Beschreibungen sind bewusst sehr plakativ formuliert, um die einzelnen Verhaltens- und Kommunikationsstile klarer voneinander abzugrenzen. Stoßen Sie sich daher bitte nicht an einzelnen Formulierungen, sondern konzentrieren Sie sich auf den Grundtenor des Stils. Beachten Sie dabei auch weiterhin, dass der jeweilige Stil nicht permanent gezeigt wird, sondern immer gemäß der Notfallregel als „im Zweifelsfall eher zu …" zu verstehen ist.

7.3.1   Der im Zweifelsfall eher zu selbstbezogene Verhaltens- und Kommunikationsstil

Der erste Verhaltens- und Kommunikationsstil, der beschrieben werden soll, ist der selbstbezogene oder auch der selbstbewusste, sich selbst beweisende, ehrgeizige Verhaltens- und Kommunikationsstil.

7.3.1.1   Allgemeine Beschreibung des Stils

Menschen mit einem selbstbezogenen Verhaltens- und Kommunikationsstil stehen gerne im Mittelpunkt der öffentlichen und privaten Welt. Sie glauben intensiv an sich und ihre Fähigkeiten. Sie wissen genau, was sie wollen. Sie verkaufen sich und ihre Ideen energisch und effizient. Sie erwarten, dass sie von anderen Menschen immer besonders gut behandelt werden. Sie sind geschickt im Umgang mit anderen Menschen und beweisen dabei taktisches Gespür. Sie sind empfänglich für Lob und Bewunderung, sie sind sich ihrer Stärken bewusst. Bei Kritik (auch konstruktiver Kritik) fühlen sie sich tief getroffen und reagieren dabei oft aggressiv. Kritik ist für Menschen mit diesem Stil ein enormer

Stressfaktor. Die permanente Bewertung der eigenen Person ist das zentrale Merkmal des selbstbezogenen Stils.

Dieser Stil definiert sich geradezu über die Ich-Bezogenheit. Er ist gekennzeichnet durch Eigenliebe, Eigenleistung, Selbstbestimmung, Selbstvertrauen, Selbstbehauptung und Selbstwertgefühl – alles Begriffe, die immer wieder auf das „Selbst" verweisen. Im Extremfall ist dieser Stil mit den Begriffen Selbstsucht, Selbstverherrlichung, Selbstüberschätzung zu beschreiben. In Beziehungen denken diese Menschen oft, dass andere Menschen genauso denken und fühlen, wie sie selbst, und dass das, was für sie selbst Glück bedeutet, auch für andere Menschen positiv sein muss. Das Motto dieses Stils könnte man bezeichnen als: „Seine Majestät: Ich selbst."

Menschen mit diesem bevorzugten Verhaltens- und Kommunikationsstil lassen sich schlagwortartig beschreiben durch:

- ein Größengefühl in Bezug auf die eigene Bedeutung;
- die Beschäftigung mit Fantasien von Erfolg, Macht, Scharfsinn etc.;
- die Überzeugung, etwas Besonderes, Einmaliges zu sein;
- ein starkes Bedürfnis nach Bewunderung;
- eine hohe Anspruchshaltung und die unbegründete Erwartung, besonders behandelt zu werden;
- die Ausnutzung zwischenmenschlicher Beziehungen, um die eigenen Ziele zu erreichen;
- ein Desinteresse gegenüber „durchschnittlichen" Menschen;
- ein starkes Bedürfnis, sich von anderen Menschen abzuheben (Aussehen. Leistung, Status, Statussymbole, …);
- das Lebensgefühl des „Einzelkämpfers";
- ein starkes Ärgergefühl, wenn andere Menschen eigene Fehler entdecken und sich darüber lustig machen;
- eine Angst vor Situationen, in denen sie sich hilflos und ohnmächtig fühlen könnten;
- ein starkes Bedürfnis nach Lob und Anerkennung durch für sie relevante andere Personen, z. B. Vorgesetzte;
- den Ärger über die Mittelmäßigkeit anderer Menschen;
- eine hohe Erwartung an sich selbst;
- die Schwierigkeit, Kritik anderer Menschen nachvollziehen zu können;
- das Gefühl, bei Misserfolgen als absoluter Versager ohne Existenzberechtigung zu sein;
- das Denken, im Falle eines Erfolges alles erreichen zu können;
- das Gefühl, niemandem trauen zu können;
- das starke Bedürfnis, sich von anderen Menschen abzuheben;
- das Ignorieren von Regeln und Vorschriften, die für andere Menschen gelten;
- das Bedürfnis, die Regeln zu definieren, die für andere gelten;
- die Idee, Anerkennung und Angenommensein werde durch hohe Leistungsbereitschaft und berufliche Erfolge „erkämpft".

Positiv bewertete Verhaltensweisen

Menschen mit einem selbstbezogenen/sich selbst beweisenden Verhaltens- und Kommunikationsstil zeigen folgende Verhaltensweisen, die von anderen Menschen in der Regel als positiv bewertet werden. Sie

- glauben an ihre Fähigkeiten;
- wissen genau, was sie wollen;
- verkaufen sich und ihre Ideen gut;
- können andere für ihre Ziele begeistern;
- haben oft ein gutes taktisches Gespür;
- sind geschickt im Umgang mit anderen;
- sind siegesgewiss;
- sind auf Konkurrenz eingestellt;
- nehmen Lob und Bewunderung gelassen entgegen;
- stehen gerne im Mittelpunkt;
- sind oft in Führungsfunktionen;
- können schnell Informationen verarbeiten;
- treffen Entscheidungen schnell.

Negativ bewertete Verhaltensweisen

Menschen mit einem selbstbezogenen/sich selbst beweisenden Verhaltens- und Kommunikationsstil zeigen folgende Verhaltensweisen, die von anderen Menschen in der Regel als negativ bewertet werden. Sie

- fühlen sich von Kritik leicht und übermäßig getroffen;
- haben ein starkes Bedürfnis nach Bewunderung;
- haben oft wenig (echtes) Einfühlungsvermögen, das gezeigte Einfühlungsvermögen ist oft nur Mittel zum Zweck;
- überbetonen und überbewerten die eigenen Leistungen und Fähigkeiten;
- haben oft und gerne Kontakt mit Menschen, die aus ihrer Sicht etwas Besonderes sind oder eine hohe Position haben;
- beachten Menschen, die aus ihrer Sicht einen geringen sozialen Status haben, eher weniger;
- suchen ständig nach Bestätigung und Bewunderung;
- sind tendenziell unsensibel gegenüber den Bedürfnissen und Wünschen anderer Menschen, außer diese können taktisch genutzt werden;
- haben Schwierigkeiten, sich in Gefühle anderer Menschen hineinzuversetzen;
- halten es oft für unnötig, sich mit den Angelegenheiten anderer Menschen auseinanderzusetzen;
- können es schwer ertragen, wenn andere Menschen erfolgreicher sind als sie selbst;
- haben oft den Eindruck, dass andere Menschen neidisch sind;
- haben ein hohes Anspruchsdenken;

- reagieren oft feindselig;
- legen viel Wert auf Statussymbole.

Der Selbstbezogene bezieht vieles, was in seiner Umwelt passiert, direkt auf sich und seinen Selbstwert. Die Umgebung wundert sich dabei oft über den Argwohn, die Angst und die eklatanten Fehleinschätzungen des Selbstbezogenen. Dieser ist jedoch ungeheuer kreativ im Herstellen von Bezügen zu sich selbst.

Menschen mit einem sich selbst beweisenden Verhaltens- und Kommunikationsstil kennen hauptsächlich vier Gruppen von Mitmenschen, die in Abb. 7.5 dargestellt sind:

1. Menschen, die einen hohen Status haben, aber nicht den eigenen Bereich tangieren, in dem sich selbstbezogene Menschen beweisen müssen (sonst wären sie ja ernst zu nehmende Konkurrenten). In der Abb. 7.5 ist das der akzeptierte andere auf dem anderen Berg. Solche Menschen können für den eigenen Selbstwert durchaus nützlich sein, wenn man mit ihnen demonstrieren kann, mit welch wichtigen Menschen man sich trifft. Sie werden dann regelrecht hofiert.
2. Fußvolk, das irrelevant ist, das sie aber akzeptieren können. Diese Menschen werden toleriert.
3. Fußvolk, das aus irgendwelchen Gründen (z. B. da es der Person mit dem entsprechenden Stil aus ihrer Sicht nicht würdig ist) nicht akzeptabel ist. Diese Menschen müssen beseitigt werden und sind dauernder Aggression ausgesetzt.
4. Leute, die zum Fußvolk gehören und den Berg, auf dem die Person mit dem sich beweisenden Stil sitzt, hinaufklettern oder den Berg unterminieren wollen. Diese Menschen sind aus Sicht einer Person mit einem sich beweisenden Stil die gefährlichste Gruppe von Menschen und müssen unter allen Umständen bekämpft werden.

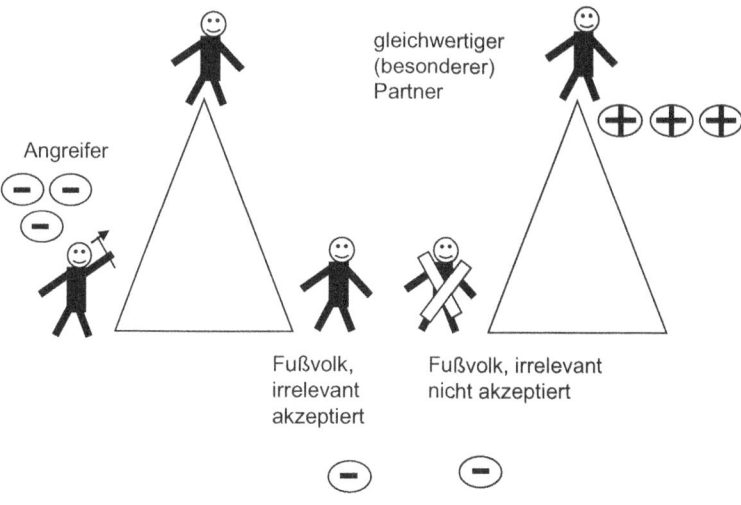

Abb. 7.5 Die Menschengruppen, die die selbstbezogene Person kennt

Die selbstbezogene Person selbst steht in Abb. 7.5 auf dem linken Gipfel. Die Plus- und Minuszeichen stellen die Bewertung der jeweiligen Personengruppe durch selbstbezogene Menschen dar.

Der Selbstbezogene reinszeniert mit seinen Beziehungsangeboten die frühere Erfahrung der Lieblosigkeit und der mangelnden Bestätigung – durch Großspurigkeit oder demonstratives Klagen.

Wesentlich für diesen Verhaltens- und Kommunikationsstil ist die Selbstbezogenheit und damit verbundene Unfähigkeit zur wahren Empathie. Der Selbstbezogene ist zu meist mit sich selbst beschäftigt ist, um sich die Wunden seines Selbstwerts zu lecken. Der Selbstbezogene braucht keine Menschen, sondern „Objekte", die ihn bewundern, und keinesfalls solche, die substanzielle Kritik üben.

7.3.1.2   Das psychologische Kalkül dieses Stils

Die Zentrale Angst von Personen mit diesem Stil besteht darin, nichtig zu sein, bedeutungslos zu sein, nicht wertgeschätzt zu werden. Um dieser Angst zu begegnen, tun sie daher bevorzugt Dinge, von denen sie glauben, dass sie ihnen die Anerkennung durch andere Personen sichern. Darin besteht das Zentrale Bedürfnis der selbstbezogenen Personen.

7.3.1.3   Der Teufelskreis dieser Strategie

Ein selbstbezogener Verhaltensstil führt dazu, dass man sich ständig in Konkurrenz zu anderen Personen begibt, um diesen zu demonstrieren, dass man ihnen überlegen ist: „Schaut her, ich bin besser als ihr". Diese Strategie ist in der Kurzfristbetrachtung durchaus erfolgreich, da ein solcher Verhaltensstil andere Personen beeindrucken kann, insbesondere dann, wenn der Stil auch noch mit nachweisbaren „objektiven" Leistungen gekoppelt ist. Dies ist oft der Fall, da sich Personen mit diesem Stil eben durch die Verfolgung ihres Zentralen Bedürfnisses und die Vermeidung ihrer Zentralen Angst leichter als andere Personen zu „Leistungen" jeglicher Art motivieren können.

Die anderen Personen sind im ersten Moment oft beeindruckt, bewundern die sich selbst beweisende Person und reagieren auf die vorgeschlagene Beziehungsdefinition („Du bist unten, ich bin oben"). Damit ist das Ziel der sich selbst beweisenden Person erreicht: Sie hat die Aufmerksamkeit und die Bewunderung der anderen Personen (Zentrales Bedürfnis) und hat dadurch den realen Gegenbeweis dazu geschaffen, dass sie bedeutungslos sein könnte (Zentrale Angst). Dieses Kalkül funktioniert jedoch nur in der Kurzfristbetrachtung. Läuft dieses Spiel nämlich mehrmals ab (und je ausgeprägter der Stil ist, desto öfter wird dies der Fall sein), werden die Mitmenschen keine Lust mehr haben, sich in diese ihnen zugedachte ungünstige Rolle drängen zu lassen. Sie werden sich schnell ausgenutzt, überfahren, benutzt fühlen und sich irgendwann zu wehren beginnen, indem sie die Leistung der sich selbst beweisenden Person kritisieren und relativieren und mit der Person konkurrieren (s. Abb. 7.6).

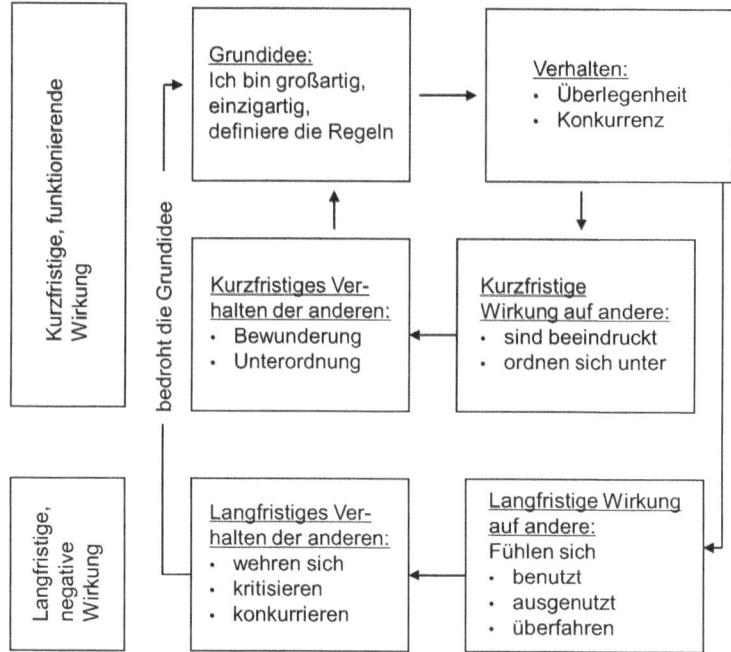

Abb. 7.6 Das sich selbst beweisende Kalkül

Sobald die Mitmenschen dies jedoch tun, aktivieren sie die Zentrale Angst der sich selbst beweisenden Person. Dieser Angst versucht sie natürlich wieder mit dem entsprechenden Verhaltensstil zu begegnen, dadurch schaukelt sich die ganze Situation weiter auf. Der Lösungsversuch, mit dem die Zentrale Angst im Zaum gehalten werden soll, ist also eher ungünstig und bewirkt genau das Gegenteil dessen, was er eigentlich erreichen sollte – ähnlich dem Versuch, den Durst mit Meerwasser zu löschen, was nur zu noch mehr Durst führt.

7.3.1.4 Analogie zur Erklärung

Jeder Mensch hat ein Rechenschema, nach dem er seinen Selbstwert kalkuliert. Menschen mit einem stark ausgeprägten, sich beweisenden Verhaltens- und Kommunikationsstil haben in ihrem Berechnungsschema jedoch Besonderheiten. Die Aktivposten haben nur eine sehr geringe Halbwertszeit. Erfolge werden sehr schnell „wirkungslos". Negative Ereignisse werden dagegen sehr stark und zeitlich sehr konstant in die Berechnung einbezogen, sie „wiegen schwerer".

Es scheint dabei zwei Bereiche des Selbstwertes zu geben, einen „inneren", „verdeckten", in dem hauptsächlich die negativen Ereignisse wahrgenommen und „archiviert" werden. Dieser Bereich ist sehr stabil und weitgehend geschützt gegenüber dem Eindringen positiver Wahrnehmungen. In der Selbstwertkalkulation stellt dieser Bereich einen zeitlich sehr stabilen Malus dar, eine Hypothek, die nur schwer abzutragen ist. Der andere Bereich ist der „öffentliche" bzw. der „öffentlich zur Schau gestellte" Bereich, in dem sich die positiven Wahrnehmungen bezüglich des Selbstwertes der Person befinden. Im Gegensatz zu den negativen Wahrnehmungen bezüglich des Selbstwertes besitzen die positiven Wahrnehmungen jedoch nur eine geringe „Halbwertszeit". Sie sind zeitlich eher instabil, ähnlich wie flüchtige Gewinne in einer Bilanz, und müssen daher ständig auf- gefüllt werden, damit die Gesamtbilanz im Gleichgewicht bleibt. Die Haftfähigkeit für positive Erfahrungen ist ähnlich der von Teflon, die Haftfähigkeit negativer Erfahrungen jedoch wie die eines Klebebandes. Die Trennung zwischen diesen beiden Bereichen ist semipermeabel: Die negativen Aspekte können ständig mit den positiven Aspekten ver- rechnet werden und die positiven neutralisieren. Umgekehrt funktioniert es jedoch nicht. Auch durch noch so viele positive Wahrnehmungen können die negativen nicht dauerhaft relativiert werden. Der Weg zu einer Aufrechnung in dieser Richtung scheint weitgehend blockiert zu sein.

Man kann sich den Mechanismus der Selbstwertberechnung von Personen mit einem sich selbst beweisenden Verhaltens- und Kommunikationsstil wie in der Abb. 7.7 darge- stellt vorstellen.

Man kann den selbstbezogenen Stil auch noch mit einer zweiten Analogie verdeut- lichen (s. Abb. 7.8): Um ein Gleichgewicht zwischen positiven und negativen Ideen über die eigene Person aufrechtzuerhalten, ist es notwendig, ständig neue positive Erlebnisse hinzuzufügen. Die negativen Ideen zu der eigenen Person sind quasi feste Stoffe, die un- beweglich auf der Waagschale des Selbstwertes liegen, die positiven Ideen zur eigenen Person sind hingegen ein leicht bewegliches Schüttgut, das schnell wieder von der Waag- schale rutscht und daher ständig nachgefüllt werden muss, wenn die negativen Ideen nicht das Übergewicht erhalten sollen.

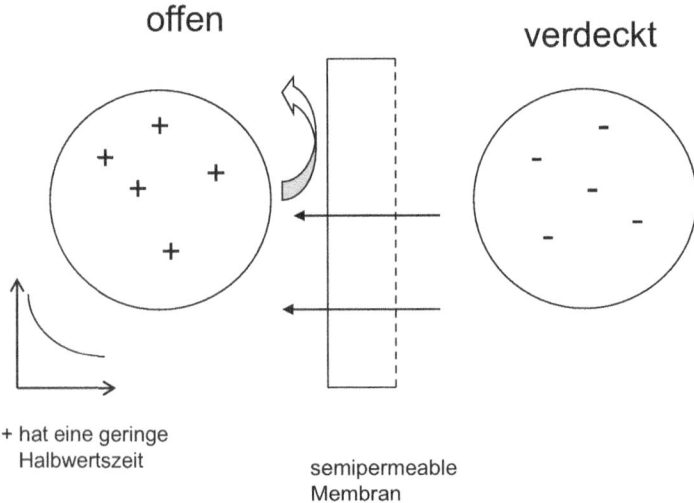

Abb. 7.7 Analogie für den selbstbezogenen Stil

Abb. 7.8 Weitere Analogie für den selbstbezogenen Stil

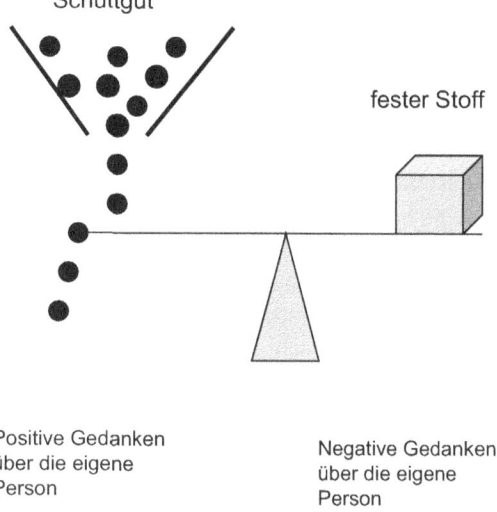

Die Zweiteilung der Selbstwertberechnung ist zentral für diesen Verhaltens- und Kommunikationsstil. Sehr deutlich wird diese Zweiteilung im Umgang mit verschiedenen Gruppen von Menschen. Im Umgang mit (formell oder informell) als hierarchisch höhergestellten Menschen überwiegen die negativen Aspekte der Selbstwertschätzung. Es kommt zu Gehorsamkeit, Unterwürfigkeit bis hin zur Heuchelei. Im Umgang mit hierarchisch niedriger eingestuften Personen neigt der selbstbezogene Mensch zu Machtausübung, Tyrannei, Gängelung etc. In den Filmen von Louis des Funes wird dieser Dualismus sehr oft verwendet.

7.3.1.5 Externe Suche nach „(Selbst-)Wert"

Erfolge und externe Erfolgsnachweise werden von selbstbezogenen Menschen ständig benötigt. Der Erfolg ist dabei jedoch immer nur kurzfristig erleichternd. Alle Medaillen, Titel, Pokale etc. verlieren im Moment der Überreichung ihren Wert. Es kommt sofort zu neuem Getriebensein. Entspannung, Wohlbefinden, Lust und Glück werden zwar zumindest verbal angestrebt, unbewusst jedoch aktiv verhindert.

Wird dem Selbstbezogenen die Spielwiese seiner Eitelkeit entzogen, so ist er in seinem Existenzkampf bedroht. Der schmerzvolle Stachel der ständigen Selbstwertberechnung liefert die Energie, die im Grunde der Mut der Verzweiflung ist. Die im Charakter geronnene Bedrohung des Selbst kann durch besondere Leistungen gemildert, vertuscht oder auch hervorgehoben werden. Die selbstbezogene Verhaltensweise ist eine eingeschränkte Selbstakzeptanz, die durch besondere Leistungen aufgebessert werden soll. Was innen nicht vorhanden ist, muss von außen zugeführt werden. Es bleibt jedoch immer Falschgeld. Es entsteht ein Leben neben der Spur. Die erwarteten Verhaltensweisen werden so oft trainiert, dass sie als Teil des eigenen Selbst wahrgenommen werden.

7.3.1.6 Abgrenzung zu anderen Stilen

Der selbstbezogene Stil muss insbesondere gegenüber dem gewissenhaften und dem dramatisierenden Stil abgegrenzt werden, da diese Stile einige Gemeinsamkeiten haben und daher leicht verwechselt werden können.

Die Rolle der Regeln beim selbstbezogenen und beim gewissenhaften Stil

Sowohl beim selbstbezogenen als auch beim gewissenhaften Stil spielen Regeln eine große Rolle, sie haben jedoch unterschiedliche Funktionen: Die Regeln beim selbstbezogenen Stil sind auf die eigene Person bezogen, beim gewissenhaften Stil sind sie dagegen universell. Der Selbstbezogene ist der „Regelsetzer", der Gewissenhafte der „Erste Regelbefolger". Der Selbstbezogene leitet die Regeln aus seinen eigenen Bedürfnissen ab, der Gewissenhafte aus allgemeinen Normen. Der Selbstbezogene kann seine Regeln nur schwer allgemein begründen, der Gewissenhafte dagegen schon. Der Selbstbezogene hat gewissermaßen die Rolle Gottes (der die Regeln macht), der Gewissenhafte die Rolle des Moses (der die gegebenen Regeln verkündet und exekutiert).

Die Rolle der Aufmerksamkeit beim selbstbezogenen und beim dramatisierenden Stil

Beim selbstbezogenen Stil spielt genauso wie beim dramatisierenden Stil die Aufmerksamkeit eine zentrale Rolle, sie hat jedoch jeweils eine andere Funktion. Beim dramatisierenden Stil ist die Aufmerksamkeit anderer Menschen das Endziel. Um dieses zu erreichen, ist es nicht unbedingt notwendig, dass die Aufmerksamkeit auch mit einer positiven Bewertung verbunden ist. Es gilt die Maxime: „Hauptsache wahrgenommen werden, zur Not auch negativ." Beim selbstbezogenen Stil dagegen ist die Aufmerksamkeit nur ein Mittel zum Zweck. Sie ist eine notwendige, aber noch keine hinreichende Bedingung. Zu der erhaltenen Aufmerksamkeit muss zwingend noch eine positive Bewertung hinzukommen.

7.3.1.7 Selbstbezogenheit und Burnout

Nachfolgend sollen die Besonderheiten des selbstbezogenen Stils für die Entstehung von Stress und Burnout beleuchtet werden. Besonders relevant hierbei sind: die Rolle der Statussymbole, die Situation, in der man einen selbstbezogenen Chef hat, die eigene Selbstbezogenheit sowie die Selbstbezogenheit ganzer Organisationen.

7.3.1.7.1 Die Rolle von Statussymbolen

Da es für den Selbstbezogenen wichtig ist, durch sichtbare, „objektive" äußere Zeichen seinen Selbstwert sich selbst gegenüber und natürlich auch anderen Menschen gegenüber zu dokumentieren, spielen für selbstbezogene Menschen Statussymbole eine besondere Rolle. Statussymbole sind externe Zeichen des eigenen Selbstwertes (eben „Symbole" des Selbstwertes). Sie sind leicht sichtbar und haben in aller Regel eine genaue Abstufung (Größe des Dienstwagens, Position in der Hierarchie, …). Prinzipiell gibt es drei Arten von Statussymbolen:

1. Die Position in einer Hierarchie

Diese Form der Statussymbole ist am leichtesten zu erkennen. Die Symbole sind dabei sehr gut sichtbar, z. B. die Bürogröße, die Visitenkarte, die Sekretärin, der Dienstwagen. Aber auch die Abwesenheit diese Symbole ist kein Nachweis dafür, dass diese Symbole irrelevant sein müssen. Es kann auch taktische Unterwerfung unter (temporärem) Verzicht auf Statussymbole geben. Man darf sich nicht täuschen lassen: In einer Hierarchie geht es auch darum, sich (zumindest zeitweise) anderen Personen zu unterwerfen. Diese Unterwerfung hat jedoch nur strategische Gründe, sie gehört zur Strategie, jedoch nur als Durchgangsstation. In Hierarchien ist eine solche Toleranz gegenüber temporärer Selbstverleugnung zwingend notwendig, da man das ganze Spiel sonst nicht durchhalten kann.

2. Die Ausübung von Macht

Ein anderes Statussymbol kann die Ausübung von Macht sein. Das zeigt sich insbesondere daran, dass man anderen Menschen Anweisungen geben oder von anderen Menschen Unterwürfigkeit einfordern kann. Diese Art des Statussymbols kommt oft vor, wenn zu dem selbstbezogenen Stil noch eine Portion des „genauen" Verhaltens- und Kommunikationsstils dazukommt. Dann gewinnt das Thema „Kontrolle" in der Form „Kontrolle über andere Menschen" stark an Bedeutung. Insofern handelt es sich bei dieser Art von Statussymbol um ein nichtmaterielles Symbol, das sich eher im Verhalten anderen Menschen gegenüber zeigt. Eine solche Art von Statussymbol ist natürlich deutlich schwerer zu erkennen, als die erste Form von Statussymbolen.

3. Individualismus

Diese Art des Statussymbols ist ebenfalls ein nichtmaterielles und das Gegenteil der zweiten Art von Statussymbolen, bei der es um die *Ausübung* von Macht geht. Beim Individualismus dagegen geht um die *Abwesenheit* von Macht anderer Menschen über einen selbst, um die Immunität gegenüber der Machtausübung durch andere Personen, um Unabhängigkeit. Es geht dabei nicht darum, andere zu kontrollieren, sondern darum, selbst nicht durch andere kontrolliert zu werden. Das Statussymbol ist die Abwesenheit von Fremdkontrolle. Diese Abwesenheit ist naturgemäß für Außenstehende schwerer zu erkennen, als die ersten beiden Arten von Statussymbolen. Für eine Person, die das Statussymbol des Individualismus bevorzugt, wäre es völlig undenkbar, sich auch nur temporär in einer Hierarchie zu unterwerfen.

Weibliche Selbstbezogenheit

Der Ursprung der weiblichen Selbstbezogenheit ist der gleiche wie bei Männern, sein Ausdruck ist dagegen häufig unterschiedlich. Für Frauen sind oftmals Statussymbole weniger wichtig. Sie suchen meist die „Leistung" in dem, was sie für andere tun. Die eigene Minderwertigkeit wird bei weiblichen Selbstbezogenen durch das Gefühl, gebraucht zu werden, kompensiert. Der weibliche selbstbezogene Nutzen entspringt dem Gefühl, unersetzbar zu sein. Dieser Mechanismus ist oftmals die Quelle des Burnouts, der außerhalb von Wirtschaftsorganisationen anzutreffen ist. Dort wurde das Burnout-Syndrom auch zuerst beschrieben (z. B. Freudenberg und North 1984).

Wenn man sich den selbstbezogenen Stil anschaut, so kann man leicht erkennen, dass dieser Stil eine zentrale Triebfeder dazu werden kann, um eine Führungsposition in einer Organisation anzustreben. Die entsprechende Motivation ist wie ein Motor, der aber noch ein Getriebe zur Kanalisation der Energie braucht. Eine gewisse Tendenz zu diesem Stil ist sicherlich auch notwendig, um gegen andere Konkurrenten bestehen zu können. Zudem gehört wie oben beschrieben ein gewisses Maß an Leidensfähigkeit und temporärer Unterwerfungswille dazu, den Weg durch die Hierarchie zu gehen. All dies bezieht sich auf die *Führungsmotivation*. Um erfolgreich zu sein, ist zusätzlich noch die *Führungskompetenz* notwendig, die natürlich nicht unbedingt etwas mit der Motivation zu tun haben muss.

Als wesentliche externe Quelle, um „objektiven" Selbstwert demonstrativ zu erzeugen, bietet sich die Arbeit in einer Organisation geradezu an. Sie ermöglicht die Erfahrung von Wichtigkeit und vermittelt Anerkennung und Bedeutung durch die Statussymbole der jeweiligen Organisation. In der Arbeitswelt wird jemand mit einem selbstbezogenen Stil immer dorthin gehen, wo er gesehen und gewürdigt wird. Organisationen bieten praktischerweise ein ganzes Arsenal an „externen" und gut sichtbaren Trophäen an, die von selbstbezogenen Personen natürlich sehr gerne genommen werden.

Statussymbole spielen bei diesem Verhaltens- und Kommunikationsstil eine bedeutende Rolle. Dies birgt die Gefahr der Abhängigkeit von äußeren Belohnungen. Besonders dramatisch wird das Stress- bzw. Burnout-Erleben dann sein, wenn die Statussymbole durch die Organisation entzogen werden (durch ein Ausscheiden aus der Organisation, den Verlust der Symbole durch Umstrukturierungen etc.).

7.3.1.7.2   Wenn Sie selbst ein selbstbezogener Mensch sind

Wer ausgebrannt ist, ist über Grenzen gegangen. Selbstbezogene sind besonders gefährdet, da sie Grenzen überschreiten *müssen*. Sie haben aus den beschriebenen Gründen immer einen hohen Aktivitätslevel, sie befinden sich praktisch ständig in einem Kampf- und Fluchtmodus (vgl. Kap. 4), die zu erwartenden Langzeitfolgen sind im Abschn. 4.3 beschrieben.

Da einem Menschen mit starkem Selbstbezug die Überzeugung fehlt, dass er grundsätzlich in Ordnung ist und das nicht zu beweisen braucht, hat er nicht gelernt, einfach nur zu leben, sondern ist ständig mit dem *Über*leben beschäftigt. Das kostet viel Energie. Entspannung wird allenfalls als eine Quelle für besondere Erfahrungen (Meditation, Einkehr im Kloster, …) genutzt, die dann auch als solche gegenüber anderen Menschen „verkauft" werden können, und nur bedingt zur Regeneration. Freie Zeit und Urlaube bergen auch die Gefahr des Verlusterlebens. Das innere Gefühl der Bedeutungslosigkeit kehrt dann potenziell zurück. Pflicht, Disziplin und Ordnung fallen in solchen Situationen als Taktgeber weg, es bleibt Zeit für Ängste und Unsicherheit.

Da der Selbstwert nicht basal erlebt wird, bedarf es der Fremdbestätigung. Das Feiern der Erfolge verdeckt dabei jedoch immer nur das unstillbare grundsätzliche Bedürfnis nach externer Bestätigung. Durch die Suche nach externen Selbstwertquellen macht man sich jedoch sehr stark abhängig von externen Faktoren, die man nur bedingt selbst steuern kann. Dadurch erhöht sich die Unkontrollierbarkeit und das Stresspotenzial dieser

Strategie. Das Vermögen, sich selber wertzuschätzen, sinkt, je mehr man sich nach außen orientiert.

Sobald die Bestätigung ausbleibt oder gar Kritik droht, zieht sich der Selbstbezogene zurück, da der labile Selbstwert bedroht ist. Umgebungen, die nicht bei der Selbstobjektverwertung hilfreich sind, werden gemieden. Dadurch verkleinert sich der Kontaktkreis und der Kontakt zur „wirklichen" Welt. Dies kann zu Fehleinschätzungen von Sachverhalten und sozialen Konstellationen kommen.

Selbstbezogene Menschen vermeiden es, vornehmlich solche Aufgaben an die Mitarbeiter zu delegieren, mit denen in der Außenwirkung irgendwie geartete Lorbeeren verbunden sein könnten. Stattdessen geben sie eher arbeitsintensive Aufgaben ab, die nur interne Wirkung entfalten können. Wenn die Mitarbeiter sich dadurch um einen Teil der Früchte ihrer Arbeit gebracht sehen, entsteht leicht Opposition. Die Tendenz zur Nichtdelegation von Aufgaben kann ein wesentlicher Faktor der Überlastung sein.

Je weniger Selbstvertrauen ein Mensch hat, desto weniger kann er anderen Menschen vertrauen und delegieren. Der selbstbezogene Verhaltens- und Kommunikationsstil hat daher ein hohes Potenzial, um zur Entstehung von Stress und Burnout beizutragen. Burnout bekommt nicht der, der seine Ziele nicht erreicht, sondern eher der nach außen hin scheinbar Erfolgreiche. Er erreicht zwar Ziele, diese Ziele sind aber nicht wirklich die seinen. Es sind Ziele, die er sich bewusst oder autonom gesteuert gesetzt hat, um anderen seine Größe zu demonstrieren.

7.3.1.7.3 Wenn Ihr Vorgesetzter ein selbstbezogener Mensch ist

Mitarbeiter haben in der Regel kein Problem mit kontrollierter Selbstbezogenheit, Probleme bereitet jedoch eine sehr stark ausgeprägte und unflexible Selbstbezogenheit. Wodurch können nun Gefahren entstehen, wenn eine sich selbst beweisende Person in einer Führungsfunktion ist?

1. Wenn der Stil zu stark ausgeprägt ist, kann er zu Problemen führen, da dann die negativen Aspekte des Stils stärker werden.
2. Die Befriedigung des Zentralen Bedürfnisses, insbesondere des Machtbedürfnisses, kann zum Selbstzweck werden, das relativ losgelöst von den Notwendigkeiten der jeweiligen Organisation verfolgt wird.
3. Die Mitarbeiter können zu „Objekten" werden, die aus der Sicht des Vorgesetzten dazu da sind, sein Zentrales Bedürfnis zu unterstützen und ihn vor seiner Zentralen Angst zu bewahren. Das ist zum einen unschön für die Mitarbeiter und zum anderen sehr ineffizient in Bezug auf die in der jeweiligen Organisation zu verrichtende Tätigkeit.
4. In der Selektion kann die Führungsmotivation zu sehr berücksichtigt werden und die Führungskompetenz zu wenig.
5. Selbstbezogene haben oft Probleme mit guten Mitarbeitern, da sie eine nach außen sichtbare Konkurrenz sind. Eine Möglichkeit, solche potenziell gefährlichen Leute „kaltzustellen", ist es, sie nicht stärkenorientiert einzusetzen, sondern dort, wo sie mit

höherer Wahrscheinlichkeit nicht erfolgreich sind (vgl. Kap. 5) und damit der Optimierung der Organisation schaden.

6. Bewunderer und Bestätiger des Vorgesetzten erhalten Anerkennung, die jedoch nicht ihrer Person gilt, sondern ihrer Funktion als Bestätiger.

7. Ein Mitarbeiter stellt so lange eine potenzielle Gefahr dar, bis er als Bewunderer eingemeindet oder durch Fehler abgewertet werden kann.

8. Selbstbezogene Vorgesetzte verteidigen ihre Unfehlbarkeit und können keine Fehler zugeben. Mitarbeiter, die sie auf Fehler hinweisen, werden entmachtet oder aus dem Weg geräumt.

Wie bei allen Verhaltens- und Kommunikationsstilen gilt auch beim selbstbezogenen Stil, bei ihm jedoch besonders: Erst die Dosis macht das Gift. Ein gesunder Egoismus ist für eine Führungskraft gut. Nur wenn dann noch die Empfindlichkeit dazukommt, wird es kritisch. In geringer Dosis ist der Selbstbezug sicher karrierefördernd, im Übermaß führt er jedoch schnell zur Opposition der Geführten.

Ein Charismatiker (verstanden als eine Person, die eine „natürliche" Autorität besitzt, vgl. Kap. 8) unterscheidet sich vom Selbstbezogenen durch seine Selbstsicherheit und durch seine Fähigkeit, andere Menschen zu motivieren. Dem Charismatiker geht es im Unterschied zum Selbstbezogenen nicht um die Entwertung andere Personen, sondern um deren Überzeugung.

Sofern Ihr Vorgesetzter einen für Sie nicht tolerierbaren selbstbezogenen Verhaltens- und Kommunikationsstil besitzt, sollten Sie nach Möglichkeiten suchen, diese Konstellation zu verlassen. Die Hoffnung, den Vorgesetzten durch Gespräche, Feedback etc. verändern zu können, ist aufgrund der beschriebenen Eigenheiten dieses Stils nicht angebracht. Beim selbstbezogenen Verhaltens- und Kommunikationsstil stellt sich die Frage der Akzeptanz von Führung (vgl. Kap. 8) ganz besonders.

Die Mitarbeiter erkennen, dass das gezeigte Einfühlungsvermögen nicht aus einem „echten" Einfühlungsvermögen oder gar einem Einfühlungsbedürfnis herrührt, sondern dass es taktischen Zwecken dient. Da einem Vorgesetzten mit einem selbstbezogenen Verhaltens- und Kommunikationsstil auch kein „echtes" Interesse an den Wünschen und Bedürfnissen der Mitarbeiter besteht, fühlen sich diese in der Führungssituation schlecht aufgehoben und nicht ernst genommen. Es besteht immer der latente Verdacht, dass der Vorgesetze im Zweifelsfall immer entsprechend seiner Bedürfnisse handeln würde und nicht entsprechend den Notwendigkeiten der Organisation oder der Mitarbeiterbedürfnisse.

Menschen mit einem selbstbezogenen Verhaltens- und Kommunikationsstil werden mit selbstsicheren Mitmenschen schnell Probleme bekommen. Selbstsichere Menschen haben in aller Regel keine stark ausgeprägten Verhaltens- und Kommunikationsstile und auch nicht das Bedürfnis, sich ständig selbst beweisen zu müssen. Die Selbstwertfrage stellt sich bei ihnen gar nicht. Das hat für eine Person mit stark ausgeprägtem selbstbezogenen Verhaltens- und Kommunikationsstil zwei Konsequenzen. Erstens reagiert ein selbstsicherer Mensch nicht auf die Beziehungsvorschläge einer selbstbezogenen Person, was für diese bedeutet, dass sie keine Einflussmöglichkeit auf die selbstsichere Person sieht. Zweitens liefert eine selbstsichere Person einer selbstbezogenen Person ein Bild dessen, was ihr fehlt, nämlich das Ruhen in sich selbst ohne externe „Beweise" für den eigenen Selbstwert. Dies ist der Zustand, den die selbstbezogene Person anstrebt, den sie aber nie erreichen kann. Im Vergleich zu einer selbstsicheren Person fühlt sie sich dadurch im Nachteil.

7.3.1.7.4 Selbstbezogene Organisationen

Man kann nun auch versuchen, den Grad der Selbstbezogenheit nicht nur auf einzelne Personen, sondern auf ganze Organisationen anzuwenden (vgl. Kap. 9). Nach Maaz (2012) haben solche Organisationen spezifische Vorteile und spezifische Nachteile:

Spezifische Vorteile

Beschränkende Faktoren werden in solchen Organisationen oft einfach ausgeblendet. Das erleichtert es, neue, riskantere Wege zu gehen. Radikalere Umbrüche sind möglich. Die unbewusste Komplexitätsreduktion hilft dabei. Dieses Ausblenden beschränkender Faktoren ist ein zentrales Element der selbstbezogenen Erlebniswelt. Die Fähigkeit zur Komplexitätsreduktion wird dabei oft von anderen Menschen als Führungsstärke interpretiert: „Es ist klar, wo es langgeht."

Spezifische Nachteile

Mit der Zeit kann der Verlust der Fähigkeit, Widersprüche zuzulassen und wahrzunehmen, in die ganze Organisation diffundieren. Alle Mitarbeiter halten sich dann an eine „geheime Absprache", den Vorgesetzten mit widersprüchlichen Fakten zu verschonen. Die Kunst, Probleme zu verstecken, gedeiht. Es existieren implizite Regeln bezüglich Tabuthemen, über die nicht gesprochen werden darf. Wer es trotzdem tut, wird als „Reichsbedenkenträger" etc. tituliert. Die Zukunftsorientierung wird größer, die Gegenwartsorientierung geringer. „Was interessieren uns die Probleme von heute, wir sind die Sieger von morgen". Wenn die Gegenwartsprobleme nicht mehr übersehbar sind, werden sie oft personalisiert und „entsorgt". Der Überbringer der schlechten Nachricht wird schlecht behandelt.

Selbstbezogene Organisationen tun sich besonders schwer damit, falsche Entscheidungen zu revidieren, da dies ja nach außen sichtbar das Eingeständnis von Fehlern wäre. In Organisationen mit vielen selbstbezogenen Akteuren werden daher dysfunktionale Strukturen totgeschwiegen und auf Hochglanzbroschüren und Strategiepapieren immer noch gefeiert, wenn eigentlich schon alle wissen, dass sich die Welt verändert hat.

Selbstbezogene Personen haben die Fähigkeit, schnell zu erkennen, was von ihnen erwartet wird, da dies ja die Grundlage ihres Selbstwertes ist. Daher sind Selbstbezogene sehr gut in der Lage, in Bewerbungs- und Auswahlsituationen gut auszusehen, indem sie dem Gegenüber das liefern, was dieser gerne hören und sehen möchte. Daher werden selbstbezogene Personen besonders in selbstbezogenen Organisationen erfolgreich sein. Diese Selektionsstrategie verstärkt dann wiederum die Selbstbezogenheit der Organisation.

Der Managementtheoretiker Peter F. Drucker nennt noch weitere Charakteristiken selbstbezogener Organisationen: In ihnen wird Leistung oft mit Aufwand verwechselt, Größe mit Bedeutung und Geschäftigkeit mit Leistung. Die Organisation verfällt in einen „hektischen Stillstand".

7.3.2   Der im Zweifelsfall eher zu dramatisierende Verhaltens- und Kommunikationsstil

Der zweite Verhaltens- und Kommunikationsstil, der hier beschrieben werden soll, ist der sogenannte dramatisierende oder auch kontaktfreudige, mitteilungsfreudige, expressive Verhaltens- und Kommunikationsstil.

7.3.2.1   Allgemeine Beschreibung

Dramatisierende Menschen sind Gefühlsmenschen. Sie leben in einer Welt voller Farben und Intensität. Sie sind empfindungsorientiert und zeigen ihre Gefühle offen, wechseln schnell von einer Stimmung zur anderen, neigen zu spontanem und impulsivem Verhalten und nutzen den Augenblick. Für Menschen mit diesem Stil ist das Leben nie langweilig, sie füllen ihre Welt mit Aufregung und Fantasie. Sie betrachten die ganze Welt als ihre Bühne, sie möchten gesehen werden und brauchen Aufmerksamkeit. Die Gefühlsqualität ist bei Schilderungen wichtiger als der Inhalt. Sie verwandeln auch die trockensten Seiten des Daseins in ein bühnenreifes Theater. Sie sind in ihrem Element, wenn sie von anderen Menschen umgeben sind und im Mittelpunkt stehen, wenn alle Augen auf sie gerichtet sind. Sie betrachten sich selbst quasi von außen. Sie sind insgesamt sehr abhängig vom Applaus anderer Personen. Die Fähigkeit, Bedürfnisse aufzuschieben, ist verhältnismäßig gering ausgeprägt.

Menschen mit diesem bevorzugten Verhaltens- und Kommunikationsstil lassen sich schlagwortartig folgendermaßen beschreiben durch

- die ständige Suche nach Erlebnissen und intensiven Gefühlen;
- das Erleben einer „innere Leere" beim „Nichtstun";
- die geringe Fähigkeit, bei der Wunscherfüllung Aufschub zu ertragen;
- die Tendenz, Entscheidungen aus dem Bauch heraus zu treffen, ohne die Konsequenzen genau zu bedenken;
- Schwierigkeiten, sich in Gesprächen auf das Wesentliche zu beschränken;
- die Tendenz, über Gesprächspartner „hinwegzureden";
- die leichte Beeinflussbarkeit durch andere Personen;
- einen schnellen Meinungswechsel;
- ein starkes Bedürfnis nach Aufmerksamkeit und Zuwendung, aber geringe Bereitschaft, dies anderen zu geben;
- die Vermeidung der Übernahme von Verantwortung für die eigenen Entscheidungen;

- schnelle Stimmungsschwankungen, abhängig von äußeren Umständen;
- Schwarz-Weiß-Denken;
- den für Außenstehende übertrieben starken Ausdruck von Gefühlen;
- die leichte Beeinflussbarkeit durch äußere Umstände und andere Personen.

Menschen mit einem dramatisierenden Stil zeigen folgende Verhaltensweisen, die von anderen Menschen in der Regel als eher positiv bewertet werden, sie

- leben in einer Welt voll Farbe und Intensität;
- sind empfindungsorientiert;
- zeigen ihre Gefühle offen;
- wechseln schnell von Stimmung zu Stimmung;
- nutzen den Augenblick;
- neigen zu spontanem, impulsivem Verhalten;
- erfahren das Leben intensiv und überschwänglich;
- möchten gesehen werden und brauchen Aufmerksamkeit;
- haben viele Bekannte;
- sind extrovertiert;
- sind wenig gehemmt;
- können gut werben, verkaufen, beeinflussen, motivieren;
- sind gut in frühen Phasen von Beziehungen, da sie dem anderen das Gefühl geben, der Mittelpunkt der Welt zu sein.

Menschen mit einem dramatisierenden Stil zeigen folgende Verhaltensweisen, die von anderen Menschen normalerweise als eher negativ bewertet werden, sie

- sind in den Augen anderer Personen oft überemotional;
- streben ständig danach, im Mittelpunkt zu stehen;
- richten ihr Verhalten danach, Aufmerksamkeit auf sich zu lenken;
- verhalten sich in den Augen anderer oft unangemessen;
- haben in den Augen anderer Menschen oberflächliche und schnell wechselnde Gefühle;
- benutzen einen impressionistischen Sprachstil;
- wirken oft theatralisch;
- reagieren für andere oft unangemessen auf äußere Anlässe;
- behandeln flüchtige Bekannte wie gute Freunde;
- übernehmen schnell die Meinung anderer Menschen;
- nehmen Beziehungen enger wahr als andere Personen dies tun;
- haben Probleme bei der Durchführung von Details;
- halten Pläne schlecht ein;
- mögen keine Detailplanung, Routine, Organisation.

Ein Beispiel zur Illustration: Eine Person mit einem dramatisierenden Verhaltens- und Kommunikationsstil würde ein für andere Menschen eher belangloses Ereignis vielleicht wie folgt schildern: „Als ich gestern heimkam, herrschte das blanke Chaos. Der Briefkasten quoll über mit teilweise ungeheuer wichtigen und teilweise auch völlig unwichtigen Briefen. Zu allem Überfluss miaute auch noch die Katze ganz fürchterlich, weil ihr Fressnapf gähnend leer war. Das Schrecken nahm weiter seinen Lauf, als ich dann auch noch die Milch verschüttete."

7.3.2.2 Ein Modell

Jeder Mensch verfügt über viele verschiedene Verhaltensweisen oder auch Rollen, die er einsetzen kann. Welche Verhaltensweisen aktuell zum Einsatz kommen, kann von zwei Instanzen gesteuert werden. Die erste Instanz stellen Informationen aus der Umwelt dar. Dabei fragt man sich: „Welches Verhalten ist momentan opportun?" Das Verhalten wird dabei stark von außen gesteuert und sehr flexibel auf die Situation abgestimmt. Der zur Dramatisierung neigende Mensch reagiert dabei besonders gut auf die Signale aus der jeweiligen Situation, die ihm die Frage beantworten: „Was muss ich in der momentanen Situation gerade tun, um wahrgenommen zu werden?"

Das Verhalten könnte im Prinzip auch durch eine zweite Instanz gesteuert werden, durch eine Art „Schaltzentrale", die den Einsatz der jeweiligen Verhaltensweisen aufgrund „innerer" Signale steuert (vgl. Abb. 7.9). Bei Menschen mit einem dramatisierenden Verhaltens- und Kommunikationsstil ist die Wahrnehmung für externe Signale sehr stark ausgeprägt, diejenige für interne jedoch eher gering. Zudem werden von den externen Signalen der jeweiligen Situation sehr selektiv diejenigen herausgegriffen, die sich auf das Wahrgenommen werden beziehen, und andere dagegen ignoriert, z. B. Signale, die sich auf Wertschätzung beziehen. Das führt dazu, dass sich ein solcher Mensch gerne „zum Affen" macht und sich andere Personen (am meisten natürlich Personen mit einem selbstbezogenen Verhaltensstil) die Frage stellen: „Warum tut er oder sie sich das an?" Die Antwort darauf ist: Weil er oder sie sich sehr selektiv darauf konzentriert, was im Moment

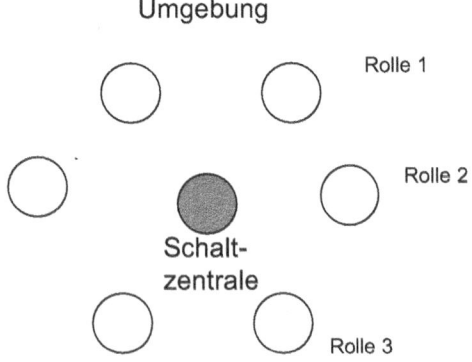

Abb. 7.9 Verhaltenssteuerung durch Rollen oder durch eine zentrale Instanz

gerade getan werden muss, um (positiv oder negativ) wahrgenommen zu werden. Andere Aspekte der Situation, etwa die Frage, ob das Verhalten von anderen Personen als positiv oder als negativ wahrgenommen wird, spielen dabei eine sehr untergeordnete Rolle.

Eine Person mit einem dramatisierenden Verhaltens- und Kommunikationsstil hätte es gerne einfach, indem sie klare Hinweise hat: „So muss ich im Moment handeln." In einer Situation sind jedoch immer verschiedene Tendenzen aktiv. Eine Person mit einem dramatisierenden Stil macht es sich einfach, indem sie die Komplexität einer Situation einfach reduziert, und sich dabei selektiv auf die Hinweise konzentriert, die Aufmerksamkeit garantieren. Sie muss lernen, die verschiedenen Aspekte einer Situation wahrzunehmen und dann die verschiedenen Handlungsweisen differenziert und nicht nur nach ihrer Wertigkeit für den Erhalt von Aufmerksamkeit einzusetzen. Sie muss wie ein Dirigent ein ganzes Orchester steuern, nicht nur den Solisten, der die Melodie „Jagd nach Aufmerksamkeit" spielt.

7.3.2.3 Das psychologische Kalkül dieses Stils

Die Zentrale Angst von Personen mit einem eher dramatisierenden Stil besteht darin, im sozialen Kontext nicht wahrgenommen, übersehen zu werden. Dieser Angst begegnen sie, indem sie ständig Dinge tun, die ihnen die Aufmerksamkeit der Mitmenschen sichern.

7.3.2.4 Der Teufelskreis dieser Strategie

Das zentrale Bedürfnis besteht darin, die Aufmerksamkeit anderer Menschen zu erhalten. Dies wird durch ein Verhalten realisiert, das sehr theatralisch ist, und zwar sowohl mit positiv bewerteten Verhaltensweisen (z. B. sich charmant zu geben) als auch mit negativ bewertetem Verhalten (z. B. einem Wutausbruch). Die Hauptsache ist dabei, dass dieses Verhalten Aufmerksamkeit erregt. Es muss dabei jedoch nicht zwangsweise auch Zuspruch ernten. Absolute Priorität hat die Aufmerksamkeit, und Aufmerksamkeit erregt man am besten, indem man etwas Dramatisches zu berichten hat.

Diese Strategie geht in der kurzfristig auch auf: Die Personen im Umfeld richten ihre Aufmerksamkeit auf die Person mit dem dramatisierenden Stil, reagieren mit Interesse oder gar Bewunderung. Je häufiger jedoch dieses Spiel abläuft, desto weniger funktioniert es. Die anderen Personen gehen bald davon aus, dass das, was die dramatisierende Person zu berichten hat, „in Wirklichkeit" gar nicht so interessant und sondern eher übertrieben ist. Sie wenden sich ab und nehmen das Gesagte nur noch mit einem halben Ohr wahr. Das aktiviert jedoch bei der dramatisierenden Person die Zentrale Angst, nämlich nicht wahrgenommen zu werden. Sie wird ihr dramatisierendes Verhalten daraufhin verstärken, und der Teufelskreis ist aktiviert (s. Abb. 7.10).

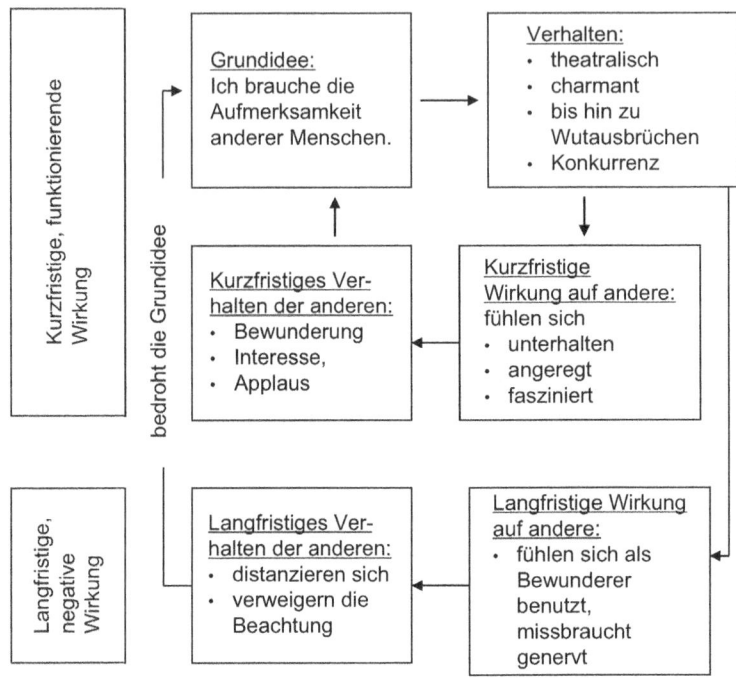

Abb. 7.10 Das dramatisierende Kalkül

7.3.2.5 Abgrenzung zu anderen Stilen

Es gibt eine Reihe von Unterschieden und Gemeinsamkeiten mit dem selbstbezogenen Stil:

Dramatisierend	Selbstbezogen
Möchte wahrgenommen werden	Möchte wertgeschätzt werden
Möchte gesehen werden	Möchte gut sein
Möchte es jedem recht machen	Ist eher rücksichtslos
Gesellig	Einzelgänger
Ist ungern allein	Ist gerne allein
Ist eher vertrauensselig	Ist eher misstrauisch
Eher suggestibel	Eher stur
Fähnchen im Wind	Verfolgt seine Ziele

Gemeinsamkeiten mit dem selbstbezogenen Stil

Beiden Stilen gemeinsam ist, dass die Personen egozentrisch und leicht zu kränken sind. Beide haben Angst vor Kritik und sind abhängig von anderen Menschen. Sie haben viele „Freunde", aber wenig echte Freunde.

Die Rolle der Aufmerksamkeit

Beim selbstbezogenen Stil spielt genauso wie beim dramatisierenden Stil die Aufmerksamkeit, die die Person erhält, eine zentrale Rolle, sie hat jedoch jeweils eine andere Funktion. Beim dramatisierenden Stil ist die Aufmerksamkeit anderer Menschen das Endziel. Um es zu erreichen, ist es nicht unbedingt notwendig, dass diese Aufmerksamkeit auch mit einer positiven Bewertung gekoppelt ist. Es gilt die Maxime: „Hauptsache wahrgenommen werden, zur Not auch negativ."

Beim selbstbezogenen Stil dagegen ist die Aufmerksamkeit nur ein Mittel zum Zweck, sie ist eine notwendige, aber noch keine hinreichende Bedingung. Zu der erhaltenen Aufmerksamkeit muss zwingend noch eine positive Bewertung hinzukommen.

7.3.2.6 Dramatisierender Verhaltens- und Kommunikationsstil und Burnout

Für Personen mit einem dramatisierenden Verhaltens- und Kommunikationsstil gibt es spezifische Stress- und Burnout-Quellen:

7.3.2.6.1 Wenn Sie selbst einen dramatisierenden Verhaltens- und Kommunikationsstil besitzen

Arbeitsaufgaben müssen mit einer gewissen Struktur, Konstanz, Planung und Dokumentation/Administration abgearbeitet werden. Genau dies mögen Personen mit einem dramatisierenden Stil nicht. Daher wird dieser Charakter der Arbeitsaufgaben sehr leicht einen Stressor darstellen können.

Aufgrund der hohen Begeisterungsfähigkeit werden von Personen mit diesem Stil gerne neue Aufgaben angenommen. Die Betonung liegt dabei auf „neue". Zu viele solcher neuen Aufgaben führen leicht zu einer quantitativen Überlastung. Zudem kann es dadurch auch zu einer qualitativen Überlastung kommen, sodass das Interesse an der jeweiligen Aufgabe schnell verlorengeht, wenn diese ihren Neuartigkeitscharakter verloren hat. Dann wäre es notwendig, die begonnenen Aufgaben systematisch und planvoll abzuarbeiten, was jedoch nicht dem Arbeitsstil einer dramatisierenden Person entspricht. Die zwar mit viel Enthusiasmus begonnenen, aber nicht oder nur halbherzig durchgeführten Aufgaben und Projekte werden irgendwann zu Stressquellen.

Dramatisierende Menschen sind sehr gut im schnellen Herstellen von Kontakten. Sofern die Tätigkeit diese Fähigkeit nicht erlaubt oder gar erfordert, kann auch diese Art von Aufgaben als Stressor wirken.

7.3.2.6.2 Wenn Ihr Vorgesetzter einen dramatisierenden Verhaltens- und Kommunikationsstil besitzt

Ein Vorgesetzter mit einem dramatisierenden Verhaltens- und Kommunikationsstil wird stets versuchen, die öffentlichkeitswirksamen Aspekte der Arbeit seiner Mitarbeiter für sich zu reklamieren. In der Außendarstellung kommen die Mitarbeiter daher oft zu kurz. Ein solcher Vorgesetzter neigt dazu, seinen Mitarbeitern „die Show zu stehlen", da er Präsentationen, Begrüßungen etc. als eine Gelegenheit ansieht, im Mittelpunkt zu stehen.

Das „im Mittelpunkt stehen" wirkt umso mehr, je höher die hierarchische Position des „Publikums" ist. Daher kann bei den Mitarbeitern schnell der Eindruck entstehen, dass ihre eigenen Erfolge vom Vorgesetzten „verkauft" werden, wodurch leicht Opposition unter den Mitarbeitern entstehen kann.

Da Struktur und Planung nicht gerade zu den Stärken eines dramatisierenden Menschen gehören, wird es in diesem Bereich immer wieder zu Störungen kommen. Diese Elemente sind ein Teil der Führungsaufgabe, doch die dramatisierende Personen wird sie nur schlecht oder widerwillig erledigen. Dadurch kann es zu Verwirrungen im Arbeitsplan kommen, die direkt die Planbarkeit der Arbeit der Mitarbeiter negativ beeinflussen.

Durch den eher wechselhaften Charakter, der typisch für den dramatisierenden Stil ist, sind die Mitarbeiter den oft starken Stimmungsschwankungen des Vorgesetzten ausgesetzt, die natürlich auch das Klima im Team negativ beeinflussen können. Den Mitarbeitern fehlt die Berechenbarkeit des Vorgesetzten.

In Besprechungen wird sich ein dramatisierender Vorgesetzter zumeist in den Vordergrund spielen und den Mitarbeitern weniger Raum zugstehen. Das kann dazu führen, dass sich die Mitarbeiter nur als Statisten der Besprechung fühlen und dass auf einer inhaltlichen Ebenen viel Input der Mitarbeiter untergeht, der für die Aufgabenbearbeitung nützlich sein könnte. Da ein Vorgesetzter mit einem dramatisierenden Stil sehr begeisterungsfähig ist, wird er mit höherer Wahrscheinlichkeit schnell wechselnde Projekt „an Land ziehen", die dann die Mitarbeiter bearbeiten sollen. Dies kann schnell zu einer quantitativen Überlastung der Mitarbeiter führen.

7.3.3 Der im Zweifelsfalle eher zu gewissenhafte Verhaltens- und Kommunikationsstil

Nachfolgend soll der gewissenhafte, genaue oder auch bestimmende, kontrollierende Verhaltens- und Kommunikationsstil beschrieben werden.

7.3.3.1 Allgemeine Beschreibung

Menschen mit einem gewissenhaften Stil haben starke Überzeugungen und Prinzipien. Sie zeigen ein hartes Arbeitsverhalten und den Willen, immer das Richtige zu tun. Gewissenhafte Menschen lieben Ordnung, Sauberkeit, Listen, Pläne und gehen ohne viel Diskussion an die Arbeit. Sie sind in allen Lebensbereichen eher behutsam und vorsichtig. Oftmals sammeln und verwahren sie alles Mögliche.

Menschen mit diesem bevorzugten Stil lassen sich wie folgt beschreiben durch:

- ständige Beschäftigung mit Details, Listen, Plänen, Ordnungen;
- Perfektionismus, der die Fertigstellung von Aufgaben behindert;
- hohe Gewissenhaftigkeit;
- die Sichtweise, die Arbeit sei der Schlüsselbereich des Daseins;
- Kompetenz, gute Organisation, Perfektion im Detail, Loyalität;

- den Sinn für das Detail, eher nicht für das große Ganze;
- den Willen zur Anstrengung;
- das Anstreben von Karrieren aufgrund harter Arbeit;
- das Respektieren von Autoritäten;
- starke Leistungsbezogenheit unter Vernachlässigung von Vergnügen und zwischenmenschlichen Beziehungen;
- das Bestehen darauf, dass andere sich exakt den eigenen Gewohnheiten unterordnen;
- die Abneigung, andere etwas machen zu lassen;
- die Bereitschaft, viel Zeit für harte Arbeit zu investieren;
- übermäßige Vorsicht;
- starke Zweifel;
- die häufige Position des „zweiten Mannes hinter den Kulissen";
- Probleme beim Setzen von Prioritäten;
- die Tendenz, dass das Einhalten von Regeln und formalen Kriterien schnell zum Selbstzweck werden kann;
- die Schwierigkeit, zu entspannen, zu genießen und Spaß zu haben;
- ein oft ungesundes Verhältnis zwischen An- und Entspannung;
- häufige Ratschläge an andere Personen;
- eine starke Kopfsteuerung;
- eher geringe Handlungsimpulse durch Gefühle, Launen, Bedürfnisse, Begierden;
- die geringe Fähigkeit, auf Intuition, Inspiration und Gefühle zu reagieren;
- die intensive Vorbereitung auch banaler Entscheidungen;
- die Unterordnung persönlicher Bedürfnisse unter die Aufgabe;
- die Orientierung an absoluten Wahrheiten, an richtig oder falsch;
- eine starke Sach- und ein geringe Beziehungsorientierung.

Positiv bewertete Verhaltensweisen
Menschen mit einem sehr gewissenhaften Verhaltens- und Kommunikationsstil zeigen folgende Verhaltensweisen, die in der Regel von anderen Menschen als positiv bewertet werden, sie

- haben eine präzise Sprache;
- bevorzugen Listen und Pläne;
- haben starke moralische Prinzipien;
- haben absolute Überzeugungen;
- sind das Rückgrat der Industrienationen;
- haben einen starken Willen, die richtigen Dinge zu tun;
- lieben Ordnung und Sauberkeit;
- sind hingebungsvoll in ihrer Arbeit;
- arbeiten mit der richtigen Methode, perfekt bis in das Detail.

Negativ bewertete Verhaltensweisen

Menschen mit einem gewissenhaften Verhaltens- und Kommunikationsstil zeigen folgende Verhaltensweisen, die von anderen Personen in der Regel negativ bewertet werden, sie

- bevorzugen Ordnung, Perfektion und Kontrolle auf Kosten von Flexibilität;
- schenken auch nebensächlichen Details viel Aufmerksamkeit;
- vertiefen sich oft derart in Detail, dass die eigentliche Arbeit nicht zum Abschluss kommt;
- haben oft wenig Zeit für Freude und Vergnügen;
- empfinden freie und unverplante Zeit zumeist als Stress;
- erwarten, dass andere Personen auch ihren Arbeitsstil haben oder ihn übernehmen;
- reagieren auf Verbesserungsvorschläge oft überrascht und irritiert;
- legen wenig Wert auf die Meinung anderer Personen, da sie aus ihrer Sicht genau wissen, was richtig ist;
- planen übermäßig viel;
- können schlecht delegieren;
- sind eher streng;
- reagieren stark auf Status- und Autoritätsunterschiede;
- ignorieren oft ihre eigenen Bedürfnisse;
- haben wenig Zugang zu den Bedürfnissen und Wünschen anderer Personen;
- leben Feindseligkeiten dadurch aus, dass sie im Namen von Autoritäten Bestrafungen vornehmen.

7.3.3.2 Das psychologische Kalkül des gewissenhaften Stils

Die Zentrale Angst der Menschen mit einem eher gewissenhaften Verhaltens- und Kommunikationsstils besteht in einem Verlust von Kontrolle, z. B. durch impulsives Verhalten. Dieser Angst wird mit dem Drang nach Kontrolle, Regelung, Pflichterfüllung im sozialen Kontext begegnet.

7.3.3.3 Der Teufelskreis dieser Strategie

Durch die Grundidee der moralischen Überlegenheit bewerten Personen mit einem eher gewissenhaften Stil andere Personen sehr stark. Sie halten sich selbst an die Regeln und fordern von anderen Personen, dass sie es ebenfalls tun. Wenn andere Menschen dieser Erwartung nicht entsprechen, werden sie kritisiert und eventuell bestraft. Als Legitimation für die Forderung und die eventuelle Bestrafung dient dabei ein starkes moralisches Prinzip. Dieses Verhalten führt kurzfristig oft dazu, dass sich andere Personen unterordnen und sich moralisch belehren lassen, was ja auch eine befreiende Wirkung haben kann, da man sich nicht zu rechtfertigen braucht, wenn man sich an allgemein verbindliche Regeln hält.

Sobald sich andere Personen unterordnen, erkennen sie die moralische Überlegenheit der gewissenhaften Person an, was diese natürlich auch bemerkt. Dadurch fühlt sich die gewissenhafte Person legitimiert, weiterhin die Regeln, auch immer engere Regeln für andere Personen zu definieren. In der Langfristbetrachtung führt dies jedoch dazu, dass

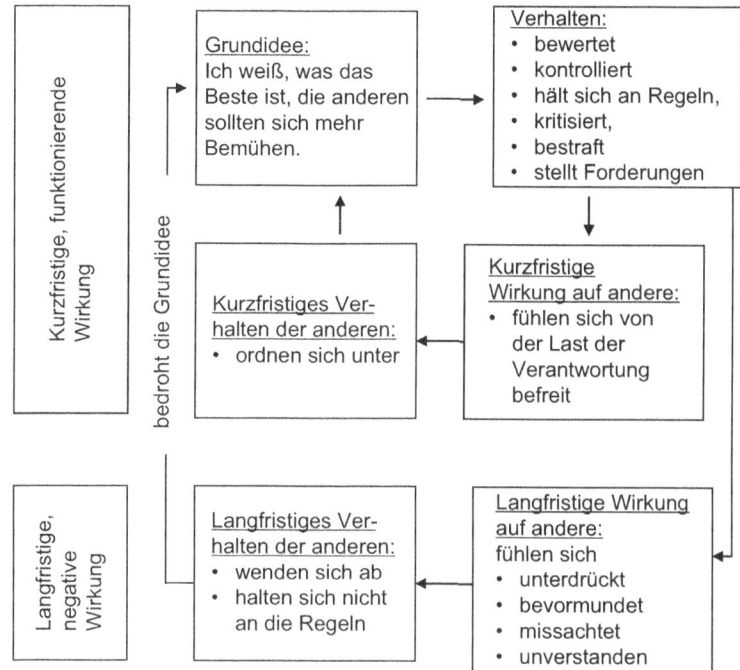

Abb. 7.11 Das gewissenhafte Kalkül

die anderen Personen sich unterdrückt, bevormundet, missachtet, unverstanden fühlen und sich nicht mehr an die Regeln und Prinzipien halten, sondern gegen diese verstoßen. Dies bedroht dann natürlich wieder die Grundidee der sehr gewissenhaften Person und aktiviert ihre Grundangst. Das Verhalten der anderen Personen wird für sie unkontrollierbar. Sie versucht, mit Kontrolle zu reagieren und der ganze Prozess läuft erneut an (s. Abb. 7.11).

7.3.3.4 Abgrenzung zu anderen Stilen

Sowohl beim selbstbezogenen als auch beim gewissenhaften Stil spielen Regeln eine große Rolle, sie haben jedoch unterschiedliche Funktionen: Die Regeln beim selbstbezogenen Stil sind auf die Person bezogen, beim gewissenhaften Stil sind sie dagegen universell. Der Selbstbezogene ist der „Regelsetzer", der Gewissenhafte der „Erste Regelbefolger". Der Selbstbezogene leitet die Regeln aus seinen eigenen Bedürfnissen ab, der Gewissenhafte aus allgemeinen Normen. Der Selbstbezogene kann seine Regeln kaum allgemein begründen, der gewissenhafte dagegen schon. Der Selbstbezogene hat eher die Rolle Gottes (der die Regeln macht), der Gewissenhafte eher die Rolle des Moses (der die gegebenen Regeln verkündet und exekutiert).

7.3.3.5 Gewissenhafter Verhaltens- und Kommunikationsstil und Burnout

Für Personen mit einem gewissenhaften Verhaltens- und Kommunikationsstil gibt es spezifische Burnout-Quellen.

7.3.3.5.1 Wenn Sie selbst gewissenhaft sind

Menschen mit einem sehr gewissenhaften Verhaltens- und Kommunikationsstil haben gute Voraussetzungen für eine berufliche Entwicklung. Schon der Volksmund sagt: „Wer keine Fehler macht, wird befördert." Menschen mit einem gewissenhaften Stil streben geradezu danach, keine Fehler zu machen, was ja auch prinzipiell sehr positiv zu werten ist. Es gibt damit jedoch auch Probleme, die speziell bei einer Beförderung entstehen können. Erstens wächst die Arbeitsquantität dabei in aller Regel an und verursacht dadurch erhöhte Belastungen. Das ist jedoch nicht das zentrale Problem, denn für einen gewissenhaften Menschen, für den die Pflichterfüllung zentral ist, ist es selbstredend, dass er seiner Pflicht nachkommt und auch das größere Pensum akribisch abarbeitet. Weitaus schwieriger ist ein anderer Punkt: Mit jeder Beförderung steigt die Zahl der potenziellen Unsicherheitsquellen an. Man ist plötzlich für mehrere Menschen verantwortlich, die man jedoch nicht effizient kontrollieren kann. Zusätzlich wird man mit jeder weiteren Beförderung mit immer neuen Sachgebieten betraut, die man nicht mehr im Detail verstehen kann. Man ist plötzlich mit Aufgaben betraut, über die man notwendigerweise die detaillierte Kontrolle nicht haben kann, auch nicht durch den Einsatz von mehr Zeit und Energie.

Das alles kann dazu führen, dass das, was als eine Belohnung für die gewissenhafte Person gedacht war, zu einer permanenten Quelle der Angstauslösung in Form von Unsicherheit und Unkontrollierbarkeit wird. Dies ist jedoch genau der Auslöser für die Zentrale Angst der Menschen mit einem sehr gewissenhaften Stil. Noch ein weiterer Sachverhalt kann eine Beförderung – zumindest über eine gewisse Ebene hinaus – problematisch werden lassen: Ab einer gewissen Ebene ändern sich die Anforderungen (vgl. Kap. 5). Es geht dann nicht mehr vorrangig um eine präzise Umsetzung von Regeln, sondern um die Generierung von Regeln. In der Analogie gesprochen muss man die Rolle des Moses verlassen und die gottähnliche Rolle annehmen. Diese Rolle ist für Menschen mit einem sehr gewissenhaften Verhaltens- und Kommunikationsstil jedoch weniger geeignet, da es in dieser Rolle oft nichts gibt, „an das man sich halten kann", das Orientierung bietet. Menschen mit diesem Stil sind daher in mittleren Führungsebenen gut aufgehoben. Das Überschreiten einer gewissen Ebene wird schnell zur massiven Bedrohung. Die frühere Erfolgsstrategie wird dann zur Bedrohung. Der Level, ab dem dieser Umkehreffekt zu wirken beginnt, hängt natürlich auch vom jeweiligen Fachgebiet ab. Ein Revisor mit einem sehr gewissenhaften Stil wird sicher auch auf höherer Ebene erfolgreich sein können, als eine Führungskraft in der Strategieentwicklung.

Das Thema Delegation stellt eine weitere Stressquelle für gewissenhafte Personen dar. Letztendlich geht es gewissenhaften Personen darum, die Kontrolle über das Geschehen zu behalten. Eine Delegation von Aufgaben würde aber eben genau dieser Intention widersprechen, da durch die Delegation ein gewisses Maß an Kontrolle abgegeben werden müsste. Es besteht zusätzlich dazu auch die Tendenz, sich zu sehr im Detail zu verlieren und den Überblick nicht mehr behalten zu können. Durch diese Mechanismen besteht beim gewissenhaften Stil eine große Gefahr des Burnouts und zwar besonders dann, wenn die Person erfolgreich ist.

Perfektionismus ist das Gegenteil von Vollständigkeit. Wer perfekt sein will, kann oder will das Erreichbare nicht vom Nichterreichbaren unterscheiden. Die altbekannte Pareto-Regel heißt: Mit etwa 20 % des Einsatzes kann man ca. 80 % der maximal möglichen Leistung erzielen. Für die noch fehlenden 20 % benötigt eine sehr gewissenhafte Person 80 % der Energie, dieser energetische Aufwand stellt eine effiziente Basis für Erschöpfung und Burnout dar.

Bei diesem Verhaltens- und Kommunikationsstil zeigt sich sehr deutlich die Subjektivität von Stressoren. Das Zentrale Bedürfnis einer gewissenhaften Person ist das der Kontrolle über die Arbeit. Eine ständige Erreichbarkeit auch in der Freizeit oder im Urlaub kann unter Umständen dieses Kontrollbedürfnis unterstützen bzw. das Fehlen dieser Kontrollmöglichkeiten könnte einen Kontrollverlust bedeuten. Für eine Person, die dieses Kontrollbedürfnis nicht hat, kann dagegen die ständige Erreichbarkeit einen Stressor darstellen. Stressoren sind eben sehr subjektiv!

7.3.3.5.2 Wenn Ihr Vorgesetzter einen gewissenhaften Verhaltens- und Kommunikationsstil besitzt

Ein Vorgesetzter mit einem gewissenhaften Verhaltens- und Kommunikationsstil wird seinen Mitarbeitern nur wenige Freiheiten lassen, was die Arbeitsinhalte und die Art der Arbeitsausführung betrifft. Er wird die Tendenz haben, alle relevanten Themen selbst zu bearbeiten, und für ihn sind fast alle Themen relevant. Eine Delegation wird nur in sehr begrenztem Rahmen stattfinden, da diese dem Kontrollbedürfnis des Vorgesetzten entgegenstehen würde. Hier würden wie auch immer geartete Führungstrainings zum Thema Delegation wenig bewirken können. Einer Delegation stehen besonders Einstellungen entgegen wie: „Als Führungskraft muss man über jedes Detail Bescheid wissen", „Was mir die Mitarbeiter vorlegen, kann ich so nicht weitergeben, ich muss dem Material den letzten Schliff geben" oder „Man muss immer die 100 %-Lösung anstreben".

Diskussionen über die Herangehensweise an Aufgaben werden mit einem solchen Vorgesetzten ziemlich sinnlos sein. Sie müssen daher diesen Arbeits- und Führungsstil entweder akzeptieren oder die Führungssituation verlassen.

7.3.4 Der im Zweifelsfalle eher zu lässig-kritische Verhaltens- und Kommunikationsstil

Gegenstand der nächsten Beschreibung ist der lässig-kritische oder auch mürrische, negativistische, sich verweigernde Verhaltens- und Kommunikationsstil. Charakteristisch für diesen Stil ist seine Zweigeteiltheit, wie sie auch schon in dem Begriff „lässig-kritisch" anklingt. Welcher der beiden Teilstile dominant ist, hängt davon ab, ob sich die entsprechende Person in ihrer Freiheit eigenschränkt fühlt. Ist dies der Fall, so wird die kritische Komponente in den Vordergrund rücken.

7.3.4.1 Allgemeine Beschreibung des kritischen Stils

Menschen mit einem lässig-kritischen Verhaltens- und Kommunikationsstil folgen den Regeln und erfüllen ihre Verantwortlichkeiten und Pflichten. Sobald dieses definierte Soll jedoch abgeleistet ist, lassen sie sich von keiner Institution oder Person daran hindern, ihr eigentliches Lebensziel zu verfolgen, nämlich ihr persönliches Glück zu suchen. Das Zentrale Bedürfnis dabei ist es, das zu tun, was sie wollen. Sobald sie diese Freiheit bedroht sehen, wandelt sich der lässige Stil in den kritischen – die persönliche Freiheit wird dann nachhaltig verteidigt.

Menschen mit diesem Stil glauben an ihr Recht, es sich gut gehen zu lassen. Sie sind damit einverstanden, die Arbeit nach den geltenden Regeln zu verrichten. Sie liefern ab, was von ihnen erwartet wird – aber auch nicht mehr. Sie rechnen damit, dass auch die Personen in ihrem Umfeld diese Grenzen respektieren. Sich abzugrenzen und sich nicht ausnutzen zu lassen, fällt Menschen mit diesem Verhaltens- und Kommunikationsstil eher leicht. Von Autoritäten lassen sie sich nicht einschüchtern. Die Frage der Legitimation von Autorität und Führung (vgl. Abschn. 8.3) stellt sich bei diesen Menschen besonders intensiv, da sie Autorität und Führung generell zunächst einmal ablehnen.

Innerhalb sozialer Systeme (z. B. in Organisationen) können sie gut funktionieren. Anders als z. B. gewissenhafte Menschen tragen sie jedoch keine allzu großen selbstkritischen Lasten mit sich herum. Wenn die Verpflichtungen erfüllt sind, wenden sie sich dem zu, was für sie am wichtigsten ist, der Verfolgung des eigenen Wohlergehens, wie z. B. durch Sport, Kunst, Entspannung, politischem Engagement, Lesen, Natur etc. Im Gegensatz zu selbstbezogenen Menschen haben lässig-kritische Menschen nicht das Selbstbild, dass sie etwas Besonderes sind. Sie fühlen sich eher als ein Rad im Getriebe, aber als ein glückliches Rad. Sie müssen eine Rolle spielen, eine Arbeit tun, eine Leistung erbringen, aber sie lassen sich von niemandem zum Sklaven machen und übernehmen die Werte anderer Personen oder Institutionen nur sehr bedingt.

Gute Beziehungen werden zwar geschätzt, sie werden aber nicht eingesetzt, um anderen Personen zu gefallen. Beziehungen zu selbstbezogenen oder zu gewissenhaften Menschen sind eher schwierig, da diese genau das fordern: ihnen zu gefallen oder sie wenigstens als Vertreter eines Systems zu akzeptieren. Auf die eigene Karriere verwenden lässig-kritische Menschen wenig Aktivität, da die Symbole und Insignien einer beruflichen Position für ihren Selbstwert relativ irrelevant sind. Sie fühlen sich auch ohne solche von außen sichtbaren Signale als vollkommen in Ordnung. Eben diese den lässig-kritischen Menschen innewohnende Selbstzufriedenheit ist für selbstbezogene Menschen in der Regel ein Problem, oftmals geradezu eine Provokation, da sie diese Selbstzufriedenheit selbst nicht besitzen. Berufliches Vorwärtskommen ist nicht so wichtig, die Opfer an Zeit und Energie erscheinen lässig-kritischen Menschen dafür zu hoch.

Lässig-kritische Menschen arbeiten nicht für Ehre und Rum, sondern für ihre Sicherheit, dafür, dass sie ihre Vergnügungen finanzieren können oder auch zum Spaß. Sie arbeiten gut, nehmen aber keine Arbeit mit nach Hause. Sie sind gefühlsmäßig sehr ausgeglichen, außer wenn sie dazu angetrieben werden, mehr zu tun, als sie für recht und billig halten, oder wenn jemand sie dazu drängt, ihre Prioritäten zu ändern. Dies sind die Hauptursachen für Stress bei einem lässig-kritischen Menschen. Sie reagieren dann mit massivem Widerstand.

Beschreibung des kritischen Anteils des lässig-kritischen Verhaltens- und Kommu-nikationsstils

Sobald sich eine lässig-kritische Person in ihrer Freiheit eingeschränkt fühlt, wird sie sich zunehmend „kritisch" verhalten. Dieser kritische Anteil wird nachfolgend beschrieben.

Personen mit einem kritischen Stil verhalten sich dann in der Kommunikation ähnlich wie Personen mit dem anhänglichen Stil, sie wirken sehr kooperativ. Auf diese kooperativen Worte folgen jedoch im Gegensatz zu Personen mit einem kooperativen Stil keine Taten. Auf der Ebene der Handlungen widersprechen sie dann oft geradezu dem, was sie sagen. Dieser Stil wird auch als der „Ja-aber-Stil" bezeichnet. Kritik an anderen Personen äußern sie selten offen, sondern bringen diese eher passiv in ihren Handlungen zum Ausdruck. Daher sind diese Personen für ihre Umwelt schlecht einschätzbar. Oftmals lässt auch die Umwelt keine direkte und offene Äußerung von Kritik zu. Typisch für dieses Verhaltensmuster ist die Unterscheidung in vordergründige und untergründige Verhaltensweisen. Die vordergründigen Verhaltensweisen sind dabei stets positiv, sie signalisieren Kooperation. Eben diese Kooperation wird dann jedoch untergründig mit sehr vielen, eher negativ bewerteten Verhaltensweisen sabotiert. So lange eine solche Person im Face-to-Face-Kontakt ist, ist sie kooperativ, sobald sich diese Konstellation jedoch ändert, handelt sie oftmals genau entgegengesetzt.

Für diesen Stil ist es schwieriger, die als positiv und als negativ bewerteten Verhaltensbeschreibungen aufzulisten, denn bei diesem Stil ist die Aufteilung in vordergründige (eher positive) und untergründige (eher negative) Verhaltensweisen und der Unterschied zwischen Reden und Tun wichtiger.

Vordergründig eher als positiv bewertete Verhaltensweisen (reden)

Menschen mit einem kritischen Stil zeigen im direkten Kontakt und auf der verbalen Ebene folgende, eher als positiv bewertete Kommunikationsweisen, sie

- sind kooperativ,
- sind verlässlich,
- sind kooperativ,
- man muss nicht mit ihnen streiten,
- können sich anpassen,
- sind zu allem ansprechbar.

Untergründig eher als negativ bewertete Verhaltensweisen (handeln)

Längerfristig und im Handeln zeigen Menschen mit diesem Stil jedoch die eher als negativ bewerteten Verhaltensweisen, sie

- führen Verzögerungsmanöver durch;
- werden leicht ungehalten, wenn sie etwas tun sollen, was sie nicht möchten;
- sabotieren die Arbeit;
- beschweren sich, dass andere Forderungen stellen;

- „vergessen" ihre Verpflichtungen;
- nehmen auch nützliche Ratschläge übel;
- behindern die Bemühungen anderer;
- reagieren negativ auf Autoritätspersonen;
- kritisieren diejenigen, von denen sie abhängig sind;
- werden leicht wütend, wenn man von ihnen „zu viel" verlangt;
- unternehmen Handlungen, die verwirren;
- lassen andere oft in Fallen laufen;
- versuchen, unberechenbar zu sein;
- zeigen oft Skepsis und Zynismus;
- haben immer ein „Aber" parat;
- haben eine geringe Frustrationstoleranz;
- empfinden Forderungen leicht als Übergriffe;
- rebellieren unterschwellig;
- handeln stark mikropolitisch.

7.3.4.2 Eine Analogie

Man kann sich Menschen mit diesem bevorzugten Verhaltens- und Kommunikations-stil als Schauspieler vorstellen, die so tun, als seien sie sehr kooperativ (s. Abb. 7.12).

Abb. 7.12 Das „Schauspiel" des kritischen Verhaltens- und Kommunikationsstils

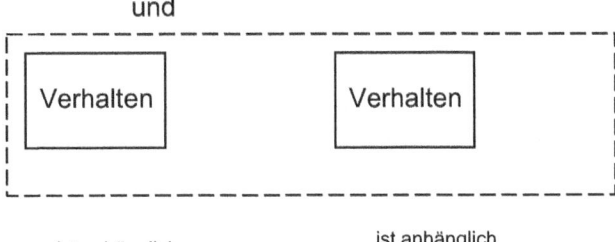

Anhänglich   Kritisch

Erleben

und

Verhalten   Verhalten

ist anhänglich   ist anhänglich

Erleben

ist nicht
anhänglich

In Wirklichkeit haben sie aber eher eine selbstbezogene Sichtwiese der Welt, die sie allerdings weitgehend hinter der Fassade der öffentlich zur Schau getragenen Kooperation verbergen. Der kooperative Stil ist dabei im Gegensatz zum tatsächlich anhänglichen Stil (vgl. Abschn. 5.1.6) nicht das Endziel, sondern ein Mittel zum Zweck.

7.3.4.3 Das psychologische Kalkül dieses Stils

Die zentrale Angst besteht bei diesem Stil darin, durch aktive und offene Aggression die Chance auf Akzeptanz zu verlieren bzw. dadurch in der eigenen Autonomie bedroht zu werden. Das Zentrale Bedürfnis ist, einerseits sozial akzeptiert zu sein, andererseits jedoch die Selbstbestimmung zu behalten und sich nicht Akzeptanz durch Unterordnung zu erkaufen.

7.3.4.4 Der Teufelskreis dieser Strategie

Die Grundidee, dass man am besten eher untergründig in Opposition geht, führt dazu, dass zunächst kooperiert wird. Die Interaktionspartner fühlen sich dadurch sicher und gehen davon aus, dass der geäußerte Wille zur Kooperation auch ernst gemeint ist. Dadurch verschaffen sich Menschen mit einem lässig-kritischen Stil Freiräume, da die anderen Personen fälschlicherweise davon ausgehen, dass ja „alles läuft". In Wirklichkeit läuft jedoch gar nichts, was sich aber erst zu einem späteren Zeitpunkt offenbart.

Das erste Mal wird der Interaktionspartner diesen Umstand vielleicht noch mit einem Zufall erklären. Kommt dies mehrmals vor, fühlt er sich hintergangen und ausgetrickst. Je öfter er diese Situation erlebt, desto mehr geht er davon aus, dass letztendlich keine Kooperation erfolgt, obwohl diese verbal geäußert wurde. Er wird nun versuchen, die entsprechenden Personen durch Manipulationen doch noch dazu zu bringen, mit ihm zu kooperieren. Er wird dies jedoch zunehmend verdeckt und trickreich tun, weil er ja erlebt hat, dass „der gerade Weg" nicht zum Ziel führt. Dieses Verhalten entspricht jedoch wiederum genau der Zentralen Angst der Person mit dem kritischen Stil. Sie fühlt sich in ihrer Autonomie bedroht und versucht, auf ihre eigene Art und Weise, nämlich durch verbale Kooperation und Sabotieren in der Handlung, ihren bedrohten Freiraum zurückzugewinnen. Das Karussell setzt sich in Bewegung (s. Abb. 7.13).

7.3.4.5 Menschen mit einem kritischen Verhaltens- und Kommunikationsstil und Burnout

Besonders häufig sind kritische Verhaltens- und Kommunikationsstile im Berufsleben und dort besonders in großen Organisationen anzutreffen. Es ist ja geradezu ein Merkmal von Organisationen, dass es notwendig ist, sich selbst Freiräume innerhalb der Organisation zu schaffen. In der Regel erfolgt dies mit den Mitteln der Mikropolitik (vgl. Kap. 9). Die Anwendung mikropolitischer Strategien begünstigt somit die Entstehung und Verstärkung dieses Verhaltens- und Kommunikationsstils. Wenn man nun als Vorgesetzter oder auch als Kollege Menschen mit dem kritischen Stil in seiner Umgebung hat und auf deren Kooperation angewiesen ist, hat man einige Probleme. Man wird in jeder Besprechung die Versicherung erhalten, das alles erledigt wird, was gefordert ist. Sobald jedoch der

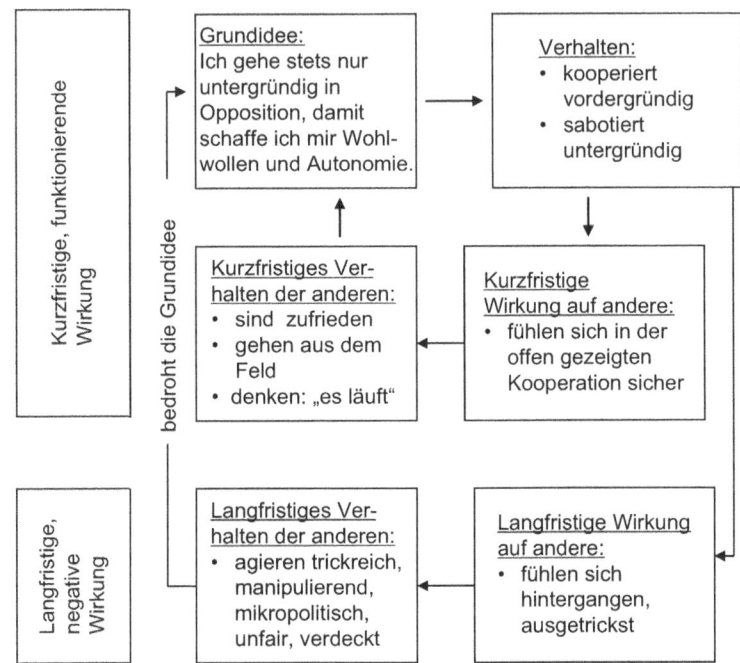

Abb. 7.13 Das kritische Kalkül

Besprechungsraum verlassen wird, ist der (niemals ernst gemeinte) fromme Wunsch zur Kooperation auch schon vergessen.

7.3.4.5.1 Wenn Sie selbst einen lässig-kritischen Verhaltens- und Kommunikationsstil besitzen

In der Kurzfristbetrachtung wird es sicher möglich sein, sich mit einem lässig-kritischen Verhaltens- und Kooperationsstil Vorteile innerhalb einer Organisation in Form von Freiheiten zu verschaffen. Langfristig hingegen werden Vorgesetzte und Kollegen den Unterschied zwischen der verbal geäußerten Kooperation und der verhaltensmäßigen Opposition erkennen und darauf mit vermehrten Kontrollanstrengungen reagieren, also mit genau dem Verhalten, das Menschen mit einem eher kritischen Verhaltens- und Kommunikationsstil vermeiden wollen.

7.3.4.5.2 Wenn Ihr Vorgesetzter einen lässig-kritischen Verhaltens- und Kommunikationsstil besitzt

In einer solchen Konstellation kann sich der Mitarbeiter nicht auf die Zusagen des Vorgesetzten verlassen. Er muss stattdessen immer damit rechnen, dass verbale Zusagen relativiert werden. Ein solcher Vorgesetzter ist für seine Mitarbeiter schwer berechenbar. Diese potenzielle Inkonsistenz zwischen Sagen und Tun wirkt auf die Mitarbeiter als Stressor.

7.3.5   Der im Zweifelsfalle eher zu rational-distanzierte Verhaltens- und Kommunikationsstil

Ein weiterer, für unser Thema relevanter Verhaltens- und Kommunikationsstil ist der rational-distanzierte oder auch eigenbrötlerische, emotionsfreie Verhaltens- und Kommunikationsstil.

7.3.5.1   Allgemeine Beschreibung

Menschen mit einem rational-distanzierten Stil wollen ihren Mitmenschen nicht zu nahe kommen. Die Grenzen des eigenen Hoheitsgebietes sind eher nach vorn verlegt – eine unsichtbare Wand sorgt dafür, dass der gebührende Abstand gewahrt bleibt. In der Kommunikation wird Distanz geschaffen, was oft von anderen Menschen als Arroganz missverstanden wird. Das Motto dieses Stils lautet: „Die Klugheit gebietet es, die Dinge nüchtern und ohne Emotionen zu betrachten."

Positiv bewertete Verhaltensweisen
Menschen mit einem rational-distanzierten Verhaltens- und Kommunikationsstil zeigen folgende Verhaltensweisen, die von anderen Menschen in der Regel als positiv bewertet werden, sie

- bewahren auch in schwierigen Situationen einen kühlen Kopf;
- geraten als Vorgesetzte nicht in eine Rollenkonfusion zwischen Mitarbeiter- und Sachorientierung;
- können in entscheidenden Situationen „Nein" sagen;
- erliegen nicht kollegialer Harmonie;
- haben eine hoch entwickelte Sachwahrnehmung;
- pflegen den Umgangsstil der Berufswelt;
- wahren rollengemäße Distanz;
- haben das Motto: „Man hat sich die Kollegen nicht ausgesucht, man muss aber mit ihnen zusammenarbeiten";
- sorgen für sich selbst;
- bleiben niemandem etwas schuldig;
- sind niemandem zu Dank verpflichtet;
- haben eine förmliche Art;
- zeigen das eher für Männer übliche Kontaktmuster.

Negativ bewertete Verhaltensweisen
Menschen mit einem rational-distanzierten Verhaltens- und Kommunikationsstil zeigen folgende Verhaltensweisen, die von anderen Menschen in der Regel als negativ bewertet werden, sie

- sind eher verschlossen;
- werden oft fälschlicherweise als arrogant und abweisend wahrgenommen;

- geben den Interaktionspartnern oft das Gefühl nicht gemocht zu werden;
- haben eine eher gering entwickelte Beziehungswahrnehmung;
- werden schnell nervös, wenn man ihnen „auf die Pelle rückt";
- benutzen eine Sprache, die auf „Gefühlsersparnis" ausgelegt ist;
- vermitteln nach außen leicht den Eindruck, dass sie wenig berührbar wären, wenig Gefühl hätten;
- vermitteln das Gefühl: „Großer Kopf, Herz aus Stein";
- sind ungeübt im nahen Kontakt;
- reagieren auf die Frage: „Wie fühlen Sie sich gerade?" verärgert.

7.3.5.2 Das psychologische Kalkül des rational-distanzierten Stils

Die Zentrale Angst besteht bei diesem Stil darin, in eine zu starke emotionale Abhängigkeit von anderen Menschen zu geraten, sodass dabei das Zentrale Bedürfnis nach Selbstbestimmung und Autonomie in Gefahr gerät.

7.3.5.3 Der Teufelskreis des rational-distanzierten Stils

Die Grundidee besteht darin, sich von zu viel Emotion und zu großer Nähe in Beziehungen fernzuhalten. Das geschieht dadurch, dass man anderen Menschen gegenüber eher abweisend, distanziert, muffig, reserviert, kühl ist. Dieses Verhalten führt bei anderen Personen dazu, dass diese sich leicht gekränkt, vor den Kopf gestoßen, abgelehnt fühlen. Das kann bei den anderen Menschen zu zwei Reaktionsarten führen: Es ist erstens denkbar, dass sie umso mehr versuchen, mit einem eher rational-distanzierten Menschen in Kontakt zu kommen, indem sie ihre Bemühungen intensivieren und „mit Engelszungen" auf die Person einreden. Zweitens ist denkbar, dass sie über das eher distanzierte Verhalten verwundert, vielleicht sogar verärgert sind und mit offener Ablehnung reagieren.

Egal, welche Reaktion auftritt, sie ist auf jeden Fall sehr emotional, und damit genau das, was der rational-distanzierte Mensch vermeiden möchte. Die andere Person wird daraufhin wahrscheinlich zunächst versuchen, ihr Verhalten zu intensivieren, erzeugt jedoch dadurch erneut nur Distanzierungsreaktionen und wird sich irgendwann frustriert abwenden. Das bestätigt die Grundthese des rational-distanzierten Stils, nämlich, dass andere Menschen eher feindselig und abweisend sind (s. Abb. 7.14).

7.3.6 Menschen mit einem rational-distanzierte Verhaltens- und Kommunikationsstil und Burnout

Der rational-distanzierte Verhaltensstil ist typisch für die Berufswelt. Er entspricht dem förmlichen Umgang, der häufig im beruflichen Umfeld vorherrscht.

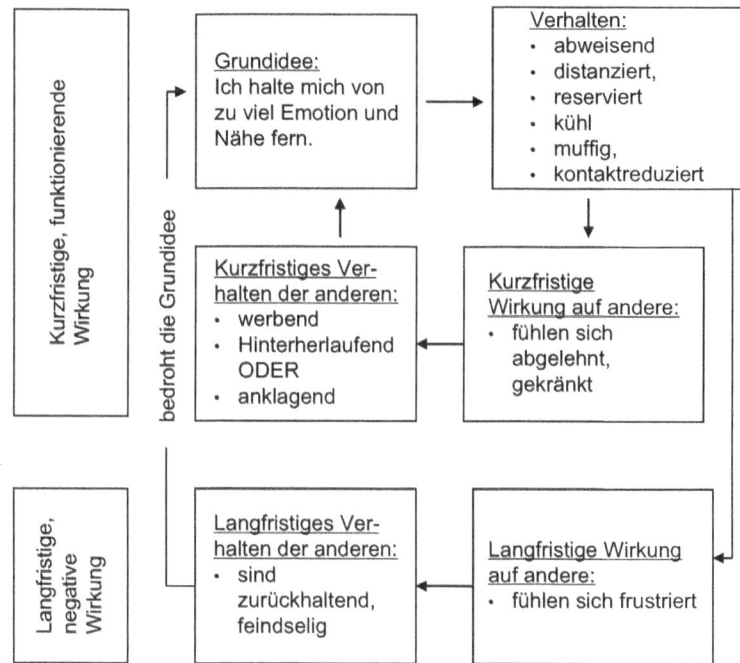

Abb. 7.14 Das rational-distanzierte Kalkül

7.3.6.1 Wenn Sie selbst einen rational-distanzierten Verhaltens- und Kommunikationsstil besitzen

Aufgaben, die einen engeren Kontakt mit anderen Menschen oder ein schnelles Eingehen auf verschiedene Menschen erfordern, werden als Stressoren erlebt. Das Vermeiden solcher Aufgaben kann dem (potenziellen) Interaktionspartner leicht das (falsche) Gefühl der Arroganz vermitteln und zu entsprechend feindseligem Verhalten führen.

7.3.6.2 Wenn Sie einen rational-distanzierten Vorgesetzten haben

Die Sachorientierung herrscht bei diesem Stil vor. In der Vorgesetztenrolle sollte jedoch zusätzlich zur Sachorientierung auch noch die Personenorientierung hinzukommen, um tatsächlich in dieser Rolle erfolgreich zu sein. Bei der Sach- und der Personenorientierung handelt es sich nämlich um die Grunddimensionen der Führung (vgl. z. B. Blake und Mouton 1964). Ein Vorgesetzter mit einem rational-distanzierten Stil wird sich im Zweifelsfall eher für den Sachaspekt eines Problems interessieren als für den zwischenmenschlichen Aspekt. Ein Großteil der Probleme im Bereich der Führung sind jedoch zwischenmenschliche Probleme. Dies führt dazu, dass der Vorgesetzte der sozialen Dimension der Arbeitsverrichtung im Führungshandeln zu wenig Raum gewährt. Der Versuch, diesen Teil der Realität möglichst auszuklammern, wird regelmäßig scheitern müssen.

7.3.7 Der im Zweifelsfalle eher zu kooperative Verhaltens- und Kommunikationsstil

Der sechste Verhaltens- und Kommunikationsstil ist der kooperative Verhaltens- und Kommunikationsstil, den man auch nachgiebig, anhänglich oder bedürftig nennen kann.

7.3.7.1 Allgemeine Beschreibung

Menschen mit einem eher anhänglichen Verhaltens- und Kommunikationsstil haben sich ganz den Beziehungen zu den für sie relevanten Menschen verschrieben. Ihr Leben wird dadurch lebenswert, dass sie sich um andere Menschen kümmern. Sie legen höchsten Wert auf dauerhafte Beziehungen, bemühen sich, die Beziehungen aufrechtzuerhalten und sind dabei loyal, hilfsbereit und fürsorglich. Da sie um Harmonie bemüht sind, neigen sie zu höflichem und taktvollem Verhalten, widersprechen wenig und fallen durch besondere Rücksichtnahme auf. Sie ziehen die Gesellschaft anderer Menschen dem Alleinsein vor. Sie möchten eher folgen als führen, sind kooperativ und bemühen sich, ihr Verhalten zu ändern, wenn sie kritisiert werden.

Menschen mit diesem bevorzugten Verhaltens- und Kommunikationsstil lassen sich schlagwortartig beschreiben durch

- die Unterordnung eigener Bedürfnisse gegenüber denen anderer Personen, zu denen eine Abhängigkeit besteht;
- die Ermunterung anderer Personen, wichtige Entscheidungen zu fällen, die sie selbst betreffen;
- die geringe Bereitschaft, gegenüber Personen, von denen sie abhängig sind, eigene Wünsche zu äußern;
- eine übertriebene Angst, nicht für sich allein sorgen zu können;
- ein häufiges Beschäftigtsein mit der Furcht, verlassen zu werden;
- die Orientierung von Alltagsentscheidungen an anderen Personen;
- die Dominanz von Beziehungen;
- die Hauptaufgabe, den wichtigen Bezugspersonen zu gefallen;
- die Tendenz, den Partner „auf ein Podest" zu stellen;
- das Ernstnehmen von Kritik und die Besserungswilligkeit;
- die gefühlte Verantwortung für Missstände und Schwierigkeiten;
- die Sichtweise, Schwierigkeiten in Beziehungen seien purer Stress;
- das Nichtäußern negativer Stimmungen;
- das maximal indirekte Benennen von Wut;
- eine geringe Impulsivität und eine hohe Selbstbeherrschung;
- das Fehlen von Konkurrenzverhalten;
- das Entstehen von Stress, wenn sie aufgrund guter Arbeit befördert werden und dann Entscheidungen treffen müssen.

Positiv bewertete Verhaltensweisen

Menschen mit einem kooperativen Verhaltens- und Kommunikationsstil zeigen folgende
Verhaltensweisen, die von anderen Menschen in der Regel als positiv bewertet werden.
Sie

- kümmern sich stark um andere Personen;
- legen großen Wert auf dauerhafte Beziehungen;
- sind loyal, hilfsbereit und fürsorglich;
- sind um Harmonie bemüht;
- neigen zu höflichem, taktvollen Verhalten;
- widersprechen selten;
- sind rücksichtsvoll;
- möchten eher folgen als führen;
- sind kooperativ;
- bemühen sich, ihr Verhalten zu ändern, wenn sie kritisiert werden;
- zeigen wenig Feindseligkeit;
- sind „soft" im Verhalten;
- geben dem anderen das Gefühl stark, kompetent, überlegen zu sein.

Negativ bewertete Verhaltensweisen

Menschen mit einem kooperativen Verhaltens- und Kommunikationsstil zeigen folgende
Verhaltensweisen, die von anderen Menschen in der Regel als negativ bewertet werden.
Sie

- benötigen oft ausgiebige Ratschläge von anderen Personen;
- sind bei der Organisation wichtiger Lebensbereiche von anderen Personen
- abhängig;
- haben schnell Angst, die Unterstützung anderer zu verlieren;
- treiben viel Aufwand, um die Unterstützung anderer zu gewinnen und zu
- erhalten;
- sind sich sicher, dass andere Menschen vieles besser können;
- gehen schnell wieder eine Beziehung ein, wenn eine endet;
- haben Angst davor, allein gelassen zu werden, auch wenn kein spezieller Grund dafür
  besteht;
- übertragen gerne Entscheidungen auf andere;
- zeigen eher weniger Eigeninitiative;
- schätzen Beziehungen oft positiver ein, als diese sind.

7.3.7.2 Das psychologische Kalkül des kooperativen Stils

Menschen mit einem im Zweifelsfall eher zu kooperativen Verhaltens- und Kommunikationsstil werden von der Zentralen Angst gesteuert, verlassen zu werden, nicht mehr
gemocht zu werden. Um diese Angst zu vermeiden, haben sie das Zentrale Bedürfnis

danach, Wertschätzung von anderen Menschen zu erfahren, und tun vieles, um für andere
Menschen wichtig zu sein.

7.3.7.3 Der Teufelskreis des kooperativen Stils

Die Grundidee dieses Stils lautet: „Allein bin ich schwach und hilflos, ich brauche Unterstützung". Diese Grundidee führt dazu, dass sich Menschen mit diesem Stil stark an anderen Menschen orientieren, in Beziehungen eher passiv sind und den Wünschen anderer Menschen folgen. Dies führt bei anderen Menschen kurzfristig dazu, dass diese sich
überlegen, kompetent und wichtig fühlen. Sie sind dann ihrerseits kooperativ, da ja ihre
Wünsche erfüllt werden. Sie werden sich daher mit hoher Wahrscheinlichkeit fürsorglich
verhalten, die ihnen zugedachte Rolle ausfüllen und die Initiative übernehmen, eher zu-
packen als abwarten und damit das Zentrale Bedürfnis der Person wiederum mit einem
eher kooperativen Stil unterstützen.

Die Langfristbetrachtung sieht jedoch anders aus. Läuft die oben beschriebene Sequenz
oftmals ab, so werden es die anderen Personen mit einer gewissen Wahrscheinlichkeit bald
leid sein, sich um die andere Person kümmern zu müssen. Da es Zeit und Energie kostet,
sich um andere Menschen zu kümmern, werden sie sich irgendwann eingeengt und aus-
gelaugt fühlen und sich über die Person mit dem kooperativen Stil ärgern. Das wird dazu
führen, dass sie beginnen, sich aus der Beziehung zurückzuziehen, die Person mit dem kooperativen Stil kritisieren und alles tun, damit sie in Ruhe gelassen werden. Genau dieses
Verhalten jedoch aktiviert wiederum genau die Zentrale Angst der Person mit dem kooperativen Stil, nämlich allein zu sein, keine Unterstützung mehr zu erhalten (s. Abb. 7.15).

7.3.7.4 Menschen mit einem kooperativen Verhaltens- und Interaktionsstil
und Burnout

Die mit diesem Stil zu beschreibenden Personen sind auf den ersten Blick sehr pflege-
leichte Mitarbeiter. Sie werden die Anweisungen des Vorgesetzten willig ausführen, von
ihnen ist kein großer Widerstand zu erwarten, per definitionem sind sie ja kooperativ. Was
für die Interaktion mit dem Vorgesetzten gilt, trifft auch auf die Interaktion mit Kollegen
zu. Anders als z. B. bei Personen mit einem kritischen Stil kann man sich bei ihnen auf die
gegebenen Zusagen auch verlassen.

Mitarbeiter mit einem sehr kooperativen Stil werden eher weniger Eigeninitiative
zeigen. Bekleiden sie Positionen, in denen dies jedoch gefordert ist, kann es schwierig
werden. Schwache Vorgesetzte bevorzugen Mitarbeiter dieser Art, da sie ihnen die Füh-
rungsarbeit erleichtern. Diese Rechnung geht jedoch nur sehr selten längerfristig auf, da
längerfristig die Probleme überwiegen.

7.3.7.4.1 Wenn Sie selbst einen im Zweifelsfalle eher zu kooperativen Verhaltens-
und Kommunikationsstil besitzen

Bei diesem Stil besteht besonders die Gefahr der quantitativen Überlastung, da einer Person mit einem kooperativen Verhaltens- und Kommunikationsstil sehr daran gelegen ist,
den Erwartungen anderer wichtiger Menschen gerecht zu werden. Daher werden sie den

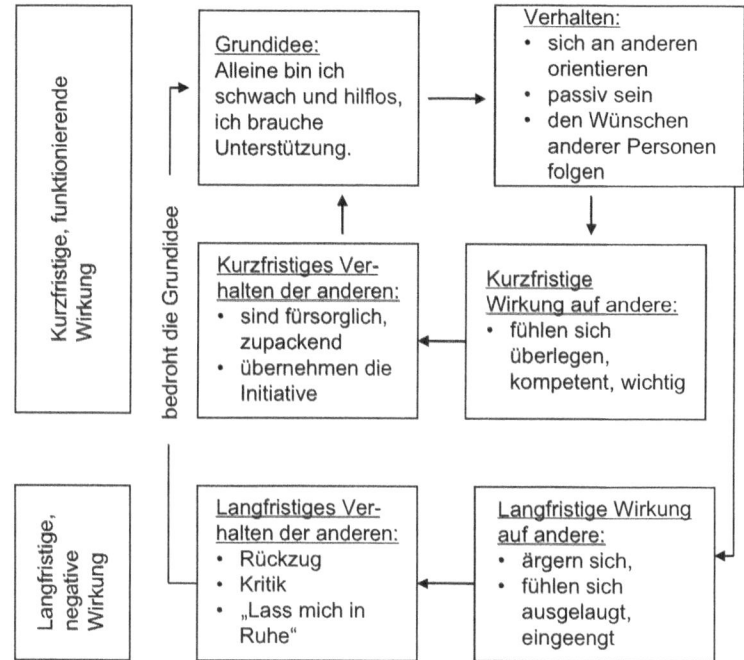

Abb. 7.15 Das kooperative Kalkül

Forderungen anderer Personen nachkommen und diese nicht ablehnen. Ein Vorgesetzter und auch die Kollegen werden diese Tendenz sehr schnell erkennen und sie ausnutzen, insbesondere dann, wenn sie selbst überlastet sind. Sollten sie dabei auf Widerstand stoßen, werden sie mit dem Appell an die gute Beziehung, dem Abbruch oder der Verschlechterung der Beziehung drohen. Diese Drohung ist bei Menschen mit einem kooperativen Stil besonders effektiv, und sie werden diesen Erpressungsversuchen eher nachgeben.

Somit sind diese Personen zweifach gefährdet: Sie haben von sich aus schon die Tendenz zur Unterstützung anderer Personen, und sie sind besonders empfänglich für Manipulationsversuche anderer Personen. Vorgesetzte werden bei der Vergabe zusätzlicher Aufgaben eher auf solche Personen zugreifen, bei denen sie weniger Widerstand erwarten und die die Arbeit auch tatsächlich gut ausführen. Hier bieten sich Personen mit einem kooperativen Stil geradezu an. Vorgesetzte und Kollegen erkennen sehr schnell, dass die Beziehung als Druckmittel eine effizientes Mittel darstellt, um kooperative Personen zur Übernahme von Arbeit zu bewegen.

7.3.7.4.2   Wenn Ihr Vorgesetzter einen zu kooperativen Verhaltens- und Kommunikationsstil besitzt

Wenn Personen mit einem kooperativen Verhaltens- und Kommunikationsstil in einer Führungsposition sind, kann dies leicht zu Problemen führen. In einer Führungsposition geht es ja darum, auf andere Menschen Einfluss zu nehmen und die Richtung vorzugeben. Eher kooperative Personen fühlen sich in dieser Rolle jedoch sehr unwohl, da sie lieber folgen als führen. Zudem besteht die Führungsrolle zu einem guten Teil darin, sich in Dilemmata zu befinden (vgl. Kap. 5), die prinzipiell nicht aufzulösen sind. Das führt dazu, dass Führende immer Spannungen aushalten müssen und es buchstäblich nie allen Mitarbeitern recht machen können. Eben diese Situation gilt es jedoch aus Sicht der kooperativen Person zu vermeiden. Daher sind sie selten in Führungspositionen anzutreffen. Es kommt oft zu einer effektiven Selbstselektion.

Personen mit einem sehr kooperativen Verhaltens- und Kommunikationsstil haben eher eine Führungsposition in einem inversen Machtsystem inne (vgl. Kap. 9). Wenn Sie sich in einem solchen inversen Machtsystem befinden und Ihr Vorgesetzter einen kooperativen Stil besitzt, kann diese Situation leicht zu einer Stress- und Burnout-Quelle werden. Der „eigentliche" Vorgesetzte ist in solchen Systemen nicht der direkte Vorgesetzte, sondern derjenige, der dieses inverse Machtsystem aufgebaut hat und die Vorteile daraus zieht. Das bedeutet, dass Ihr Vorgesetzter zwar der formale Ansprechpartner ist, dass es jedoch parallel dazu ein latentes Organigramm gibt, in dem der Vorgesetzte gar nicht auftaucht. Dies führt zu Konfusion. Es ist unklar, wer tatsächlich entscheidet. Zudem können die Entscheidungen des Vorgesetzten jederzeit durch die wirklich mächtigen Stellen wieder revidiert werden. Diese Intransparenz und Doppelbödigkeit kann ein gewaltiger Stressor sein. Zudem kann ein Machtsystem, das diese Art von Vorgesetzten hervorbringt, ein eigenständiger Stressor sein.

7.3.8   Der im Zweifelsfalle eher zu sensibel-vermeidende Verhaltens- und Kommunikationsstil

Der letzte hier beschriebene Verhaltens- und Kommunikationsstil ist der sensibel- vermeidende oder auch zurückhaltende, selbstkritische Verhaltens- und Kommunikationsstil.

7.3.8.1   Allgemeine Beschreibung

Menschen mit einem sensibel-vermeidenden Stil ziehen das Bekannte dem Unbekannten vor und können ihre Fähigkeiten dann entfalten, wenn ihnen die relevanten Menschen dabei vertraut sind. Sensibel-vermeidende Menschen lieben Gewohnheiten und Wiederholungen. Sie sind ihren engen Freunden tief verbunden. Im sozialen Umfeld achten Sie darauf, was andere Personen von ihnen denken, sind umsichtig und taktvoll. Sie verhalten sich liebenswürdig und beherrscht mit taktvoller Zurückhaltung.

Menschen mit diesem bevorzugten Verhaltens- und Kommunikationsstil lassen sich schlagwortartig beschreiben durch:

- das Suchen emotionaler Sicherheit, indem sie ihre eigene kleine Welt aufbauen;
- das Gefühl außerhalb der vertrauten Atmosphäre verwundbar, wie ein Fisch auf dem Trockenen zu sein;
- das Unbehagen in neuen Situationen;

- das Erforschen des Bekannten, nicht des Unbekannten;
- die Ausrichtung auf andere Menschen, deren Bestätigung sie brauchen, um sich wohl-zufühlen;
- ein Misstrauen eher den eigenen Fähigkeiten gegenüber als den Fähigkeiten anderer gegenüber;
- das Anstreben des Gefühls, einen guten Eindruck gemacht zu haben;
- ein offenes, spontanes Verhalten in vertrauter Umgebung;
- Stress, wenn sie mit etwas Unvertrautem (z. B. neuen Aufgaben) konfrontiert werden oder bei beruflichen Tätigkeiten, die immer neue Kontakte beinhalten.

Positiv bewertete Verhaltensweisen

Menschen mit einem sensibel-vermeidenden Verhaltens- und Kommunikationsstil zeigen folgende Verhaltensweisen, die von anderen Menschen in der Regel als positiv bewertet werden. Sie

- ziehen das Bekannte dem Unbekannten vor;
- können ihre Fähigkeiten dann entfalten, wenn ihnen die Menschen vertraut sind;
- lieben Gewohnheiten;
- sind mit ihrer Familie und ihren Freunden eng verbunden;
- legen Wert auf das, was andere Menschen von ihnen halten;
- sind umsichtig und taktvoll;
- fällen keine voreiligen Entscheidungen;
- verhalten sich beherrscht und höflich;
- haben eine hohe Fantasietätigkeit.

Negativ bewertete Verhaltensweisen

Menschen mit einem sensibel-vermeidenden Verhaltens- und Kommunikationsstil zeigen folgende Verhaltensweisen, die von anderen Menschen in der Regel als negativ bewertet werden. Sie

- sind überempfindlich gegenüber negativer Beurteilung durch andere Personen;
- haben Angst vor Kritik, Ablehnung, Zurückweisung;
- vermeiden oft berufliche Aufgaben, die viel mit Kontakten zu tun haben;
- sprechen selten über sich selbst;
- denken in sozialen Situationen oft daran, ob sie abgelehnt werden könnten;
- richten ihre Aufmerksamkeit stark auf andere Personen;
- sind eher schweigsam und zurückhaltend;
- befürchten, in sozialen Situationen zurückgewiesen zu werden;
- zeigen öfter Zeichen von Unsicherheit;
- vermeiden potenzielle Enttäuschungen;
- haben oft Selbstzweifel.

7.3.8.2 Das psychologische Kalkül des vermeidenden Stils

Die Zentrale Angst besteht bei diesem Stil in der Angst vor Ablehnung, Kritik, Versto-
ßenwerden. Daraus ergibt sich das Zentrale Bedürfnis, nämlich das Bestreben akzeptiert,
gelobt, gemocht zu werden.

7.3.8.3 Der Teufelskreis dieser Strategie

Die Grundidee dieses Stils lautet: „Ich werde nur akzeptiert, wenn ich mich zurückhalte,
und meine Wünsche nur indirekt äußere sowie Forderungen anderer Personen nie ableh-
ne." Daher verhalten sich die Menschen mit diesem Stil im sozialen Kontext eher zurückhaltend und schweigsam. Sie ziehen keine Aufmerksamkeit auf sich und versuchen
Situationen, in denen sie bewertet werden, zu vermeiden. Sie sind anderen Menschen
gegenüber sehr freundlich und hilfsbereit. Da dieser Stil für andere Menschen sehr un-
aufdringlich und freundlich ist, sind die anderen Menschen ihnen gegenüber in der Regel
ebenfalls freundlich und hilfsbereit.

In der Langfristbetrachtung jedoch fühlen sich die anderen Menschen dann schnell zu
sehr in Anspruch genommen, gelangweilt, sind eventuell verärgert, da sie merken, dass
das vermeidende Verhalten im Grunde genommen ein manipulatives Verhalten darstellt.
Sie ziehen sich daher zurück, zeigen weniger Interesse an der Person mit dem sensibel-
vermeidenden Stil (Abb. 7.16).

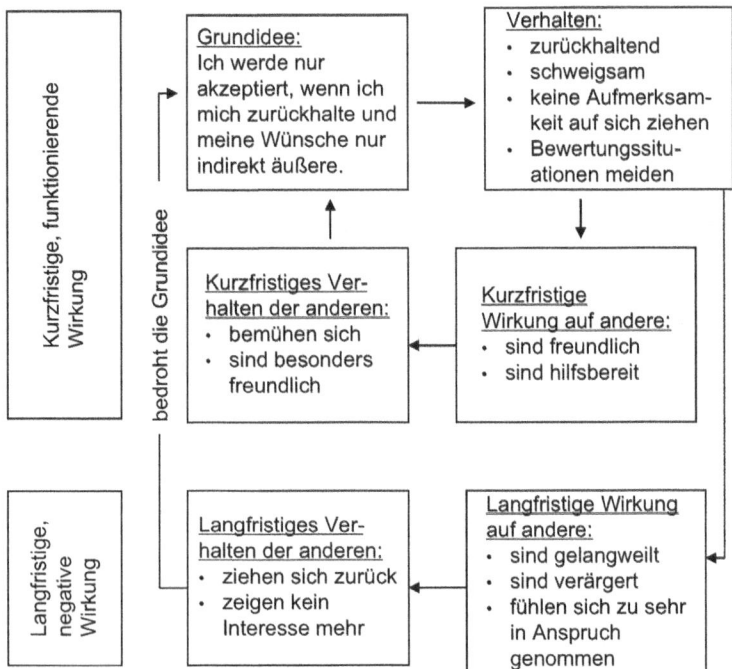

Abb. 7.16 Das sensibel-vermeidende Kalkül

Die Sisyphusarbeit dieses Stils besteht darin, darauf zu achten, nichts Falsches zu sagen, lieber nichts zu sagen und niemals eigene Wünsche zu äußern, Forderungen anderer niemals abzulehnen, niemals den Unmut anderer zu provozieren und sich dadurch die Chance auf Zugehörigkeit und Akzeptanz zu bewahren und Ablehnung und Zurückweisung durch andere Personen zu verhindern.

7.3.8.4 Menschen mit einem eher sensiblen Verhaltens- und Kommunikationsstil und Burnout

7.3.8.4.1 Wenn Sie selbst einen zu sensiblen Verhaltens- und Kommunikationsstil besitzen

Personen mit diesem Verhaltens- und Kommunikationsstil sollten sich mit Aufgaben beschäftigen, die nicht unbedingt die schnelle Kontaktaufnahme mit anderen Menschen voraussetzen, da dies naturgemäß zu nicht vorhersagbaren sozialen Situationen führen kann.

Menschen mit einem eher sensiblen Verhaltens- und Kommunikationsstil tun sich eher schwer damit, klare Forderungen an andere Personen zu stellen. Dies kann dazu führen, dass andere Personen berechtigte Forderungen nicht wahrnehmen oder diese Forderungen schnell abtun, da die sensible Person sie nicht nachdrücklich genug formuliert und verfolgt (Hofmann 2005). Berechtigte eigene Interessen können dadurch ins Hintertreffen geraten und auf diese Weise Stress erzeugen. Das Ablehnen (auch ungerechtfertigter) Forderungen anderer Personen fällt Personen mit diesem Stil ebenfalls eher schwer. Daher werden Forderungen anderer Personen eher akzeptiert, was leicht zu quantitativer und qualitativer Überlastung führen kann.

Zudem wird ein Vorgesetzter, wenn es darum geht, eine zusätzliche Arbeit zu verteilen, damit eher zu einem Mitarbeiter gehen, von dem er annimmt, dass er seiner Forderung mit hoher Wahrscheinlichkeit nachkommt, und nicht zu einem Mitarbeiter, der diese Forderung sehr wahrscheinlich ablehnen wird. Ein Mitarbeiter mit einem sensiblen Stil „bietet" sich daher aus Sicht des Vorgesetzten an, eine zusätzliche Arbeit zu übernehmen. Die übermäßige Furcht vor Kritik, die für diesen Stil typisch ist, wird oft dazu führen, die eigene Arbeit übergenau und sehr fehlerfrei auszuführen, auch wenn manchmal eine 80%-Lösung durchaus auch genügen würde. Das kann ebenfalls zu einer hohen quantitativen Belastung führen.

7.3.8.4.2 Wenn Ihr Vorgesetzter einen zu sensiblen Verhaltens- und Kommunikationsstil besitzt

Sofern Menschen mit einem sensiblen Stil in einer Führungsposition sind, werden sie sich weniger auf ihre Mitarbeiter konzentrieren, sondern vermehrt auf die Sachaufgabe. Sie werden dazu neigen, in Konfliktsituationen beiden Konfliktparteien Recht zu geben und damit den Konflikt letztendlich nicht zu lösen. Der gleiche Prozess wird ablaufen, wenn es zu Konflikten zwischen verschiedenen Organisationseinheiten kommt, was in gewissen Hierarchieebenen definierend für die Tätigkeit ist (vgl. Kap. 5). Bei solchen Konflikten wird ein sensibel-vermeidender Vorgesetzter eher nachgeben und dadurch ggf. die Stellung seiner Organisationseinheit schwächen, was wiederum zu Konflikten mit den Mitarbeitern führt, da sich diese nicht angemessen vertreten fühlen.

Kritik seitens des nächsthöheren Vorgesetzten wird bei einem sensibel-vermeidenden Vorgesetzten eine deutliche Wirkung hinterlassen. Das wird dazu führen, dass viel Energie in die Vermeidung von Fehlern gesteckt wird. Dies wird in der Motivationspsychologie „Misserfolgsmotivation" genannt, der Begriff ist jedoch etwas irreführend. Damit ist nicht gemeint, dass man versucht Misserfolge zu erzielen. Der Begriff bezeichnet genau das Gegenteil, nämlich dass man extrem motiviert ist, Misserfolge zu vermeiden. Dies führt dann auch dazu, dass man im Zweifelsfall dazu neigt, potenzielle Erfolge nicht zu erzielen, wenn diese mit Risiken behaftet sind, und stattdessen den Weg wählt, auf dem keine Fehler drohen. Das Motto lautet dabei: „Im Zweifelsfall lieber nichts machen, auf keinen Fall Fehler riskieren". Man wird sensibel-vermeidende Vorgesetzte, ähnlich wie kooperative Vorgesetzte, am ehesten in inversen Machtsystemen antreffen können.

▶ **Quercheck**   An dieser Stelle sollten Sie noch einmal das Ergebnis des Fragebogens am Beginn dieses Kapitels (s. Abschn. 7.2) ansehen und sich fragen, ob Sie das Fragebogenergebnis vor dem Hintergrund der Beschreibung der Verhaltens- und Kommunikationsstile anpassen sollten. Sie werden sehr wahrscheinlich bei der Beschreibung der Verhaltens- und Kommunikationsstile auch viele Querbezüge zu den RIASEC-Faktoren aus dem Kap. 5 und zu den idealtypischen Gruppenmodellen aus Kap. 6 bemerkt haben. Die Zusammenschau dieser Informationen wird eine präzisere Einordnung des eigenen Verhaltens- und Kommunikationsstils ermöglichen.

▶ **Hinweis zu den Verhaltens- und Kommunikationsstilen** Alle sieben beschriebenen Stile sind funktional und völlig unproblematisch. Probleme entstehen lediglich durch eine zu hohe Ausprägung oder durch eine sehr inflexible Anwendung des jeweiligen Verhaltens- und Kommunikationsstils. Der Unterschied zwischen einem angepassten Verhaltens- und Kommunikationsstil und einem unflexiblen ist nur graduell. Die Quantität eines jeden Stils schafft Probleme, nicht die Qualität. Genauso wie Bluthochdruck ein Zuviel des Guten ist, sind Verhaltens- und Kommunikationsstile starke Ausprägungen menschlicher Muster – dem Stoff, aus dem die Persönlichkeiten von uns allen bestehen.
Viele Menschen erkennen ihre starren Verhaltens- und Kommunikationsstile nicht. Die sie umgebenden Personen sehen sie umso leichter. Sie befinden sich oft in Konflikten mit Familienmitgliedern, Kollegen, Arbeitgebern etc. Diese Probleme sind schwer zu lösen, weil den Betroffenen im Allgemeinen nicht klar ist, wie sehr ihre eigenen, sich wiederholenden Verhaltensmuster zu ihren Schwierigkeiten beitragen. Zusätzlich zu den sieben beschriebene Stilen gibt es noch einige weitere Stile (antisozialer, schizotypischer, paranoider Stil, Borderlinepersönlichkeit), die aber im Gegensatz zu den beschriebenen Stilen auch schon in Normalsituationen problematisch sind und daher nicht oft in Organisationen vorkommen sollten.

7.3.9   Abgrenzungen der Stile zueinander

Einige der beschriebenen Stile habe gewisse Ähnlichkeiten. Nachfolgend sind einige zentrale Unterschiede nochmals zusammengefasst, die ausschlaggebend dafür sind, um welchen relevanten Stil es sich tatsächlich handelt.

Selbstbezogen – Dramatisierend
Der Selbstbezogene lebt in der Vorstellung, er sei ein Prinz, der a priori bewundert werden muss. Der Dramatisierende dagegen ist mit einem Schauspieler zu vergleichen, der das Publikum beeindrucken muss, im Zweifelsfall sogar mit seinem intensiven Scheitern. Für den Selbstbezogenen ist das Thema „Oben und Unten" zentral, für den Dramatisierenden das Thema „Nähe". Der Selbstbezogene ist dann glücklich, wenn er sagen kann: „Ich bin unantastbar", der Dramatisierende dann, wenn er sagen kann „Ich bin so unterhaltsam".

Gewissenhaft – Dramatisierend
Der Dramatisierende initiiert viel („Allem Anfang wohnt ein Zauber inne"), bringt dann aber wenig zu Ende. Der Gewissenhafte ist bei Neuem eher vorsichtig, macht die Dinge, die er anfängt, aber komplett. Der Dramatisierende fühlt sich auf der Schlagwortebene wohl, der Gewissenhafte auf der Detailebene.

Gewissenhaft – Selbstbezogen
Der Gewissenhafte hält sich an universelle Regeln, die für alle Menschen – auch für ihn – gelten, der Selbstbezogene *macht* dagegen die Regeln, die für andere Menschen gelten und für ihn nur dann, wenn sie ihm nützen. Der Gewissenhafte ist im Vergleich eher Moses, der die göttlichen Regeln überbringt, der Selbstbezogene ist eher Gott persönlich, der die Regeln definiert. Der Selbstbezogene fühlt sich oben in einer Hierarchie wohl (da er dann die Regeln bestimmen darf), der Gewissenhafte fühlt sich in der Mitte einer Hierarchie wohl (da die Regeln gesetzt sind und umgesetzt werden müssen).

Dramatisierend – Kooperativ
Der Kooperative passt seine Aktivität den anderen Menschen an. Der Dramatisierende ist generell aktiv.

Kooperativ – Sensibel-vermeidend
Der Kooperative hat wenig eigene Wünsche. Der Zurückhaltende hat zwar eigene Wünsche, aber doch Bedenken, sie durchzusetzen.

Selbstbezogen – Sensibel-vermeidend
Diese Stile, die auf den ersten Blick sehr konträr erscheinen, können in manchen Fällen jedoch die gleiche Wurzel haben. Der selbstbezogene Stil kann eine spezielle Form sein, mit der eigenen Vermeidung umzugehen. Man kann etwas passiv vermeiden, indem man versucht, der Thematik aus dem Weg zu gehen – das ist der sensibel-vermeidende Weg.

Man kann aber auch etwas vermeiden, indem man sich sehr aktiv Situationen schafft, in denen das, was es zu vermeiden gilt, möglichst nicht vorkommt. Fürchtet man z. B. Kritik, so kann man mit der passiven Strategie versuchen, Bewertungssituationen zu vermeiden. Man kann aber auch mit der aktiven Strategie zunächst einmal andere Personen kritisieren und so die eventuelle Kritik an der eigenen Person vermeiden. Wenn man Angst vor Nähe hat, kann man versuchen, soziale Situationen einfach zu vermeiden (passive Strategie). Man kann jedoch auch versuchen, sehr viele soziale Beziehungen zu haben, die dann natürlich nur sehr oberflächlich sein können, und mit dieser Strategie die Angst vor sozialer Nähe reduzieren (aktive Strategie). Oftmals sind selbstbezogene Menschen im Grunde sensibel-vermeidende Personen, die jedoch aktive Vermeidungsstrategien anwenden, die man aufgrund des aktiven Charakters nicht so leicht als Vermeidungsstrategien erkennt.

Pointierte Zusammenfassung der Stile Man könnte sich nun plakativ fragen, was denn eine jeweilige Person mit einem stark ausgeprägten Verhaltens- und Kommunikationsstil auf die Frage antworten würde: „Was ist ein Verhaltens- und Kommunikationsstil?" Was würden die Personen wohl antworten? Die Antworten könnten folgende sein:

- **Der Selbstbezogene:** „Haben Sie meine Theorie dazu nicht verstanden?"
- **Der Dramatisierende:** „Da könnte ich Ihnen stundenlang interessante Dinge darüber erzählen."
- **Der Gewissenhafte:** „Das ist vollständig im ICD, Kapitel F, Punkt 3a geregelt."
- **Der Lässig-Kritische:** „Das ist eine interessante Frage (auf die ich keine Lust habe zu antworten)."
- **Der Rational-Distanzierte:** „Damit möchte ich nichts zu tun haben."
- **Der Kooperative:** „Da vertraue ich voll auf Ihre Sichtweise."
- **Der Sensibel-Vermeidende:** „Ich bin mir nicht sicher, ob ich die richtige Antwort weiß."

7.4 Praktische Anwendung

Die eigene Persönlichkeit als Stressquelle ist einerseits besonders leicht beeinflussbar, da sie nur uns selbst völlig zugänglich ist und im Prinzip keinem Einfluss anderer Personen ausgesetzt ist. Andererseits ist sie aber auch schwierig veränderbar, denn viele Funktionsweisen laufen ja automatisiert und in diesem Sinne unbewusst ab. Man muss daher viel Energie darauf verwenden, sich die Mechanismen bewusst zu machen. Zudem gehört die Fähigkeit dazu, sich selbst abstrahieren zu können, indem man sich selbst zum Gegenstand der eigenen Beobachtung macht.

Der erste Schritt zu einer praktischen Anwendung der in diesem Kapitel beschriebenen Inhalte besteht daher in einem Verständnis der relevanten Prozesse. Dieses sollte durch die Informationen in diesem Kapitel erreicht werden. Man kann versuchen, sich aus den für die jeweiligen Stile typischen Teufelskreisen zu befreien und so dem Faktor „eigene

Persönlichkeit" zumindest teilweise das Potenzial als Auslöser von Stress zu nehmen versuchen. Ein systematisches Programm zu einer solchen Veränderung der Teufelskreise findet sich bei Hofmann (2011). Man kann sich dabei natürlich auch qualifizierter Hilfe bedienen.

Eine berufliche Situation und auch berufliche Optionen (z. B. die Frage der Übernahme einer Führungsposition auf einer gewissen Ebene) sollten immer vor dem Hintergrund des eigenen Verhaltens- und Kommunikationsstils betrachtet werden.

Eine weitere Anwendung der beschrieben Systematik besteht in der Analyse sozialer Konstellationen, wie sie im nächsten Kapitel (s. Abschn. 8.1) erfolgt. Dabei liegt der besondere Fokus auf der Konstellation Vorgesetzter und Mitarbeiter.

Das Wissen um die Funktion der Verhaltens- und Kommunikationsstile findet leider noch zu wenig Anwendung im betrieblichen Kontext; Hillert (2014) beschreibt die Situation folgendermaßen: „Das unreflektierte Handeln auf dem Hintergrund stark ausgeprägter oder starrer Verhaltens- und Kommunikationsstile kann großen Schaden anrichten. Diese Dimension zu reflektieren und systemische Kontrollinstanzen vorzusehen, erscheint von außen betrachtet nahe zu liegen. In der betrieblichen Praxis scheint dies bislang, zumindest als systemisches Regulans, weitgehend unbekannt bis unvorstellbar."

Da ein solches systemisches Regulans im betrieblichen Kontext tatsächlich schwer umzusetzen ist, bleibt es hauptsächlich in der Verantwortung der Einzelperson, das Wissen um die Verhaltens- und Kommunikationsstile auf die persönliche Arbeitssituation, insbesondere auf die Konstellation Vorgesetzter und Mitarbeiter zu übertragen und daraus berufliche Entscheidungen abzuleiten. Diese Übertragung ist Gegenstand von Kap. 8.

Literatur

Blake, R. R., & Mouton, J. S. (1964). *The managerial grid: The key to leadership excellence.* Houston: Gulf Publishing Co.

Freudenberg, H., & North, G. (1984). *Women's burn-out.* New York: Doubleday.

Hillert, A. (2014). *Burnout – Zeitbombe oder Luftnummer?* Stuttgart: Schattauer.

Hofmann, E. (2005). *Lassen Sie sich nicht manipulieren.* Heidelberg: mvg Verlag.

Hofmann, E. (2011). *Verhaltens- und Kommunikationsstile erkennen und optimieren.* Göttingen: Hogrefe.

Maaz, H. J. (2012). *Die narzisstische Gesellschaft. Hamburg:* C.H. Beck.

Soziale Konstellationen und Geführtwerden

8.1 Das Stresspotenzial von Zweierkonstellationen

Wodurch kann die zwischenmenschliche Konstellation zur Belastung und somit zur Stressquelle werden? Die Antwort darauf lautet: Durch eine Einschränkung der Verhaltensvariabilität in Konfliktsituationen, durch absehbare Sollbruchstellen in der Zweierkonstellation und durch den immer virulenten Kontrollverlust in Führungssituationen. Diese Prozesse werden nachstehend detailliert beschrieben.

8.1.1 Einschränkung der Verhaltensvariabilität in Konfliktsituationen

Die Qualität einer dyadischen Beziehung entscheidet sich dann, wenn es für einen oder für beide Interaktionspartner „eng" wird, wenn sie unter Druck geraten. Die Betrachtung der „Normalsituation", in der beide Interaktionspartner ruhig und flexibel sind, ist für die Qualität einer Interaktion eher irrelevant. Was passiert in einer solchen Drucksituation?

Nach dem Yerkes-Dodson-Gesetz bewirkt jede Aktivierung, die über das mittlere Niveau hinausgeht, eine Einschränkung in der Verhaltenseffektivität. In Zweierkonstellationen äußert sich diese dadurch, dass die Variabilität der zur Verfügung stehenden Verhaltensweisen eingeschränkt wird auf ein bis zwei Verhaltensstile (s. Abb. 8.1). Die Flexibilität für andere Verhaltensweisen jenseits dieser ein bis zwei für eine Person typischen Verhaltensweisen geht dagegen unter Druck weitgehend verloren, das Verhaltensrepertoire wird geringer. Zudem treten die negativ bewerteten Verhaltensweisen des jeweiligen Verhaltens- und Kommunikationsstils unter Druck häufiger auf. Durch den zunehmenden Druck der heutigen Arbeitswelt, wie er auch im Kap. 3 beschrieben wurde, entsteht oft eine Situation, in der die Verhaltensvariabilität sowieso schon eingeschränkt ist und da-

© Springer Fachmedien Wiesbaden 2015

E. Hofmann, *Wo brennt es beim Burnout?*, DOI 10.1007/978-3-658-08592-6_8

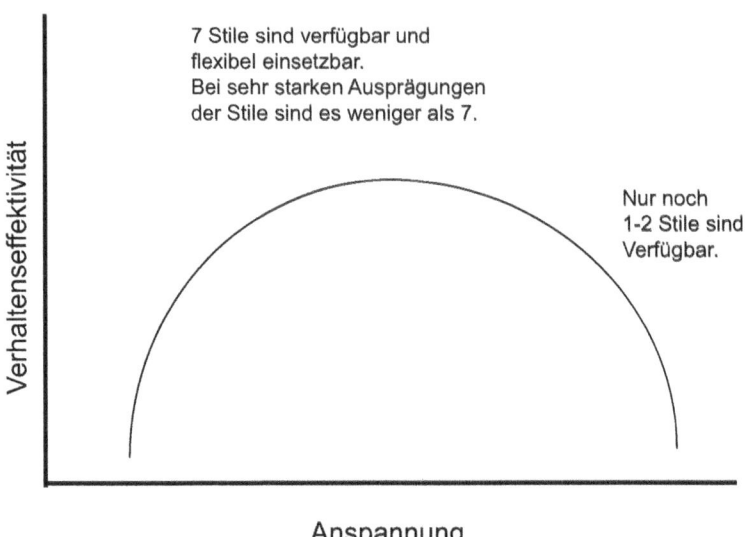

7 Stile sind verfügbar und
flexibel einsetzbar.
Bei sehr starken Ausprägungen
der Stile sind es weniger als 7.

Nur noch
1-2 Stile sind
Verfügbar.

(Achse links: Verhaltenseffektivität)

(Achse unten: Anspannung)

Abb. 8.1 Was passiert, wenn es „eng" wird?

rüber hinaus auch noch die negativen Aspekte der noch verbleibenden Stile deutlicher hervortreten.

Sofern man „gut drauf" ist, kann man je nach den Erfordernissen der Situation die jeweils angemessene Verhaltensweise produzieren. Wenn es darum geht, die Steuererklärung zu erstellen, ist es gut, gewissenhaft zu sein. Wenn man einem Versicherungsvertreter gegenübersitzt, ist es gut, kritisch zu sein. Wenn man sich durchsetzen muss, ist es gut, selbstbezogen zu sein etc. Unter Anspannung verlieren wir jedoch sehr schnell die Fähigkeit zur situationsangemessenen Auswahl der adäquaten Verhaltensweise. Wenn eine soziale Konstellation eher schwierig ist, hat man damit ein doppeltes Problem: Die Konstellation ist an sich schon problematisch und erzeugt allein dadurch bereits Anspannung. Diese Anspannung drängt die beteiligten Personen darüber hinaus noch weiter in einen inflexiblen Verhaltensstil und die Situation eskaliert immer mehr.

8.1.2 Vorhersehbare Sollbruchstellen in sozialen Konstellationen

Je nachdem, welche Konstellation zwischen zwei Menschen besteht, kann schon allein das Vorhandensein dieser Konstellation zu einer starken Stressquelle werden. Das größte Stresspotenzial hat dabei die Konstellation, bei der die Verfolgung des Zentralen Bedürfnisses der einen Person die Zentrale Angst der anderen Person aktiviert. Besitzen beispielsweise beide Personen einen selbstbezogenen Verhaltens- und Kommunikationsstil, so haben beide das Zentrale Bedürfnis Anerkennung zu erhalten und die Zentrale Angst zweitrangig zu sein. Es wird also in einer entsprechenden Konstellation ständig ein Kampf

Abb. 8.2 Konstellation mit
sehr hohem Stresspotenzial

Prototypische Problemkonstellation

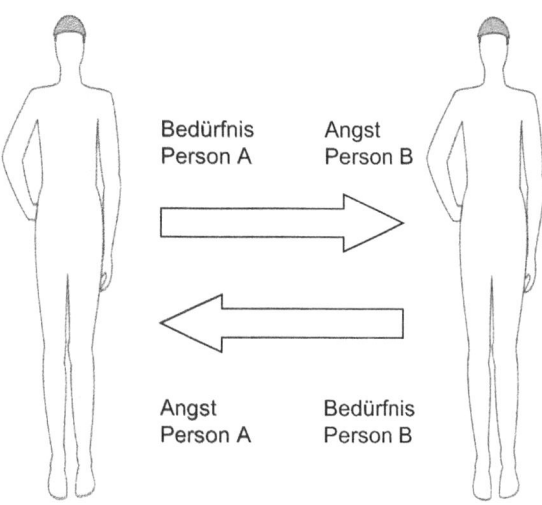

darum entstehen, wer denn nun „wirklich" erstrangig ist. Gewinnt Person A temporär diesen Kampf, so wird dadurch bei Person B die Zentrale Angst, nämlich zweitrangig zu sein, aktiviert und umgekehrt. Solche Konstellationen sind praktisch von vornherein zum Scheitern verurteilt (s. Abb. 8.2).

Wenn man sich nun vor dem Hintergrund der im Abschn. 7.3 beschriebenen Verhaltens- und Kommunikationsstile die prinzipiell möglichen Konstellationen ansieht, so kann jeder der an einer Zweierkonstellation beteiligten Personen jeweils einen der sieben Stile in kritischen Situationen zeigen.

Folgende Zweierkonstellationen sind also demnach möglich

Person 1	Person 2
Gewissenhaft	Gewissenhaft
Kooperativ	Kooperativ
Rational-distanziert	Rational-distanziert
Sensibel-vermeidend	Sensibel-vermeidend
Selbstbezogen	Selbstbezogen
Dramatisierend	Dramatisierend
Lässig-kritisch	Lässig-kritisch

Die zu den jeweiligen Verhaltens- und Kommunikationsstilen Zentralen Ängste und Zentralen Bedürfnisse sind im nachfolgenden Schema dargestellt.

Zentrale Ängste und Zentrale Bedürfnisse der Stile

Verhaltens- und Kommunikationsstil	Zentrale Angst	Zentrales Bedürfnis
Selbstbezogen	Zweitrangig sein Anerkennung Verlieren	Wertschätzung, Lob Bewunderung
Dramatisierend	Nichtbeachtetwerden Ausgeschlossensein	Beachtung, Aufmerksamkeit, Nähe
Gewissenhaft	Kontrollverlust	Kontrolle, Struktur, Klarheit, Vorhersehbarkeit
Rational-distanziert	In Beziehungen zu weit emotional hineingezogen werden und dabei die Kontrolle verlieren zu können	Distanz in sozialen Situationen Selbstkontrolle
Lässig-kritisch	(Gegen-)Aggression, die die Regeln des Miteinanders verletzen würde	Selbstbestimmung Autonomie
Sensibel-vermeidend	Ablehnung, nicht mehr gemocht werden	Akzeptiertwerden Angenommensein
Kooperativ	Alleingelassenwerden Bezugsperson Verlieren	Schutz, Zuverlässigkeit, ein Vorbild haben

Man kann sich nun die prinzipiell denkbaren Zweierkonstellationen daraufhin ansehen, wie produktiv diese sind. Wenn z. B. zwei Menschen mit einem dramatisierenden Stil um die Aufmerksamkeit kämpfen, so kann nur einer im Mittelpunkt stehen. Die Verfolgung des Zentralen Bedürfnisses der einen Person (Aufmerksamkeit erringen) wird dann automatisch die Zentrale Angst der anderen Person (nicht bemerkt zu werden) aktivieren. Eine solche Konstellation ist daher maximal unproduktiv und wird mit sehr hoher Wahrscheinlichkeit zu absehbaren Konflikten führen. Solche Konstellationen sind in der Matrix in Abb. 8.3 mit einem (−) gekennzeichnet.

Es kann auch sein, dass sich die Verfolgung der Zentralen Bedürfnisse oder die Vermeidung der Zentralen Ängste beider Personen sehr gut ergänzen. Diese Konstellationen sind dann sehr produktiv, Konflikte sind dabei eher nicht zu erwarten. Ein eher selbstbezogener Mensch wird z. B. die Kooperation eines eher anhänglichen Menschen zu schätzen wissen, der anhängliche Mensch wird sich im Gegenzug über die „Führung" durch den eher selbstbezogenen Menschen freuen. Diese Konstellationen sind in der Matrix mit einem (+) gekennzeichnet.

Darüber hinaus sind auch Konstellationen denkbar, bei denen die jeweiligen Zentralen Bedürfnisse und die Zentralen Ängste in keinem Zusammenhang stehen. Diese Konstellationen sind in der Matrix mit einem (o) gekennzeichnet. Beispielsweise würde diese

	selbst-bezogen	drama-tisierend	gewissen-haft	kritisch	rational-distanziert	kooperativ	sensibel-vermeidend
selbstbezogen	-	-	o/-	-	o/-	+	+
dramatisierend		-	-	o/-	-	o	o/-
gewissenhaft			+	-	+	o/+	o/-
kritisch				o/-	o	o	-
rational-distanziert					+	-	+
kooperativ						+	+
sensibel-vermeidend							+

Abb. 8.3 Die Qualität verschiedener Konstellationen

Konstellation zwischen einem anhänglichem und einem gewissenhaften Verhaltens- und Kommunikationsstil gegeben sein.

In Abb. 8.3 ist ersichtlich, dass es unwahrscheinlich ist, dass passende und produktive Konstellationen zufällig entstehen. Im Gegenteil, es ist viel wahrscheinlicher, dass man sich Konstellationen gegenübersieht, die unproduktiv sind. Zur Entstehung eher unproduktiver Konstellationen, insbesondere im Berufsleben, trägt auch noch folgender Mechanismus bei: Wenn man sich Mitarbeiter aussucht, verfährt man oft implizit nach der Strategie „Schmidt sucht Schmidtchen". Man sucht sich also Menschen aus, die einem selbst ähnlich sind (gleicher Verhaltens- und Kommunikationsstil), die aber eine Nummer kleiner sind, als man selbst, d. h., die einem möglichst nicht gefährlich werden können, indem sie die eigene Position beanspruchen könnten. In der Diagonalen der Matrix (s. Abb. 8.3) kann man sehen, dass solche Konstellationen jedoch teilweise zu Schwierigkeiten führen können. Eine rationalere Auswahlstrategie wäre es, sich gezielt Personen mit einem solchen Verhaltensstil auszusuchen, der bewusst anders ist als der eigene, der jedoch zu einer produktiven Konstellation führen würde. Die Qualität der Beziehungen, insbesondere der (−)-Beziehungen ist dabei wiederum umso ausgeprägter, je ausgeprägter die beiden Verhaltens- und Kommunikationsstile sind.

Führung und Geführtwerden ist immer Beziehungsgestaltung, unabhängig von allen rationalen Themen und Führungsmodellen. Ob eine Führungskraft erfolgreich ist, hängt nicht nur von ihren Kompetenzen (im Sinne von Wissen und Können), sondern wesentlich von der Art der Beziehungsgestaltung zu ihrer Umwelt ab, d. h. von der Passung der Person, die auf eine konkrete Situation trifft. Was sich in einer Situation als erfolgreiche Form von Führung gezeigt hat, kann in einer anderen Situation völlig erfolglos sein.

Das wesentliche Merkmal der Situation ist dabei die zu führende Person. Das Vorhandensein dieser „Tiefendimension" drückt Neuberger (1999) drastisch so aus: „Führung ist weitgehend irrational". Zumindest enthält Führung eine starke prärationale und/oder unbewusste Dimension, die sich eher mit Übertragungen und Gegenübertragungen als mit rationalen Mechanismen beschreiben lässt. Führung und Geführtwerden stellen eine wechselseitige Beziehungskonstellation dar, die dazu einlädt, frühere Lebenserfahrungen und tiefliegende Schemata, mit denen man die Welt erlebt und kategorisiert, zu aktualisieren. Dies alles erfolgt jenseits irgendwelcher Führungsmodelle und antrainierten Verhaltensweisen. Inwieweit es möglich ist, in Führungstrainings auf eben diese relevanten Prozesse einzuwirken, bleibt zu diskutieren.

8.1.3 Geführtwerden bedeutet Kontrollverlust für die Geführten

Nach dem Modell von Lazarus (vgl. Kap. 4) ist der Kontrollverlust eine zentrale Komponente für die Entstehung von Stress. Somit besitzt die Tatsache, dass man geführt, also in seiner Handlungsfreiheit eingeschränkt, bis zu einem gewissen Grade fremdbestimmt wird, für viele Menschen schon automatisch stresserzeugendes Potenzial. In die Tatsache der Führung ist Kontrollverlust a priori „eingebaut." Eine Ausnahme bei dieser potenziell stresserzeugenden Wirkung von Führung ist der anhängliche Verhaltens- und Kommunikationsstil, da bei diesem Führung stressreduzierend wirkt, indem sie Orientierung gibt und Unsicherheiten reduziert. Bei allen anderen Verhaltens- und Kommunikationsstilen hat die Tatsache, geführt zu werden, prinzipiell stressauslösendem Charakter. Die jeweilige Problematik ist dabei für jeden der Stile unterschiedlich. Je stärker der entsprechende Stil ausgeprägt ist, desto schwieriger wird es mit der Akzeptanz von Führung. Die für den jeweiligen Stil vorherrschende Problematik wird nachfolgend beschrieben:

Selbstbezogen
Der Selbstbezogene hat ein starkes Problem mit Führung, da er aus seiner Sicht die einzige Person ist, die an der Spitze stehen sollte. Nur an der Spitze gibt es genügend Glanz und genügend „Futter" für den Selbstwert. Führung akzeptieren zu müssen, stellt dagegen eine permanente Kränkung dar. Da es nicht möglich ist, von Anfang der beruflichen Entwicklung an eine Führungsrolle zu übernehmen, kommt es zu einer temporären taktischen Unterwerfung, jedoch nie zu einer tatsächlichen Akzeptanz von Führung. Diese taktische Unterwerfung stellt jedoch ein erhebliches Verbiegen dar und führt dadurch zu Dauerstress.

Dramatisierend

Eine dramatisierende Person neidet der Führungsperson die Aufmerksamkeit, die diese allein schon durch ihre Exponiertheit erhält. Die Ausgangsbedingungen, um Aufmerksamkeit zu erreichen, sind eben in einer Führungsfunktion günstiger. Da Führung auch immer Stabilität und Planung fordert, tut sich die dramatisierende Person mit Führung eher schwer.

Gewissenhaft

Personen mit einem gewissenhaften Verhaltens- und Kommunikationsstil können zunächst einmal gut mit Führung leben, da sie sich für die Exekution der Regeln zuständig sehen, nicht so sehr für die Erstellung der Direktiven. Zu Problemen mit der Führung kommt es dann, wenn gewissenhafte Personen die Regeln der Führung nicht akzeptieren können, weil diese im Widerspruch zu ihren Überzeugungen stehen oder wenn die Vorgaben der Führung schnell wechseln bzw. widersprüchlich sind.

Lässig-kritisch

Für den kritischen Verhaltens- und Kommunikationsstil ist es geradezu definierend, dass die Kontrolle durch andere Personen sowie das Beschneiden der eigenen Autonomie durch andere Personen als Stressor empfunden wird. Da sich nun Führung gerade dadurch definiert, dass sie Einfluss auf andere Personen auszuüben versucht, ist der Widerspruch vorprogrammiert. Dieser Stil wird die größten Schwierigkeiten damit haben, Führung zu akzeptieren.

Rational-distanziert

Führung impliziert auch immer Nähe zu anderen Menschen. Rational-distanzierte Menschen finden diese Nähe prinzipiell nicht gut. Wird seitens der Führung dann auch noch versucht, Führung auf einer emotionalen Ebene zu praktizieren, weil Emotionale Intelligenz (was auch immer das sein soll) gerade in Mode ist, wird dies zum Stressor für rational-distanzierte Menschen.

Sensibel-vermeidend

Da Führung stets auch die Bewertung der Geführten bedeutet, stellt diese für sensibel-vermeidende Menschen prinzipiell ein Problem dar, denn Bewertung bedeutet potenziell auch immer Kritik. Eben diese fürchten sensibel-vermeidende Menschen jedoch. Führung (als bewertende Instanz) bedeutet für diesen Stil einen institutionalisierten Stressor.

Führung ist in jeder Art von Organisation eine Tatsache, die für die meisten Menschen in ihr auch kein größeres Problem darstellt. Oftmals hat sie nur den Charakter eines *potenziellen* Stressors. Ob dabei aus dem potenziellen Stressor „Führung" ein tatsächlicher Stressor wird, hängt von der Ausprägung des Verhaltens- und Kommunikationsstils des Vorgesetzten ab. Der Mitarbeiter schätzt ein, ob er die Möglichkeit des Einflusses auf das Verhalten des Vorgesetzten hat. Sofern der Verhaltens- und Kommunikationsstil des Vorgesetzten eine für den Mitarbeiter akzeptable Ausprägung hat, wird er sich in der Lage fühlen, sich mit dem Vorgesetzten auch in problematischen Situationen „vernünftig" unterhalten zu können. Übersteigt die Ausprägung des jeweiligen Verhaltens- und Kommunikationsstils des Vorgesetzten jedoch einen gewissen Schwellenwert, so sieht die Einschätzung des Mitarbeiters bezüglich der möglichen konstruktiven Einflussnahme auf den Vorgesetzten anders aus. Die Möglichkeit einer konstruktiven Einflussnahme wird dann als deutlich geringer eingeschätzt, da der Vorgesetzte stark durch seine Zentrale Angst und sein Zentrales Bedürfnis gesteuert ist und weniger „rational" agieren kann und wird. Aus dem potenziellen Stressor „Führung" wird dann ein tatsächlicher Stressor.

8.1.4   Was bedeutet das für das Thema Burnout?

Es ist wichtig, dass man ein genaues Bild seiner sozialen Umgebung, speziell der Konstellation zu seinem Vorgesetzten hat. Im Kap. 7 ging es darum, sich selbst als Person zu betrachten. Das war noch relativ einfach, da man ja einen guten Zugang zu sich selbst hat. Um eine Konstellation beurteilen zu können, braucht man jedoch zusätzlich eine Einschätzung der anderen Person. Diese kann mehrere Quellen haben. Man kann sich anhand der Beschreibungen im Abschn. 7.3 ein Bild der anderen Person machen. Wenn man die Gelegenheit und die Zeit dazu hat, kann man dabei auch auf konkrete Erlebnisse in der Interaktion mit dieser Person zurückgreifen – besonders wertvoll sind hier natürlich schwierige Interaktionen.

Wenn das nicht möglich ist, weil man sich z. B. auf eine neue Stelle bewirbt, muss man sich bei der Einschätzung des Interaktionspartners auf indirektere Wahrnehmungen stützen. Man kann sich dazu den Kommunikationsstil des Interaktionspartners näher ansehen (eine Beschreibung dazu findet sich bei Hofmann 2011) oder aber sich ganz einfach auf sein subjektives Interaktionsgefühl verlassen. Dazu muss man sich nur nach einer Interaktionssequenz (z. B. einem Vorstellungsgespräch), am besten in unmittelbarem Anschluss an eine solche Sequenz, etwas Zeit nehmen und auf das eigene dominante Gefühl während der Interaktion zu achten. Noch besser ist es natürlich, „live" in der Sequenz auf das eigene Gefühl zu achten.

Der zentrale Vorteil dabei ist der, dass dieses rein subjektive Gefühl der „objektivste" Indikator dafür ist, wie Sie die Interaktion erleben. Dieses subjektive Erleben wird dabei durchaus unterschiedlich sein können, je nachdem, welchen eigenen Verhaltens- und Kommunikationsstil Sie haben. Aber genau in dieser Subjektivität liegt die psychologische Relevanz für Sie. Fragen Sie sich daher nicht: „Welches Interaktionsgefühl löst die Person generell aus?", sondern „Welches Interaktionsgefühl löst die Person rein subjektiv bei mir aus?"

Das nachfolgende Schema stellt den Zusammenhang zwischen subjektiv empfundenem Interaktionsgefühl und dem Verhaltens- und Kommunikationsstil dar, der dieses Gefühl sehr oft auslöst.

Interaktionsgefühl und wahrscheinlicher Verhaltens- und Kommunikationsstil des Interaktionspartners

Verhaltens- und Kommunikationsstil des Interaktionspartners	Dominates Interaktionsgefühl
Selbstbezogen	Angst oder Mitleid
Dramatisierend	Langeweile
Gewissenhaft	Mühsal, Zähigkeit
Rational-Distanziert	Wenig Gefühl wahrnehmbar
Lässig-kritisch	Chancenlosigkeit
Sensibel-vermeidend	Sicherheit vermitteln wollen
Kooperativ	Sagen wo es langgeht

Man kann Verhaltens- und Kommunikationsstile auch an den jeweiligen „Tests" von Personen erkennen. Diese „Tests" werden von Menschen unbewusst durchgeführt, um die Art und die Qualität einer Beziehung auszuloten. Folgende „Tests" werden von Personen mit den entsprechenden Verhaltens- und Kommunikationsstilen oft durchgeführt. Die jeweiligen aufgeführten Fragen sollen mit den „Tests" beantwortet werden:

Von selbstbezogenen Personen:
„Würdigt mein Gegenüber meine besonderen Kompetenzen?"
„Ist mein Gegenüber bereit anzuerkennen, dass ich hier die Kontrolle habe?"
Von dramatisierenden Personen:
„Ist mein Gegenüber mir zugewandt?"
„Bleibt die Person auch an meiner Seite, wenn ich sie attackiere?"
Von gewissenhaften Personen:
„Kann mein Gegenüber meinen Normen uneingeschränkt zustimmen?"
„Argumentiert mein Gegenüber gegen mein Weltbild?"
Von kritischen Personen:
„Wird vom Gegenüber Druck ausgeübt?"
„Gibt es Anweisungen, die meine Grenzen beeinträchtigen?"
Von rational-distanzierten Personen:
„Kommt mit mein Gegenüber zu nahe?"
„Respektiert der andere meine Grenzen?"
Von sensibel-vermeidende Personen:
„Kritisiert mich hier jemand?
Von kooperativen Personen:
„Ist die Beziehung zum Gegenüber auch wirklich stabil?"

Wenn Ihnen eine Interaktionssequenz (z. B. während eines Vorstellungsgespräches) etwas seltsam erschien, können Sie sich fragen, ob das entsprechende Verhalten der anderen Person ein Beziehungstest gewesen sein könnte. Solche recht seltsam anmutenden Interaktionssequenzen, die man spontan schwer einordnen kann, liefern oftmals gute Hinweis auf Verhaltens- und Kommunikationsstile. Fragen Sie sich dann weiter, welche Frage mit dem jeweiligen Beziehungstest beantwortet werden sollte.

Eine weitere, sehr effiziente Methode, um die andere Person einschätzen zu können, stellt das Feedback dar, wenn man es in der richtigen Weise zu deuten weiß. Gemeinhin wird die Funktion von Feedback so verstanden, dass der Feedbacknehmer vom Feedbackgeber etwas über sich erfahren kann. Feedback ist so gesehen eine Art Selbsterfahrung für den Feedbacknehmer, bei der ihm der Feedbackgeber dabei hilft, „blinde Flecken" zu erkennen, um sich daraufhinfolgend persönlich optimieren zu können. Dies ist – besonders in der Personalentwicklung – eine weit verbreitete Sichtweise von Feedback.

Bei genauerer Betrachtung zeigt sich allerdings, dass Feedback diese Funktion nicht erfüllen kann. Um in der Analogie der blinden Flecke zu bleiben: Da der Feedbackgeber selbst auch blinde Flecken besitzt, würde beim Feedback also ein zumindest partiell Blinder einem anderen auch zumindest partiell Blinden die Welt erklären. Man kann nun versuchen, sich über eine große Zahl an Feedbacks der „Realität" anzunähern. Damit handelt man sich jedoch nur weitere Probleme ein. Erstens hat man in der Regel gar nicht die Möglichkeit, Feedback von sehr vielen unterschiedlichen Menschen zu bekommen (was ja eine Grundvoraussetzung für ein solches „statistisches" Vorgehen wäre). Zweitens ist es ziemlich sicher, dass man von unterschiedlichen Menschen sehr unterschiedliche, oftmals sogar konträre Hinweise erhalten würde. Ganz einfach deshalb, weil ein und dasselbe Verhalten einer Person von verschiedenen Personen völlig unterschiedlich, zum Teil gegensätzlich beurteilt wird. Eine Beurteilung erfolgt schließlich immer vor dem Hintergrund des Verhaltens- und Kommunikationsstils des *Feedbackgebers* mit seinen spezifischen Bedürfnissen und Ängsten. Was nützt also das Feedback einer großen Zahl von Personen, um etwas über sich selbst zu erfahren? Gar nichts, da man sich letztendlich heraussuchen kann, was man von dem jeweiligen Feedback glauben möchte und was nicht. Demzufolge kann man sich die ganze Prozedur auch sparen, bei der man versucht, mittels Feedback etwas über sich selbst zu erfahren.

Wenn man den Spieß jedoch herumdreht, kann Feedback sehr informativ sein. Der Feedbackgeber projiziert bei einem Feedback *seine* sehr subjektive Weltsicht, die von *seinen* Interaktionsbedürfnissen und -ängsten geprägt ist, auf den Feedbacknehmer, über den er glaubt, etwas auszusagen. In Wirklichkeit sagt der Feedbackgeber wesentlich mehr über sich und seine Maßstäbe und Filter aus, mit denen er sich *seine* subjektive Weltsicht zurechtlegt. Feedback ist so gesehen ein sehr effektives Mittel, um sehr relevante Informationen über den *Feedbackgeber* zu erhalten.

Fragen Sie sich daher nach einem Feedback nicht: „Was kann ich daraus über mich selbst lernen?", sondern fragen Sie sich:

- Was hat der Feedbackgeber mit dem Feedback *über sich selbst* preisgegeben?
- Welche Maßstäbe legt er an andere Menschen an?
- Was sagt das Feedback darüber aus, wie der Feedbackgeber sich die Welt subjektiv zurechtfiltert?

- Auf welche Zentralen Ängste des Feedbackgebers lässt das Feedback schließen?
- Welche Rolle spielen Sie als Person im Hinblick auf die Zentralen Ängste des Feedbackgebers?
- Auf welche Zentralen Bedürfnisse des Feedbackgebers lässt das Feedback schließen?
- Welche Zentralen Bedürfnisse des Feedbackgebers erfüllen Sie ggf. nicht?
- Möchten Sie sich von einer Person mit dieser subjektiven Weltsicht führen und beurteilen lassen?
- Welche Auswirkungen hat die Weltsicht des Feedbackgebers in Kombination mit Ihrer subjektiven Weltsicht auf die Qualität der Konstellation?

Wenn man eine zumindest begründete Vorstellung vom Verhaltens- und Kommunikationsstil des relevanten Interaktionspartners hat, kann man anhand der Überlegungen im Abschn. 8.1.2 entscheiden, welche Qualität die Beziehung mit dieser Person vermutlich haben wird. Es ist natürlich klug, sich nur in eine Beziehung zu begeben, die eine positive oder zumindest neutrale Qualität hat, und solche Konstellationen zu vermeiden, die absehbar eine negative Qualität haben werden. Sollte man sich in einer Konstellation befinden, die man selbst nicht aktiv hergestellt hat (z. B. durch einen Wechsel des Vorgesetzten), so bleibt entweder der Weg, diese Konstellation zu verlassen oder zu versuchen, die Konstellation etwas zu entschärfen. Wege dazu werden im folgenden Abschn. 8.2 beschrieben.

8.2   Was kann man nun tun, um die Qualität einer schwierigen Konstellation zu entschärfen?

Wie im letzten Abschnitt beschrieben ist es wichtig, sich eine möglichst passende soziale Konstellation zu seinem Vorgesetzten herzustellen. Besteht diese Wahlmöglichkeit aus irgendwelchen Gründen nicht, so hat man zumindest eine begrenzte Einflussmöglichkeit, indem man das eigene Verhalten gegenüber der problematischen Person verändert und dadurch im positiven Falle auch auf indirektem Wege eine Veränderung des Verhaltens der anderen Person erreichen kann. Das generelle Prinzip besteht dabei darin, möglichst viele Dinge zu unterlassen, die die Zentrale Angst der anderen Person aktivieren und möglichst viel von dem zu tun, was das Zentrale Bedürfnis der anderen Person unterstützt, jedoch ohne sich dabei selbst zu verleugnen. Worin solche Verhaltensweisen bestehen, ist nachfolgend beschrieben. Diese Empfehlungen gelten dabei umso mehr, je ausgeprägter der Stil ist.

8.2.1   Möglichkeiten der Einflussnahme in schwierigen Konstellationen

In diesem Abschnitt werden Verhaltensmöglichkeiten aufgezeigt, die man in einer schwierigen Konstellation besitzt, um den Interaktionspartner indirekt und zumindest prinzipiell zu beeinflussen. Es können keine Kochrezepte gegeben werden, aber psychologische Gebrauchsanweisungen bzw. Verhaltensvorschläge.

8.2.1.1 Umgang mit Menschen mit einem selbstbezogenen Stil

Der Umgang mit selbstbezogenen Menschen ist sicher der schwierigste Umgang mit Personen aller Stile. Der wichtigste Schritt dabei ist es, die Selbstbezogenheit zu erkennen. Der nächste Schritt besteht darin, sich von der „Pflicht zur Bewunderung", die der Selbstbezogene fordert, innerlich zu befreien. Nehmen Sie den Impuls dazu wahr, aber beschließen Sie dann bewusst, ihm nicht zu nachzugeben. Dabei ist die Vorstellung hilfreich, dass hinter dem ganzen Gehabe des Selbstbezogenen ein kleines Kind steckt, das nach Anerkennung schreit.

Man sollte im Umgang mit selbstbezogenen Menschen unbedingt

- besondere Leistungen und Anstrengungen loben (Achtung: nur echtes Lob geben),
- Anerkennung geben,
- Bestätigung vermitteln,
- Respekt vermitteln,
- Probleme relativieren,
- Angenommensein zeigen,
- die Reaktionen anderer Menschen erklären,
- über eigene Privilegien und Erfolge schweigen.

Was man im Umgang mit selbstbezogenen Menschen unbedingt unterlassen sollte:

- Abwertung,
- Kritik,
- Infragestellen,
- Mogelpackungen entlarven,
- Machtkämpfe,
- Begriffe wie: „problematisch", „mangelhaft", „defizitär", „unzureichend" etc.

8.2.1.2 Umgang mit Menschen mit einem dramatisierenden Verhaltens- und Kommunikationsstil

Man sollte im Umgang mit dramatisierenden Menschen unbedingt

- besondere Aufmerksamkeit schenken,
- aufmerksam zuhören,
- deutlich machen, dass man sich für die jeweiligen Inhalte interessiert,
- viel verbalisieren,
- Zuwendung durch Mimik und Gestik zeigen,
- Bemühung zeigen, das Geschilderte nachzuvollziehen,
- vertiefende Fragen stellen,
- das Gesagte konkretisieren,
- Besonderes anerkennen,
- Komplimente machen,

- von Zeit zu Zeit Raum für „Auftritte" geben,
- Interesse bekunden, wenn sich die Person „normal" verhält.

Was man im Umgang mit dramatisierenden Menschen unbedingt unterlassen sollte:

- ignorieren,
- relativieren,
- Inhalte bagatellisieren,
- auf „Einwickelungsstrategien" reagieren.

8.2.1.3   Umgang mit Menschen mit einem zu gewissenhaften Stil

Im Umgang mit Menschen mit einem gewissenhaften Verhaltens- und Kommunikations-stil sollte man unbedingt

- Autonomie respektieren,
- Normen und Regeln explizieren,
- in Form von Kosten des übergenauen Verhaltens Kritik üben, wenn man schon kriti-siert,
- anhand von Zahlen und Fakten kritisieren, wenn man überhaupt Kritik übt,
- zeigen, dass man berechenbar ist.

Was man im Umgang mit Menschen mit einem gewissenhaften Verhaltens- und Kommu-nikationsstil unbedingt unterlassen sollte:

- Stellung zu den Regeln und Normen der anderen Person beziehen,
- Normen und Regeln kommentieren,
- Normen und Regeln infrage stellen,
- sich zu tief in das „System" hineinziehen lassen.

8.2.1.4   Umgang mit Menschen mit einem lässig-kritischen Stil

Im Umgang mit Personen mit einem lässig-kritischen Stil sollte man unbedingt

- Transparenz zeigen,
- so oft wie möglich nach der Meinung fragen,
- erläutern, warum man etwas tut/etwas fordert,
- erklären, was Ziel und Zweck einer Aufgabe ist und was nicht,
- der anderen Person möglichst viel Kontrolle über die Situation geben,
- die andere Person möglichst viel entscheiden lassen,
- Alternativen anbieten, die der andere wählen kann (Alternativen ermöglichen subjektiv erlebte Kontrolle):
  - „Welche Alternative ist aus Ihrer Sicht die weniger unangenehme Alternative?"
  - „Bei welcher Alternative ist aus Ihrer Sicht das Verhältnis von Aufwand und Nutzen am besten?"

Was man im Umgang mit Personen mit einem lässig-kritischen Stil unbedingt unterlassen sollte:

- Informationen gegen andere verwenden,
- selbst mikropolitisch handeln,
- so tun, als würde man den Widerstand nicht bemerken.

8.2.1.5 Umgang mit Menschen mit einem rational-distanzierten Verhaltens- und Kommunikationsstil

Im Umgang mit Personen mit einem kritischen Stil sollte man unbedingt

- verstärkt mit dem „Selbstmitteilungsohr" hören,
- Beziehungskredit geben,
- der anderen Person Zeit lassen (Weglaufen kann auch ein Anlaufnehmen sein),
- kongruent bleiben, nicht taktieren,
- vor Kritik unbedingt ein Lob formulieren,
- zeigen, dass man selber Widerspruch ertragen kann.

Was man im Umgang mit Personen mit einem kritischen Stil unbedingt unterlassen sollte:

- mit dem „Beziehungsohr" hören,
- die abweisende Art persönlich nehmen,
- „Psychoanalysen" vornehmen,
- Erklärungen für Verhalten verlangen (das würde zur Selbstkundgabe zwingen),
- mit zu viel Konversation „erschlagen".

8.2.1.6 Umgang mit Menschen mit einem kooperativen Verhaltens- und Kommunikationsstil

Im Umgang mit Personen mit einem kooperativen Stil sollte man unbedingt

- verlässlich sein,
- loyal sein,
- unterstützen,
- Zusagen einhalten,
- zugewandt bleiben,
- Initiativen verstärken, nicht Erfolge,
- zeigen, dass man selber auch Fehler hat.

Was man im Umgang mit Personen mit einem kooperativen Stil unbedingt unterlassen sollte:

- zur Verantwortungsübernahme zwingen,
- Ratschläge fordern,
- zur Stellungnahme auffordern.

8.2.1.7   Umgang mit Menschen mit einem sensibel-vermeidenden Verhaltens- und Kommunikationsstil

Im Umgang mit Personen mit einem sensibel-vermeidenden Stil sollte man unbedingt

- Befürchtungen und Ängste ernst nehmen,
- respektvoll behandeln,
- positive Eigenschaften und Taten benennen,
- der anderen Person Zeit lassen, sie bestimmt das Tempo der Interaktion,
- signalisieren, dass es einem wichtig ist, die andere Person zu verstehen,
- einen Weg finden, über das *Tun* und nicht über das *Reden* in Kontakt zu kommen,
- vor Kritik unbedingt ein Lob formulieren,
- zeigen, dass man selber auch Fehler hat.

Was man im Umgang mit Personen mit einem sensibel-vermeidenden Stil unbedingt unterlassen sollte:

- kritisieren,
- einschüchtern,
- verbal angreifen.

8.2.2   Was bedeutet das für das Thema Burnout?

Der Einfluss auf andere Menschen ist nur begrenzt. Um einer zwischenmenschlichen Situation den Charakter als Stressor zu nehmen, ist es jedoch in einem gewissen Maße möglich, das Verhalten einer anderen Person indirekt zu beeinflussen. Hierfür sollte man möglichst viel tun, um das Zentrale Bedürfnis der anderen Person zu unterstützen, und möglichst wenig tut, um die Zentrale Angst der Person zu aktivieren. Dabei steht natürlich der eigene Verhaltens- und Kommunikationsstil begrenzend im Weg. Das kann dazu führen, dass der Aufwand zu einer eigenen Verhaltensänderung ebenfalls zu einer permanenten Stressquelle werden kann. Im Zweifelsfall wird es daher effizienter sein, die Konstellation zu verlassen und sich eine produktivere Konstellation zu suchen.

8.3   Geführtwerden – die Legitimation von Führung und Macht

Eine prinzipielle Frage von Führung lautet: Worauf gründet sich Führung (verkörpert durch die Person des unmittelbaren Vorgesetzten)? Aus welcher Quelle versucht sie Akzeptanz zu schöpfen? Man könnte die Frage auch andersherum formulieren: Warum soll sich jemand von jemandem anderen führen lassen? Unter welchen Bedingungen findet Führung Akzeptanz? Akzeptanz bedeutet in diesem Zusammenhang:

- Von wem lasse ich meine Leistung beurteilen?
- Nach welchen (sehr subjektiven) Maßstäben erfolgt diese Beurteilung?
- Von wem lasse ich mein „Potenzial" einschätzen?
- Wer soll über meine berufliche Entwicklung entscheiden?
- Wer vertritt mich „nach oben"?

8.3.1   Die Begründungen des Führungsanspruchs

Nach dem Schema von French und Raven (1959) lässt sich Macht und somit Führungsanspruch prinzipiell aus drei Quellen begründen (s. Abb. 8.4): durch Wissen und Können (Expertenmacht), durch verliehene Macht (Positionsmacht) und durch persönliche Akzeptanz.

Die einzelnen Legitimationsquellen der Führung werden nachfolgend näher beschrieben.

Abb. 8.4 Begründung von Macht und Führung nach French und Raven

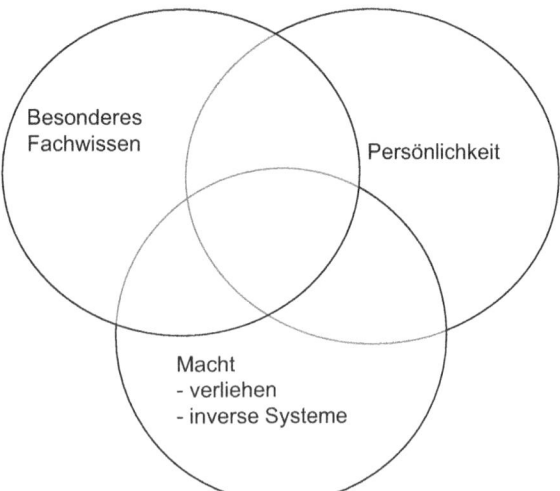

1. Legitimation durch besonderes Wissen und Können (Expertenmacht)
Wenn jemand über besonders Wissen, besondere Fähigkeiten, besonderes Können verfügt, ist es sicher sinnvoll, dass man ihn als eine relevante Instanz akzeptiert. Es ist ratsam, demjenigen zu folgen, der weiß, wo es hingeht. Das Fachwissen speist sich dabei aus besonderer Ausbildung, relevanter Erfahrung, speziellen Kontakten, exklusivem Zugang zu Informationen, Referententätigkeit, Anerkennung von Verbänden etc. Das Motto der Expertenmacht lautet: „Auch wenn ich es Ihnen nicht im Detail erklären kann: Sie sollten wissen, dass ich weiß, was man am besten tut."

2. Legitimation durch formale, verliehene Macht (Positionsmacht)
Man kann seinen Macht- und Führungsanspruch auch auf die formale Position stützen, die einem die Organisation verliehen hat. Die äußert sich dann in Form von Titeln, Positionen in einem Organigramm, Rangabzeichen oder Statussymbole, die Zuständigkeit für ein Sachgebiet etc. Dabei wird definiert, was in der „Kompetenz" der Stelle liegt. Das Motto der Positionsmacht lautet: „Ich bin Ihr Vorgesetzter, Sie sind verpflichtet meinen Anweisungen zu folgen." Diese Begründung ist sicherlich die häufigste und augenfälligste Form der Positionsmacht.

Es gibt jedoch auch andere, subtilere Formen der Positionsmacht: die auf Reziprozität beruhende Positionsmacht („Ich habe etwas für Sie gemacht, jetzt müssen Sie auch etwas für mich tun."), die auf Gerechtigkeitsnormen fußende Positionsmacht („Ich habe mich in sehr hohem Umfang eingesetzt, jetzt fordere ich dafür meinen Lohn.").

Allen Formen der Positionsmacht ist gemeinsam, dass sie sich aus einem höheren, universell akzeptierten Prinzip (Hierarchie, Reziprozität, Gerechtigkeit) ableiten.

3. Legitimation durch Akzeptanz der Person
Eine weitere Legitimation von Führung und Macht kann durch die Akzeptanz der Person erfolgen. Hier ist sicherlich die „Integrität" einer Person von zentraler Bedeutung. In früheren Jahren wurde versucht, Merkmale der Person zu finden, die sie zu einem „Führer" macht. Man wollte „Charisma" definieren und operationalisieren. Diese Bemühungen blieben jedoch erfolglos. Wenn überhaupt, fand man nur sehr geringe Zusammenhänge. So etwas wie eine „Führungspersönlichkeit" scheint es nicht zu geben. Dies verwundert auch nicht, wenn man die Dynamik der Verhaltens- und Kommunikationsstile in Betracht zieht.

Die Akzeptanz von Führung, die in der Person des Führenden verankert ist, kann auch dadurch entstehen, dass die jeweiligen Beziehungsvorschläge der beiden betreffenden Personen zusammenpassen. Im Abschn. 7.3 wurden die Verhaltens- und Kommunikationsstile beschrieben. Dort ist sicherlich klar geworden, dass es keinen „richtigen" Verhaltens- und Kommunikationsstil gibt, sondern dass es auf die Konstellation der Stile ankommt, wenn man die Qualität einer Interaktion beurteilen möchte. Eine Person wird von einer anderen Person dann als Führungsperson akzeptiert werden, wenn der Beziehungsvorschlag der einen Person zu dem Beziehungsvorschlag der anderen Person passt. Nachfolgend sind noch einmal die Beziehungsvorschläge des jeweiligen Verhaltens- und Kommunikationsstils aufgeführt.

Schema: Beziehungsvorschläge

Selbstbezogen:	Ich führe, du folgst
Dramatisierend:	Beziehungen sind sehr wechselhaft und instabil
Gewissenhaft:	Man bleibt besser auf emotionaler Distanz, man muss den richtigen Prinzipien folgen
Rational-distanziert:	Beziehungen sind oft zu eng, bleib auf Distanz
Kritisch:	Bleib mir fern
Kooperativ:	Führe du, ich folge
Sensibel-vermeidend:	Ich bin klein, du bist groß

Wenn der Beziehungsvorschlag des Geführten und des Führenden zusammenpassen, wird eine Situation entstehen, bei der der Führende seitens des Geführten Akzeptanz durch seine „Persönlichkeit" erhält. Man kann sich zur Beurteilung der Akzeptanz von Führung die (natürlich hypothetische, aber trotzdem sehr interessante) Frage stellen, ob man seinen Vorgesetzten einstellen würde, wenn er sich bei einem als potenzieller Vorgesetzter bewerben würde.

8.3.2   Die Rolle der Integrität

Der Begriff „Integrität" ist wohl genauso relevant wie schwer fassbar. Am besten ist er zu beschreiben mit Synonymen wie Lauterkeit, Echtheit, Unbescholtenheit, Redlichkeit, Ehrlichkeit. Manche Definitionen gehen davon aus, dass der Begriff am besten mit seiner Negation zu beschreiben sei, demnach ist „Integrität" das Gegenteil von: Doppelbödigkeit, Herumtaktieren, Intrigieren, Angst vor fähigen Mitarbeitern. Man kann darüber hinaus mit den bisher beschriebenen Modellen auch den eher unklaren Begriff „Integrität" etwas besser fassen. Es gilt dabei das Prinzip: Je höher die Integrität einer Person ist, desto wahrscheinlicher ist es, dass sie persönliche Akzeptanz durch die von ihr Geführten erhält.

Ein zentraler Faktor der Integrität besteht aus dem Verhältnis von Worten und Taten, also aus der Antwort auf die Frage, wie sehr die Worte und die Taten einer Person deckungsgleich oder divergent sind. Das Modell von Ajzen und Fishbein (1977) kann hier eine hilfreiche Erklärung darstellen (s. Abb. 8.5). Es beschäftigt sich mit der Frage, in welchem Verhältnis eine geäußerte Verhaltensabsicht zu einem tatsächlichen Verhalten steht. Man könnte natürlich meinen, dass beides deckungsgleich sein müsse. Man sagt einfach, was man gedenkt zu tun, und tut es dann auch. Die Lebenserfahrung lehrt jedoch, dass dieser Zusammenhang nicht immer so eindeutig ist. Ob die geäußerte Verhaltensabsicht sich mit der tatsächlichen Verhaltensabsicht deckt, ist nicht sichergestellt. Hier spielt die soziale Erwünschtheit eine große Rolle. Man sagt nicht immer, was man denkt, sondern manchmal eher das, was man glaubt, sagen zu müssen. Es kann dabei zu bewussten Verzerrungen kommen.

Abb. 8.5 Das Modell von
Ajzen und Fishbein

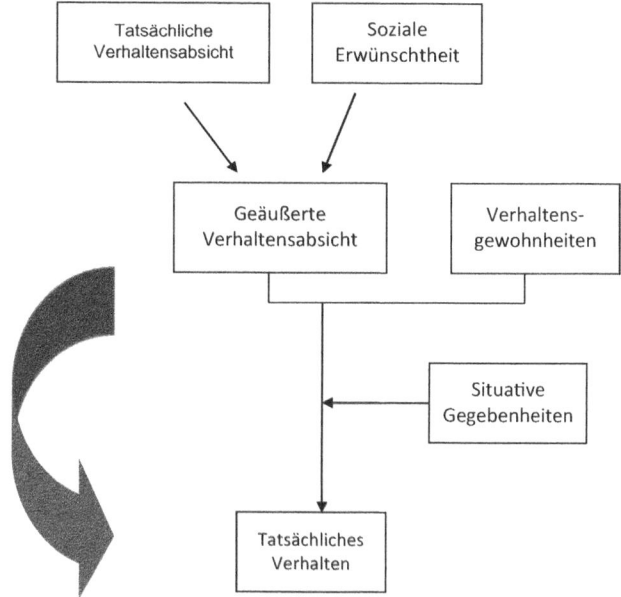

Eine geäußerte Verhaltensabsicht wird jedoch auch noch einmal modifiziert. Nicht jede Person kann sich so verhalten, wie sie es „eigentlich" möchte. Es kommt zu „unbewussten Verzerrungen" durch den Verhaltens- und Kommunikationsstil der Person. Zudem bestimmen situative Gegebenheiten mit, ob man ein intendiertes Verhalten auch ausführt oder nicht.

Eine literarische Beschreibung dieses Zusammenhangs findet man bei Goethe in „Faust I":

Geschrieben steht:
   „Im Anfang war das Wort"
   Hier stock' ich schon!
   Wer hilft mir weiter fort?
   Ich kann das Wort
   So hoch unmöglich schätzen
   (…)
   Mir hilft der Geist!
   Auf einmal seh' ich Rat
   Und schreib getrost:
   „Im Anfang war die Tat"

Das Modell von Ajzen und Fishbein beschreibt das „normale" Funktionieren dieses Prozesses, der bei jeder Person auftritt. Nun unterscheiden sich jedoch Menschen dadurch, wie eng oder wie lose – über einen längeren Zeitraum betrachtet – der Zusammenhang zwischen geäußerter Verhaltensabsicht und tatsächlichem Verhalten ist. Je höher dieser Zusammenhang ist, desto größer wird die Integrität einer Person eingeschätzt. Man könnte

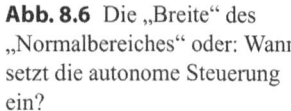
Abb. 8.6 Die „Breite" des „Normalbereiches" oder: Wann setzt die autonome Steuerung ein?

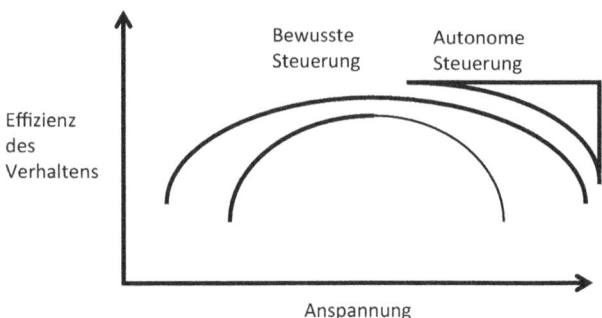

auch sagen, dass die Integrität davon abhängt, wie glaubwürdig eine Person im Durchschnitt ist. Die Formulierung „im Durchschnitt" stellt dabei in Rechnung, dass niemand zu 100 % kongruent handelt. Es gibt jedoch große Unterschiede im Ausmaß der Inkongruenz von verbalem Bekunden und realem Handeln bei verschiedenen Personen.

Ein weiterer Faktor der Integrität ist die Stärke der Ausprägung des Verhaltens- und Kommunikationsstils einer Person. Ein sehr stark ausgeprägter Verhaltens- und Kommunikationsstil führt dazu, dass eine Person nur in einer sehr gut passenden sozialen Konstellation kontrolliert und effizient agieren kann. Je weniger ausgeprägt der Verhaltens- und Kommunikationsstil dagegen ist, desto einfacher wird es für die Person sein, mit einer großen Bandbreite an anderen Verhaltens- und Kommunikationsstilen zurechtzukommen.

Ein weiterer Faktor ist die Breite der Yerkes-Dodson-Kurve (s. Abb. 8.6). Diese Breite entscheidet, wie schnell jemand in den Bereich der autonomen Verhaltenssteuerung kommt bzw. wie lange er die bewusste Kontrolle über sein Verhalten behält und daher mit unterschiedlichen Verhaltens- und Kommunikationsstilen umgehen kann, oder wie sehr sich die Person von der autonomen Verhaltenssteuerung beherrschen lässt.

Eine Person wird also umso integrer wahrgenommen werden, je später sie unter Anspannung in die autonome Verhaltenssteuerung verfällt und dann „automatisch", nur noch ausgerichtet am Zentralen Bedürfnis und der Zentralen Angst orientiert agieren kann.

Im Abschn. 7.1 wurde beschrieben, dass unser Verhalten von vier unterschiedlichen Systemen gesteuert wird. Für die Frage der Beurteilung der Integrität einer Person ist besonders das Verhältnis von bewusster Steuerung und Steuerung durch autonome Prozesse von Bedeutung. Je größer die Diskrepanz zwischen bewusster Steuerung und Steuerung durch die Autonome Emotion ist, desto widersprüchlicher agiert eine Person, desto geringer wird sie als integer eingeschätzt werden. Schon in der Antike hat sich derjenige als Führer empfohlen, der die größte Selbsterkenntnis hatte. Diese Art der Selbsterkenntnis kann als das Ausmaß gesehen werden, in dem die bewusste Verhaltenssteuerung zur unbewussten Verhaltenssteuerung steht.

8.3.3 Macht durch Ohnmacht

Eine vierte und besondere Quelle der Legitimation von Macht stellt die „Macht durch Ohnmacht" dar. Diese Legitimation taucht in dem Schema von French und Raven (vgl. Abb. 8.4) nicht auch, da sie eigentlich eine Nichtlegitimation darstellt. Zudem sagt diese Art der Legitimation in erster Linie etwas über die Organisation aus und erst in zweiter Linie über die Person. Trotzdem ist diese Quelle von Macht im psychologischen Sinne sehr bedeutsam. Was ist damit gemeint?

Es kann sein, dass ein Vorgesetzter für seine Funktion im Grunde genommen ungeeignet ist. Das kann einerseits dadurch zustande kommen, dass er die Stufe seiner Passung überschritten hat (vgl. Kap. 9). Dies ist der „normale Betriebsunfall" nach Peter (1972). Es kann jedoch auch sein, dass eine Position bewusst so besetzt wird, dass nicht die Optimierung der Stelle das Ziel ist, sondern die Machtabsicherung des nächsthöheren Vorgesetzten. Die Stufe der Nichtpassung wird dabei absichtlich herbeigeführt, *nachdem* die Nichtpassung schon bewiesen bzw. vorhersehbar ist. Der nächsthöhere Vorgesetzte hat dann ein massives Machtmittel gegenüber dem nächstniederen Vorgesetzten, da dieser durch die eigentlich inverse Stellenbesetzung zu Loyalität gegenüber dem nächsthöheren Vorgesetzten verpflichtet ist. Ein Positionsinhaber, der sein Dasein seiner Nichtpassung verdankt, weiß, dass er seine Legitimation einzig und allein demjenigen verdankt, der sie ihm gegeben hat. Was für Mitarbeiter wird sich ein solcher Positionsinhaber, der nur über eine Pseudo-Legitimation verfügt, suchen? In aller Regel keine starken, kompetenten Mitarbeiter, sondern eher solche, die ihm gegenüber auch nur eine schwache Legitimationsbasis haben. Im englischen Sprachraum gibt es ein Sprichwort für diesen Prozess: *„First class bosses hire first class employees, second class bosses hire third class employees, second class bosses fire first class employees."*

Die Tendenz, sich mit Personen zu umgeben, die unterhalb der Kompetenzschwelle des Vorgesetzten liegen, wird umso größer sein, je geringer die Selbstsicherheit des Vorgesetzten ist. Hierbei ist besonders die Fehlschlagangst von Relevanz (vgl. Ulrich 1976). Einer Person mit hoher Fehlschlagangst geht es darum, dass sie die eigene Inkompetenz verbirgt. Sie fürchtet die Situation massiv, in der andere Personen erkennen, dass sie Kompetenzlücken hat. Sie wird dann so tun, als ob sie alles weiß und alles kann, sie wird ihre eigenen Unzulänglichkeiten und ihr Nichtwissen niemals zugeben können. Dies führt dazu, dass sie sich die Chance vergibt, dazuzulernen. Der Versuch, so zu tun, als ob man alles weiß, ist natürlich von vornherein zum Scheitern verurteilt, da die Mitarbeiter sehr schnell erkennen, was wirkliche Kenntnis und was gespielte Kenntnis ist. Dass dies so ist, weiß die jeweilige Person selbstverständlich auch. Daher versucht sie sich, mit Personen zu umgeben, die ihrerseits über wenig Kompetenz verfügen.

Ein derartiger Vorgesetzter wird sehr stark das Auswahlprinzip „Schmidt sucht Schmidtchen" anwenden, wenn es um die Auswahl neuer Mitarbeiter geht. Die Kompetenz der Mitarbeiter wird dann nicht zu einem Vorteil, sondern zu einer Gefahr! Er wird zudem die Fehler seiner bestehenden Mitarbeiter regelrecht suchen und deren Erfolge fürchten. Mikropolitik wird in seinem Verhalten eine große Rolle spielen. Auch auf die Einschätzung des „Potenzials" seiner Mitarbeiter hat diese Situation natürlich Auswirkungen. Ein guter Teil des „Potenzials" der Mitarbeiter wird in diesem Fall darin bestehen, dem Vorgesetzten keine Konkurrenz erwachsen zu lassen. Kompetenz wird in einem solchen Kontext zur Karrierebremse. Wer wird sich schon mit Mitarbeitern umgeben, die kompetenter sind, als man selbst? Der betreffende Vorgesetzte lebt ständig in der Angst, dass herauskommt, dass er eigentlich gar keine Legitimation besitzt. All dies kann bewusst stattfinden, oder es findet auf einer eher „unbewussten" (im Sinne von „ungewussten") Ebene statt.

Was macht ein solcher Vorgesetzter nun mit den Mitarbeitern, die er selbst nicht rekrutiert hat, sondern die er bereits vorgefunden hat? Sie stellen natürlich eine permanente Bedrohung des Selbstwertes des entsprechenden Vorgesetzten dar. Die Möglichkeit, diesen Mitarbeitern fachlich-inhaltlich Paroli zu bieten, entfällt von vornherein, da ein Versuch in dieser Richtung mit sehr hoher Wahrscheinlichkeit scheitern würde. Daher bleibt ihm nur noch der Weg, diese Mitarbeiter durch Schikanen zu entfernen, sie dementsprechend zu kontrollieren etc. Der Vorgesetzte kann nur hoffen, dass sie dann von selbst das Feld räumen. Die weitere Gegenwart eines oder mehrerer solcher Mitarbeiter würde aus der Sicht eines schwachen Vorgesetzten eine permanente Selbstwertbedrohung darstellen.

Durch diesen Prozess ist es auch möglich, dass Personen mit einem anhänglichen Verhaltens- und Kommunikationsstil Führungspositionen besetzen. Ihr Beziehungsvorschlag lautet: Führe du, ich folge. Unter Normalbedingungen ist dieser Beziehungsvorschlag nicht geeignet, um eine Führungsposition innezuhaben. In Systemen mit inversen Strukturen dagegen kann diese Orientierung jedoch zu einer Qualifikation werden, da in der entsprechenden Position eigentlich gar keine Führungskraft erwünscht ist, sondern jemand, der einem nicht gefährlich wird, der keinen Widerspruch formuliert und der kritiklos die eigenen Anweisungen (am besten schon in vorauseilendem Gehorsam) ausführt. Solche inversen Kompetenz- und Machtstrukturen werden erst durch eine bestimmte Organisationskultur möglich (vgl. Abschn. 9.2).

Wenn man sich als Mitarbeiter in einer solchen Konstellation befindet, sollte man alles daran setzen, diese Situation zu verlassen. Von dieser Regel gibt es zwei Ausnahmen: Die erste ist die, wenn man sich selbst als wenig kompetent einschätzt und diese negative Selbsteinschätzung quasi „vermarkten" will. Dies geht in inversen Kompetenzsystemen natürlich besser als in anderen. Man bietet dann praktisch den Deal an: „Suche einen Posten, biete dafür Gehorsam und Dienstbarkeit". Die zweite Ausnahme von der genannten Regel betrifft Menschen mit einem anhänglichen Verhaltens- und Kooperationsstil. Sie können sich in einem inversen System gegenüber den Vorgesetzten in eine produktive Konstellation bringen. Gegenüber den Mitarbeitern wird jedoch es zwangsläufig zu Konflikten kommen, zumindest so lange, bis man alle gegen gefügige Mitarbeiter ausgetauscht hat. Das Damoklesschwert des Systemwechsels (z. B. dann, wenn die Ineffektivität des inversen Systems zutage tritt) hängt dann natürlich über einem und stellt einen nicht unerheblichen Stressfaktor dar.

Inverse Kompetenzsysteme werden, sobald sie einmal etabliert sind, noch zusätzlich über den Dunning-Kruger-Effekt stabilisiert. Dieser Effekt wurde von David Dunning und Justin Kruger (1999) erstmalig beschrieben. Sie führten Forschungen zum Thema „kognitive Verzerrungen" durch und fanden heraus, dass bei inkompetenten Menschen die Tendenz besteht, die eigene Kompetenz zu überschätzen und die Kompetenzen bei anderen Personen schlechter erkennen zu können. Inkompetente Menschen neigen also dazu, ihre Fähigkeiten zu überschätzen und die Fähigkeiten anderer Personen zu übersehen. Sie sind selbst nicht in der Lage dazu, das Ausmaß ihrer Inkompetenz zu erkennen.

Wie kommt es zu dieser kognitiven Verzerrung? Wenn jemand inkompetent ist, kann er nicht wissen, dass er inkompetent ist. Dies zu erkennen, wäre ja ein Akt der Kompetenz und würde die Fähigkeit zur richtigen Beurteilung voraussetzen, die bei Inkompetenz per definitionem nicht vorhanden ist.

Dunning und Kruger erhielten für ihre Überlegungen im Jahr 2000 den satirischen Nobelpreis im Bereich Psychologie. Dieser wird für Forschung vergeben, die einen zuerst lachen und dann nachdenklich werden lässt.

8.3.4 Erwerb der Legitimationsquellen

Die Legitimation durch Wissen und Können sowie die Legitimation durch die Akzeptanz der Person sind deutlich kräftiger als die Legitimation durch formale, verliehene Macht. Verliehene Macht ist extern und instabil. Sie ist auch relativ leicht erreichbar, indem man jemanden findet, der sie einem verleiht. Sie ist aber dann unter Umständen auch sehr schnell wieder weg. Bei der Legitimation durch Wissen und Können sowie durch die Akzeptanz der Person sieht es anders aus. Sie sind intern und stabil. Es dauert sehr lange, sie aufzubauen, und sie kann einem von außen nur sehr schwer genommen werden (vgl. Abb. 8.7).

Abb. 8.7 Erreichbarkeit der Legitimationsquellen

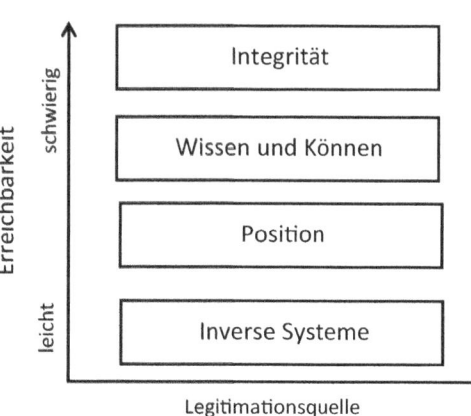

Tab. 8.1 Legitimation von Macht und Führung

Worauf gründet sich die wahrgenommene Legitimation Ihres Vorgesetzten?

Position	Persönlichkeit	Wissen Können	Inverse Kompetenz/ Dependenz
- Budget - Zuständigkeit - Kästchendenken - „Rangabzeichen" - Statussymbole	- Ausprägung des Verhaltens- und Kommu8nikationsstils - Passung zum eigenen Verhaltens- und Kommunikationsstil - „Breite" der Yerkes-Dodson-Kurve - Anteil des nichtrationalen Verhaltens - Umgang mit Nichtwissen (Fehlschlagangst) - Umgang mit Andersartigkeit - Erfolgs- oder Misserfolgs- orientierung? - Stufe der Inkompetenz erreicht? - Passung zur Stelle - Um was geht es? Sache, Mitarbeiter oder sich selbst	- Fachwissen - besondere Ausbildung - Anerkennung in Verbänden etc. - relevante Erfahrung - spezielle Kontakte - Zugang zu exklusiven Informationen - Referententätigkeit	- Dependenz als Angebot an den nächsthöheren Vorgesetzten - Stufe der Nichtpassung - Schmidt sucht Schmidtchen - Misserfolgsmotivierung - Klassenbuchmentalität - Mikropolitik

8.3.5   Was bedeutet dies für das Thema Burnout?

Wie können Sie das Gesagte zum Thema Legitimation von Macht und Führung auf Ihre persönliche Situation übertragen? In Tab. 8.1 finden Sie die drei Machtquellen nach French und Raven sowie eine vierte Kategorie „inverse Kompetent/Dependenz". Sie beschreibt die Situation, in der ein Positionserwerb dadurch erfolgen kann, dass man eigentlich keine Legitimation für die Position hat. Die „Legitimation" besteht dann wie oben beschrieben darin, dem Vorgesetzten nicht gefährlich, sondern dienstbar zu sein (s. Abschn. 8.3.3). Es handelt sich um eine Pseudo-Legitimation. Eine solche Konstellation ist sehr relevant für das Stresserleben.

Beschreiben Sie in der Tabelle im ersten Schritt Ihre momentane berufliche Situation, so wie Sie sie wahrnehmen. Wodurch „legitimiert" sich Ihr Vorgesetzter Ihnen gegenüber als Führungskraft in einem psychologischen Sinne? Notieren Sie dazu jeweils einige Stichworte. Diese psychologische Legitimation des Vorgesetzten kann sehr subjektiv wahrgenommen werden und muss nicht unbedingt den „objektiven" Gegebenheiten entsprechen. Für die Frage des Stressempfindens ist diese Unterscheidung nicht von Bedeutung, da nur Ihre subjektive Einschätzung psychologisch wirksam und bedeutsam ist.

Führen Sie dann in einem zweiten Schritt eine Bewertung durch: Verteilen Sie insgesamt 12 Punkte auf die vier Spalten der Tabelle, und zwar so, wie Sie die Legitimation Ihres Vorgesetzten, Ihre jeweilige Situation des Geführtwerdens erleben.

Verteilen Sie dann in einem dritten Schritt wiederum 12 Punkte und zwar so, dass diese die für Sie ideale, akzeptable Verteilung der Legitimationsquellen darstellen. Vergleichen Sie dann im vierten Schritt die beiden Verteilungen. Je größer die Differenzen zwischen den Verteilungen sind, desto mehr ist Ihre Führungssituation dazu geeignet, Stress auszulösen.

Je weiter die Werte Ihrer persönlichen Präferenz der Legitimation von Führung und Macht von den Werten der Beschreibung Ihrer realen Situation abweichen, desto mehr wird die Führungssituation für Sie zu einem Problem werden. Wenn Sie die Möglichkeit dazu haben, sollten Sie sich einen Vorgesetzten suchen, dessen Legitimation seiner Führungsposition für Sie zumindest akzeptabel ist.

Wenn Sie selbst in einer Führungsposition sind, kann es sich lohnen, zu überlegen, worauf Sie Ihren eigenen Führungsanspruch gründen, mit welchen Quellen Sie diesen legitimieren. Solche Überlegungen setzen natürlich ein gewisses Maß an Selbstreflexion voraus. Sie sollten sich auch ein – zumindest plausibles – Bild davon machen, wie Ihre Mitarbeiter Sie bezüglich der Legitimationsquellen Ihrer Machtausübung einschätzen. Das kann von Mitarbeiter zu Mitarbeiter durchaus zu unterschiedlichen Ergebnissen führen. Die Frage, welche Führungslegitimation Ihre Mitarbeiter Ihnen zusprechen, kann einen großen Einfluss auf die Qualität Ihrer Führungssituation haben und kann das Potenzial zu einer eminenten Stressquelle haben. Wenn dies der Fall ist, so können Sie versuchen, sich auf andere Legitimationsquellen zu berufen und diese den Mitarbeitern erlebbar zu machen.

Literatur

Ajzen, I., & Fishbein, M. (1977). Attitude-behavior relations: A theoretical analysis and review of empirical research. *Psychological Bulletin, 84,* 1108–1121.

Dunning, D., & Kruger, J. (1999). Unskilled and aware of it. How difficulties in recognizing one's own incompetence lead to inflated self-assessments. *Journal of Personality and Social Psychology, 77*(6).

French, J. R. P., & Raven, B. H. (1959). The basis of social power. In D. Cartwright (Hrsg.), *Studies in social power.* Ann Arbor: Verlag der University of Michigan.

Hofmann, E. (2011). *Verhaltens- und Kommunikationsstile erkennen und optimieren.* Göttingen: Hofrefe.

Neuberger, O. (1999). *Führen und geführt werden.* Stuttgart: Enke.

Peter, L. J. (1972). *Das Peter-Prinzip.* Reinbek: rororo.

Ulrich, R. (1976). *Das Assertiveness Training Programm.* München: Pfeiffer.

Die Organisation als Rahmenbedingung

9

Organisationen können nach verschiedenen Kriterien beschrieben werden, die für das individuelle Stresserleben von Bedeutung sind: die abstrakten Wesensmerkmale einer Organisation; die Kultur einer Organisation; die Rolle, die Mikropolitik in einer Organisation spielt; die Kontingenz der Rückmeldung, die die Organisation erhält, und die Stellung der Organisation in ihrem Lebenszyklus.

9.1 Die Wesenselemente einer Organisation

Wenn man über „Organisationen" nachdenkt, hat es sich als sehr hilfreich erwiesen, sich die Organisation auf einem grundsätzlichen, abstrakten Niveau vor Augen zu führen. Dies kann wie nachfolgend beschrieben in Form abstrakter Fragen geschehen. Solche Fragen erleichtern es einem in der Regel, die Organisation gewissermaßen „von außen", mit etwas Distanz zu betrachten und dabei auf die wesentlichen Aspekte zu fokussieren. Machen Sie sich also zunächst einmal Gedanken über Ihre Organisation anhand der folgenden Fragen, die die Struktur, die materiellen Rahmenbedingungen, die Menschen und den Existenzgrund der Organisation betreffen.

Fragebogen zu den Wesensmerkmalen einer Organisation

1. Ordnung

Strukturen

- In welche Strukturen (offizielle und latente) gliedert sich die Organisationseinheit?
- Wie sind die Einheiten verknüpft?
- Wie funktionieren Koordinations- und Besprechungsstrukturen?
- Welche Strukturen sind wirkungsvoll, welche nicht?

© Springer Fachmedien Wiesbaden 2015

E. Hofmann, *Wo brennt es beim Burnout?*, DOI 10.1007/978-3-658-08592-6_9

Prozesse
- Wie sind die Teilprozesse aufeinander abgestimmt?
- Stehen Zweckmäßigkeit und inhaltliche Güte oder formale Richtigkeit im Vordergrund?
- Wie kommen Entscheidungen zustande (gibt es Entscheidungsstaus, Doppelgleisigkeiten etc.)?

Funktionen
- Sind die Aufgaben klar definiert und mit Kompetenz ausgestattet?
- In welcher Art wird Führung wahrgenommen?
- Wer übernimmt Verantwortung?

2. Materielle Rahmenbedingungen
Technik
- Wie ist der technische Stand der Anlagen, die in dieser Organisationseinheit relevant sind?
- Wie ist der Stand der Informationstechnologie und wie wird mit ihr in der Organisationseinheit umgegangen?

Räume
- In welchem Zustand sind Gebäude, Anlagen, Ausstattung?
- Wie wirkt sich die räumliche Aufteilung auf die Zusammenarbeit aus?

Geld
- Wie ist die finanzielle Situation?
- Wie ist die Ertragskraft der Organisationseinheit?
- Wie wird über Geld geredet/gedacht?

3. Menschen
- Welche Gesprächs-, Konflikt- und Informationskultur wird in dieser Organisationseinheit praktiziert?
- Stimmen Fähigkeiten, Wissen und Können mit den Anforderungen der Zukunft überein?
- Wie wirken sich Einstellung, Verhalten und Motivation auf die Leistung aus?
- Gibt es Reibungen, Spannungen, Konflikte zwischen Personen oder Bereichen?
- In welcher Art fühlen sich die Menschen mit der Organisationseinheit verbunden?

4. Existenzgrund
- Für welche Bedürfnisse oder Problemlösungen werden heute/morgen Dienstleistungen oder Produkte angeboten?
- Wie wird der Daseinszweck kommuniziert?
- Welches Image hat die Organisationseinheit?

- Für wen wäre es ein Problem, wenn es die Organisationseinheit nicht geben würde?
- Was leistet die Organisationseinheit für wen?
- Welche Fragen aus dem Umfeld der Organisationseinheit bewegen die Menschen in dieser Organisationseinheit?
- Welche Themen erklären einflussreiche Personen in der Organisationseinheit zu ihrer Sache?

Vor dem Hintergrund dieser ersten Überlegungen zur Organisation werden nachfolgend weitere prinzipielle Fragestellungen an eine Organisation formuliert und auf ihre Auswirkungen auf das individuelle Stresserleben untersucht.

9.2 Die Kultur einer Organisation

Der Begriff der „Kultur" wurde erst in den 1980er Jahren auf Unternehmen bzw. Organisationen übertragen. Bis zu diesem Zeitpunkt bezeichnete der Begriff „Kultur" nur die „großen" Kulturen, also z. B. westliche bzw. östliche Kulturen. Im Bereich von Organisationen hat man es daher eher mit „Mikrokulturen" zu tun. Um sich ein Bild über die Kultur einer Organisation bzw. einer Organisationseinheit zu machen, kann es sinnvoll sein, sich an der Forschung zum Bereich der „großen" Kulturen zu orientieren.

In den 1970er Jahren hat sich Geert Hofstede (1980) bemüht, Kulturdimensionen empirisch greifbar zu machen. Er bediente sich dabei genauso wie Holland bei der Entwicklung des RIASEC-Modells der statistischen Methode der Faktorenanalyse. Als Ausgangmaterial dienten dabei Fragebogendaten von 88.000 Mitarbeitern des Unternehmens IBM aus 72 Ländern, die von 1967 bis 1973 erhoben wurden. In der Folge der Forschung Hofstedes wurden ähnliche Untersuchungen immer wieder durchgeführt und Hofstedes Ergebnisse im Wesentlichen repliziert. Man kann also davon ausgehen, dass sich Kulturen in den Dimensionen unterscheiden, die Hofstede identifiziert hat.

Hofstede hat ebenfalls eine Positionierung einzelner Länder auf den Achsen der Kulturdimensionen vorgenommen. Diese Lokalisierung dürfte nicht mehr dem heutigen Stand entsprechen, da es seit den 1970er Jahren zu massiven Veränderung kam. Dies tut jedoch der Gültigkeit der Grunddimensionen keinen Abbruch. Nachfolgend sollen daher die Forschungsergebnisse von Hofstede für die Analyse der beruflichen Situation im Hinblick auf ihr Stresspotenzial betrachtet und nutzbar gemacht werden. Die jeweiligen Dimensionen werden kurz beschrieben und anhand von Beispielen charakterisiert. Diese Beschreibung ist natürlich nicht vollständig und nicht abschließend.

Sie werden bei der Beschreibung der Kulturdimensionen einer Organisation sehr wahrscheinlich einige Parallelen zum Kap. 6 entdecken, in dem die Teammodelle als eine Art Mikrokultur beschrieben wurden.

9.2.1 Machtdistanz

Die erste Dimension, auf der sich Kulturen unterscheiden, ist die Machtdistanz. Sie bezieht sich auf das Ausmaß, in dem eine ungleiche Machtverteilung innerhalb einer Organisation (auch aus Sicht der weniger mächtigen Mitglieder) erwartet und akzeptiert wird.

Hohe Machtdistanz:

- Die Autoritätspersonen erwarten ein hohes Maß an Respekt und Gehorsam von ihren Mitarbeitern.
- Eine Selbstständigkeit im Denken und Handeln der Organisationsmitglieder ist weniger erwünscht bzw. wird weniger gefördert.
- Meinungen und Ansichten von Autoritätspersonen sind weitgehend ungefragt zu übernehmen.
- Von Vorgesetzten wird erwartet, dass sie sowohl autoritär als auch wohlwollend und fürsorglich sind.
- Die Mitarbeiter werden weniger an Entscheidungen beteiligt.
- Den Mitarbeitern wird weniger Verantwortung übertragen.
- Hierarchie bedeutet existenzielle Ungleichheit.

Geringe Machtdistanz:

- Selbstständigkeit und Unabhängigkeit im Denken und Handeln wird gefördert.
- Das Verhältnis von Vorgesetzten und Mitarbeitern ist eher durch gleichberechtigten und kontroversen Austausch von Meinungen und Ansichten geprägt als von uneingeschränktem Gehorsam und Respekt.
- Es besteht ein relativ unabhängiges Verhältnis zwischen über- und untergeordneten Personen.
- Die Mitarbeiter erwarten, dass sie in Entscheidungen, die ihre Arbeit beeinflussen, mit einbezogen werden.
- Hierarchie bedeutet die Verschiedenheit von Rollen, die aus praktischen Gründen verteilt sein sollen.

9.2.2 Individualismus

Die zweite Dimension zur Beschreibung von Unterschieden zwischen verschiedenen Kulturen ist der Individualismus. Die Dimension Individualismus vs. Kollektivismus beschreibt dabei die Beziehung zwischen dem Individuum und dem Kollektiv.

Geringer Individualismus:

- Belohnungen werden eher an die gesamte Arbeitsgruppe als an Individuen vergeben.
- Es wird ein indirekter Kommunikationsstil praktiziert (auch z. B. bei Kritikgesprächen).
- Das Harmonieprinzip ist sehr wichtig.
- Aufgabenorientierte und beziehungsorientierte Führung ist schwer trennbar.
- Die Interessen der Gruppe werden über die Interessen des Einzelnen gestellt.
- Mitarbeitern mit schlechter Leistung wird sehr spät oder gar nicht gekündigt.
- Die Wertemaßstäbe gelten kollektiv.
- Die Beziehung zwischen Arbeitgeber und Arbeitnehmern folgt eher einem demokratischen Modell.
- Im Zweifelsfall sind die Beziehungen wichtiger als die Aufgabe.

Hoher Individualismus:

- Das Management von Individuen steht im Vordergrund.
- Belohnungen sind an individuelle Leistungen gebunden.
- Regelmäßige Feedbackgespräche sind obligatorisch.
- Es wird erwartet, dass auch negative Kritik geäußert wird.
- Aufgabenorientierte und beziehungsorientierte Führung ist relativ getrennt.
- Die Beziehung zwischen Vorgesetztem und Mitarbeiter wird eher als eine geschäftliche Transaktion aufgefasst (kalkulatorisches Modell).
- Die Wertemaßstäbe unterscheiden sich stark (Partikularismus).
- Aufgabe geht vor Beziehung.

9.2.3 Unsicherheitsvermeidung

Eine weitere Dimension stellt die Dimension Unsicherheitsvermeidung dar. Sie beschreibt den bevorzugten Umgang der Organisation mit Unsicherheiten. Es ist eine unveränderbare Tatsache, dass die Zukunft Unsicherheit birgt. Kulturen unterscheiden sich darin, wie diese Unsicherheit bewertet wird und wie versucht wird, ihr zu begegnen. Außerdem unterscheiden sich Kulturen in der Bewertung von Überzeugungen und Institutionen, die Sicherheit gewährleisten sollen (durch Technologien, Gesetze, Regeln, ...).

Geringe Unsicherheitsvermeidung:

- Es existieren nur vage Zielvorgaben.
- Es gibt wenige bzw. wenig präzise Zeitpläne.
- Grundsätzlich werden mehrere Antworten als prinzipiell korrekt angesehen.
- Strategische Entscheidungen ohne große Detailplanung werden bevorzugt.
- Geringere Loyalität zwischen Mitarbeitern und Führungskräften ist akzeptiert.

- Unsicherheit wird eher als eine Bereicherung, weniger als eine Bedrohung wahrgenommen.
- Vorgesetzte dürfen ihr Nichtwissen/ihre Unsicherheit zeigen.
- Regeln (geschriebene und ungeschriebene) sind nicht sehr willkommen.
- Geringe Formalisierung und Standardisierung.
- Aggression zu zeigen, ist eher nicht akzeptiert.

Hohe Unsicherheitsvermeidung:

- Strukturierte Situationen werden bevorzugt.
- Es werden präzise Zielformulierungen gegeben.
- Korrekte Antworten werden geschätzt.
- Bei der Bearbeitung von Problemstellungen wird hauptsächlich Genauigkeit geschätzt.
- Entscheidungen basieren häufig auf rationalen Vorhersagen und auf Expertenwissen.
- Auf eine große Loyalität der Mitarbeiter (z. B. in Form langer Beschäftigungsverhältnisse) wird viel Wert gelegt.
- Führungskräfte legen viel Wert auf Details.
- Vorgesetzte zeigen ihr Nichtwissen/ihre Unsicherheit eher nicht.
- Regeln (geschriebene und ungeschriebene) sind willkommen.
- Starke Formalisierung und Standardisierung.
- Aggression zu zeigen, ist eher akzeptiert.

9.2.4 Maskulinität

Die letzte Dimension des Hofstede'schen Schemas nennt sich Maskulinität. Die Dimension Maskulinität vs. Femininität bezieht sich bei Hofstede ursprünglich auf die Differenzierung sozialer Geschlechterrollen in einer Gesellschaft. Sie lässt sich jedoch auch unabhängig von Geschlechtern als eine generelle Metapher auf eine Organisation übertragen.

Geringe Maskulinität:

- Konflikte werden eher durch Kompromiss und Verhandlung gelöst.
- Auch arbeitsunabhängige Lebensbereiche haben ihren Stellenwert.
- Gleichheit, Solidarität und Qualität des Arbeitslebens wird betont.
- Führungskräfte stehen weniger über ihren Mitarbeiter, sondern werden eher als einer von ihnen betrachtet.
- Die Selbstbehauptung einzelner Mitglieder wird belächelt.
- Betonung der Lebensqualität.

Hohe Maskulinität:

- Konflikte werden eher durch Austragung gelöst (Motto: Der Bessere gewinnt).
- Die Arbeit an sich ist zentral.

- Gerechtigkeit, Wettbewerb und Leistung werden betont.
- Entschlussfreudige Führungskräfte werden geschätzt.
- Führungskräfte stehen eindeutig über ihren Mitarbeitern.
- Selbstbehauptung wird geschätzt.
- Betonung der Karriere.

9.2.5 Was bedeutet das für das Thema Burnout?

Die Kultur einer Organisation bestimmt als „Großwetterlage" auch die lokale Kultur der jeweiligen Organisationseinheit, in der man arbeitet. Eine Divergenz zwischen der realen Kultur und der Kultur, die man als Person für optimal befinden würde, ist eine potenzielle Stressquelle.

Das ursprünglich für „große" Kulturen entwickelte Modell kann auf eine lokale Kultur, die Kultur einer Organisation bzw. einer Organisationseinheit übertragen werden und die Passung der Organisation zu den eigenen Präferenzen geprüft werden. Dabei geht man folgendermaßen vor:

1. Tragen Sie in Abb. 9.1 auf den jeweils zwei Dimensionen der Achsenkreuze, die die vier kulturellen Dimensionen repräsentieren, Ihre Präferenzen ein. Legen Sie dadurch in jedem der beiden Achsenkreuze einen Punkt auf dem Achsenkreuz fest, der Ihre Präferenz repräsentiert.
2. Versuchen Sie dann die Position der Organisationseinheit auf dem Achsenkreuz festzulegen.
3. Vergleichen Sie die Positionen. Sind beide Positionen im gleichen Quadranten, so ist eine relativ große Passung zu erwarten. Befinden sich die Positionen in verschiedenen Quadranten, sind eher Konflikte zu erwarten. Diese sind natürlich umso größer, je weiter die Positionen voneinander entfernt sind.
4. Entscheiden Sie dann, welche Relevanz diese eventuellen Konflikte für Sie besitzen und welche Strategien Sie haben, um mit diesen Konflikten umzugehen.
5. Fragen Sie sich dann, welches Potenzial diese Konflikte haben, um bei Ihnen als Stressor wirksam sein zu können.
6. Beachten Sie dabei auch, dass die Kulturdimensionen in enger Beziehung zu anderen Dimensionen der Arbeitssituation, insbesondere den Teammodellen, stehen.

9.2.6 Informationen zur Kultur fremder Organisationen

Wie kommt man zur Positionierung einer Organisation bzw. Organisationseinheit auf den Achsenkreuzen, die man nicht aus eigenem Erleben kennt? Dies ist in der Regel der Fall, wenn man sich um eine neue Stelle bei einer fremden Organisation bewirbt. Eine fremde Kultur kann aber auch schon in einem anderen Bereich, einer anderen Abteilung etc. herrschen.

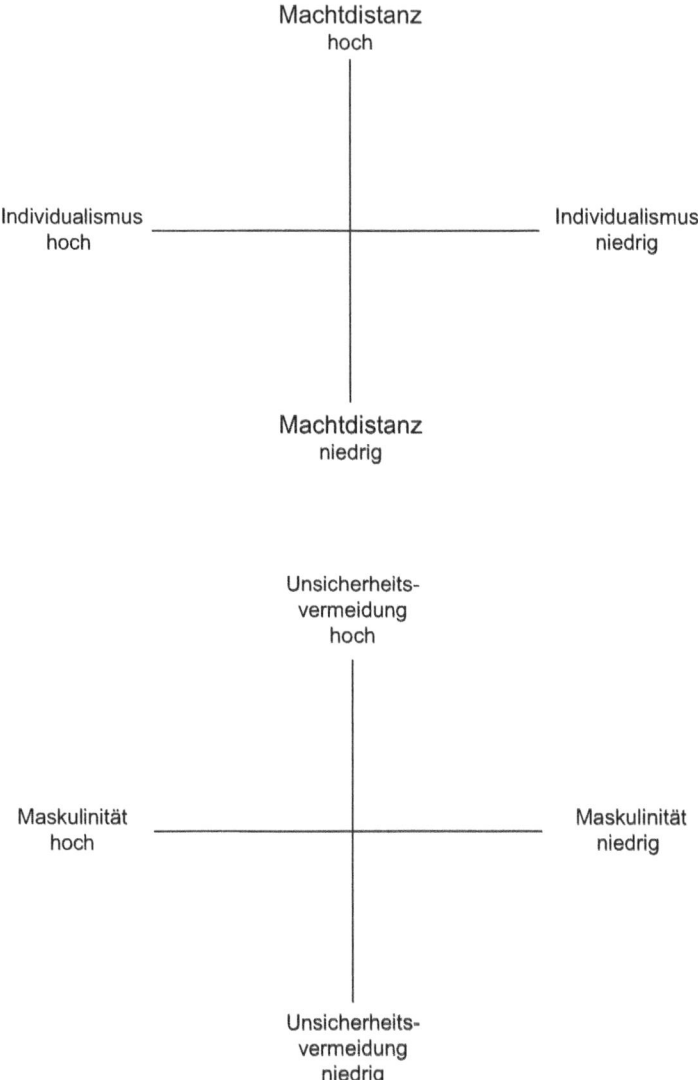

Abb. 9.1 Passt die Organisation zu den eigenen Präferenzen?

Man kann versuchen, die relevanten Informationen im Gespräch zu erfragen. Wenn das nicht möglich ist oder im Gespräch nicht hinreichend gelungen ist, ist es denkbar, die Organisation „gefühlsmäßig" zu platzieren und dabei die vielen Eindrücke zu nutzen, die man beim ersten Kennenlernen der Organisation gewonnen hat. Nach meiner Erfahrung liegt man dabei oft gar nicht so falsch.

Bei der Erfassung der Dimensionen im Gespräch muss man sich der Tatsache bewusst sein, dass die Darstellung natürlich bewussten oder auch unbewussten Verzerrungen unterliegt. So besteht z. B. ein gesellschaftlicher Trend, der schon fast einem Zwang gleichkommt, die Machtdistanz zu negieren. Man gibt sich in der Außendarstellung heute eher liberal. Genauso verhält es sich mit der Dimension Maskulinität. Man wird heute eher bestrebt sich, die eigene Organisation in der Maskulinität als eher geringer ausgeprägt darzustellen. Die Tendenz zur Feminisierung ist momentan allgegenwärtig – man bedenke nur die Diskussion um die Frauenquote in Vorständen und Aufsichtsratsmandaten.

Genauso wird sich eine Organisation wohl als deutlich weniger unsicherheitsvermeidend darstellen, als sie es eigentlich ist. Ein souveräner Umgang mit Unsicherheit ist einfach eine wünschenswerte Eigenschaft, zu große Absicherung dagegen unerwünscht und ein Zeichen von Bürokratie. Nur auf der Dimension Individualismus gibt es keinen eindeutig sozial erwünschten Pol.

Daher muss man im Gespräch genau nachfragen und im Zweifelsfall die verbale Darstellung der Organisation um die oben beschriebenen Tendenzen der sozialen Erwünschtheit reduzieren.

9.3   Die Rolle der Mikropolitik in der Organisation

Eine weitere wichtige Dimension, die eine Organisation charakterisiert und als Stressquelle und somit als Auslöser für Burnout wirken kann, ist die sogenannte „Mikropolitik".

9.3.1   Was ist Mikropolitik?

Der Begriff „Mikropolitik" wurde erstmals von Burns (1962) verwendet. Im deutschen Sprachraum wurde er vor allem durch die Veröffentlichung von Bosetzky (1980) bekannt. Er versteht unter Mikropolitik:

▶ „Die Bemühungen, die systemeigenen materiellen und menschlichen Ressourcen zur Erreichung persönlicher Ziele, insbesondere des Aufstiegs im System selbst und in anderen Systemen, zu verwenden, sowie zur Sicherung und zur Verbesserung der eigenen Existenzbedingungen."

Unter Mikropolitik versteht man also das Arsenal jener alltäglichen kleinen (Mikro-)Techniken, mit denen Macht aufgebaut und eingesetzt wird, um den eigenen Handlungsspielraum zu erweitern und sich fremder Kontrolle zu entziehen. Mikropolitische Techniken werden hauptsächlich in hierarchischen Systemen angewendet, um sich innerhalb dieser Systeme längerfristige Vorteile verschaffen zu können. Ein wichtiges Charakteristikum der Mikropolitik ist es, dass sie in ihren Aktionen zugleich ihre Existenz verbirgt oder leugnet. Sie wirkt unerkannt am besten, da die Akteure den Anschein der Legitimität wahren müssen, damit sie wirksam bleiben kann. „Normale" Alltagshandlungen gewinnen ihren Sinn durch die Einbettung in einen Handlungszusammenhang. Mikropolitische Handlungen dagegen versuchen, gerade diesen Zusammenhang zu verwischen. Daher kann Mikropolitik auch nicht direkt beobachtet werden, sondern muss erschlossen werden.

Mikropolitik unterliegt grundsätzlich dem Rumpelstilzchen-Effekt. In dem Moment, in dem sie beim Namen genannt wird, wird sie schon zumindest zeitweise wirkungslos. Die Tatsache, dass nicht (offen) über Mikropolitik gesprochen wird, ist eher eine notwendige Voraussetzung für die Wirksamkeit als ein Beweis für die Nichtexistenz. Mikropolitisches Handeln wird natürlich in den seltensten Fällen mit diesem Begriff bezeichnet, gängiger sind Begriffe wie: Beziehungspflege, Schönfärberei, Informationsfilterung, Missachtung von Normen, Obstruktion, Schwejkismus (nach dem „braven Soldat Schwejk", heute vielleicht besser vergleichbar mit der Person Stromberg), Intrige etc.

9.3.2 Warum gibt es Mikropolitik?

Mithilfe von Mikropolitik kann die klassische pyramidale Organisationsstruktur, bei der die Einfluss- und Informationsstrukturen sauber definiert und geordnet sind, unterlaufen und zumindest teilweise außer Kraft gesetzt werden. Die formale hierarchische Organisation kann mittels Mikropolitik in eine polyzentrische umgewandelt werden. Dies ist ein Grund dafür, warum es offizielle und latente Organigramme gibt.

Mikropolitik wird häufig sehr abschätzig beurteilt und assoziiert mit Begriffen wie Unfairness, Egoismus, Hinterlist, unmoralischem Handeln etc. Sie hat jedoch nicht nur negative Seiten, sondern zum Teil sogar lebenserhaltende Funktionen für die Organisation. Sie ermöglicht es, innerhalb einer Organisation die potenziell lähmend wirkenden Kräfte der Strukturierung und der Bürokratisierung zu relativieren. Mikropolitik bringt Bewegung in relativ starre formale Regelwerke und trägt damit zur Stabilisierung des Systems bei. Gäbe es keine Mikropolitik, so wären viele Organisationen bürokratisch erstarrt.

Als abschreckendes Beispiel können viele Behörden dienen, die jeder kennt. In einer Bürokratie wird ja gerade versucht, die Abläufe „sauber" und „objektiv" durch Regelwerke zu definieren, was fast zwangsweise zur Erstarrung führen muss. Man kann nun versuchen, mikropolitische Einflüsse zu bändigen, indem man ein Regelwerk schafft, das dann jedoch die Flexibilität der Organisation noch mehr behindert. Dann braucht man geradezu noch mehr und intensivere mikropolitische Mechanismen, um die Organisation überhaupt „am Laufen" zu halten.

Durch Mikropolitik wird also Systemstabilität durch Systemunterwanderung ermöglicht. So bleiben Organisationen bis zu einem gewissen Grad flexibler und offener, als sie es ohne Mikropolitik wären. Es fällt mithilfe von Mikropolitik auch leichter, auf unscharfe Zielvorgaben zu reagieren und widersprüchliche Interessen zu integrieren.

Die Sichtweise einer Organisation als einen Lebensbereich, in dem Mikropolitik betrieben wird, unterscheidet sich von der Auffassung der Organisation als ein Ort der effektiven sachlichen Entscheidung und Problemlösung, bei dem das gemeinsame Ziel bekannt und akzeptiert ist und es „nur" darum geht, den bestmöglichen Weg zu diesem Ziel zu finden.

Die mikropolitische Sichtweise der Organisation beschreibt dagegen z. B. Burns (1961):

Unternehmen sind kooperative Systeme, die aus nutzbaren Attributen von Menschen zusammengesetzt sind. Sie sind auch soziale Systeme, in denen Menschen um Vorwärtskommen rivalisieren, dabei benutzen sie andere. Verhalten wird als politisch identifiziert, wenn andere als Ressourcen in Konkurrenzsituationen benutzt werden. Politik ist das Ausbeuten physischer wie menschlicher Ressourcen, um mehr Herrschaft über andere zu erlangen und damit sicherere, angenehmere und zufriedenstellendere Existenzbedingungen zu haben.

Mikropolitik ist so gesehen kein Betriebsunfall und auch nicht nur eine (wie auch immer zu bewertende) Ausnahme, sondern eher der Regelfall des betrieblichen Alltags. Mikropolitisches Agieren sichert den Handlungsfortgang bei nicht vollständiger Lagebeurteilung und Unklarheiten über Ziele, Verfahren und Werte. Wer anders ist als andere, hat (allein schon deswegen!) andere Interessen. Dies lässt sich auch nicht durch die Beschwörung der Gemeinsamkeiten (wir ziehen alle an einem Strang etc.) wegdefinieren. Eben dieser Versuch wäre schon ein Teil des mikropolitischen Handelns. Politisches Handeln schafft Unvorhersagbarkeit, Offenheit und Flexibilität.

9.3.3   Beschreibung mikropolitischen Handelns

Die nachfolgende Beschreibung mikropolitischer Techniken (in Anlehnung an Ortmann 1988) wirkt vielleicht etwas überzeichnet. In ihr werden in einer starken Konzentration, Vergröberung und Überzeichnung Techniken dargestellt, die von fast allen Menschen in ähnlicher Form im Alltag intuitiv angewandt werden.

a. Informationskontrolle:
   - Informationsfilterung
   - Informationszurückhaltung
   - Informationsüberflutung
   - Informationsverzerrung
   - Informationsbeschönigung
   - Informationsverfälschung
   - Gezielte Falschinformation
   - Vernichten von Unterlagen
   - Dosierte Gabe von Informationen
   - Andere von Informationen abschotten
   - Vorbereitete Formulierungen scheinbar spontan vorschlagen
   - Fachsprache einsetzen, um zu beeindrucken
   - Irrelevante Informationen verbreiten
   - Nebenkriegsschauplätze eröffnen
   - Gerüchte verbreiten
   - Absichtlich falsch verstanden werden
   - Zugang zu Informationen erschleichen
   - Informanten platzieren

- Durch Kontaktpflege zu Informationen gelangen
- Dritten Insider-Informationen zuspielen
- Vertraulichkeit verletzen
- Spezialwissen ansammeln
- Expertenstatus beanspruchen

b. Einfluss auf Verfahren und Regeln nehmen:
- Präzedenzfälle, Gewohnheiten, Besitzstände, Traditionen etc. geltend machen
- Entscheidungsprozeduren beeinflussen
- Passende Maßstäbe auswählen
- Auf Autoritäten berufen
- Bestimmte Alternativen abwürgen
- Scheinabstimmungen
- Scheinbar neutrale (in Wirklichkeit bestellte) Dritte zur Schlichtung rufen

c. Beziehungspflege:
- Verdeckte Absprachen
- Schaltstellen mit loyalen Personen besetzen
- Auf mächtige Verbündete hinweisen
- Unbequeme Leute isolieren
- Jemanden zum Sündenbock machen
- Jemandem eigene Fehler in die Schuhe schieben
- Entzug von Privilegien
- Zuschanzen von Ressourcen
- Sich in den Schutz eines „Patrons" begeben
- „Radfahren"
- Schleimen
- Nach dem Mund reden
- Den Dienstweg umgehen (bypassen)

d. Selbstdarstellung:
- Andere öffentlich herausfordern
- Bluffen
- Einschüchtern
- Stur sein
- Offene Befehlsverweigerung
- Andere im Unklaren lassen
- In aller Munde sein
- Über sich gut reden (lassen)
- Fassadentechniken
- Mit Statussymbolen Eindruck schinden
- Durch auffällige Aktionen die eigene „Sichtbarkeit" erhöhen

e. Handlungsdruck erzeugen:
- Termine setzen und kontrollieren
- Termine verschieben/nicht einhalten

- Unrealistische Forderungen stellen und sich herunterhandeln lassen
- Formelle Verfahren (Beschwerde, Gericht, Betriebsrat etc.) androhen
- Sanktionen ankündigen
- Anderen Motive unterstellen, personalisieren

9.3.4 Was bedeutet das für das Thema Burnout?

Die Auswirkungen von Mikropolitik auf ihre „Opfer" sind unmittelbar evident. Organisationen unterscheiden sich in dem Ausmaß, in dem mikropolitisches Verhalten belohnt, bestraft, toleriert oder gar gefördert wird. Ebenso gibt es Personen, die mit Mikropolitik besser oder weniger gut klarkommen, sicher auch Personen, für die Mikropolitik die Methode der Wahl ist, um im Berufsleben zurechtzukommen. Wichtig ist es, dass Sie auch beim Thema Mikropolitik prüfen, wie Ihre persönlichen Präferenzen zu den Verhältnissen passen, die Sie in der jeweiligen Organisation vorfinden. Dazu können Sie sich folgende Fragen stellen:

- Welche Rolle spielt Mikropolitik in Ihrer Organisation?
- Wird das Thema Mikropolitik tabuisiert (das spricht für ein hohes Ausmaß an Mikropolitik)?
- In welchem Ausmaß wird Mikropolitik in Ihrer Organisation toleriert oder gar (natürlich verdeckt) gefördert?
- Wie ist das Verhältnis von rationalen Prozessen zu Prozessen, die auf Mikropolitik beruhen in Ihrer Organisation?
- In welchem Ausmaß stellt Mikropolitik eine Stressquelle für Sie dar?

9.4 Die Kontingenz der Rückmeldung der Umwelt an die Organisation

Ein weiteres Merkmal, um eine Organisation zu beschreiben, ist die Art der Rückmeldung, die sie darüber erhält, wie effektiv sie arbeitet. In Betrieben heißt das normalerweise, wie sie Rückmeldung vom Markt erhält.

Man kann marktnahe und marktferne Organisationen unterschieden. Marktnahe Organisationen erhalten im Falle eines Fehlfunktionierens sehr schnell Rückmeldung, werden sehr schnell und in Geld messbar bestraft. Marktfernen Organisationen fehlt oft ein solches Korrektiv. Die Tatsache allein, dass sich eine Organisation als eine Wirtschaftsorganisation, in der Regel als Unternehmen, bezeichnet, muss dabei jedoch für sich genommen noch nichts bedeuten. Es gibt Wirtschaftsunternehmen, die faktisch keinem oder nur einem sehr schwachen Korrektiv unterliegen. Das ist z. B. der Fall, wenn das Unternehmen ein Monopol oder ein Quasi-Monopol besitzt. Ein anderer Grund für eine faktische Marktferne kann in der Tatsache des *„too big to fail"* liegen. Das ist immer dann der Fall, wenn der Zusammenbruch eines Unternehmens weitreichende Konsequenzen hätte. Seit der Finanzkrise ist zusätzlich noch die Begründung „systemisch relevant", hauptsächlich in Verbindung mit Banken, aufgetaucht, die vor einer Korrektur durch den Markt schützen kann. Es geht aber auch anders herum: Die Bundeswehr als eine marktferne Organisation kann auch ein Korrektiv erhalten, das nicht unbedingt monetär sein muss. Sie war über Jahrzehnte eine im übertragenen Sinne sehr „marktferne" Organisation. Ihr „Marktwert" wäre erst im Falle eines Krieges, der glücklicherweise nie stattfand, bestimmbar gewesen. Wäre z. B. eine völlig falsche Taktik gelehrt und geübt worden, so wäre dies über eine sehr lange Zeit hinweg völlig ohne Konsequenzen geblieben. Mit dem Beginn der Auslandseinsätze hat sich dies schlagartig geändert. Nun haben Fehlentscheidungen eine schnell spürbare Auswirkung. Die Tatsache, dass nun ein solches Korrektiv besteht, hat gravierende Auswirkungen auf die Organisation Bundeswehr.

Nun ist eine Organisation kein homogenes Gebilde, sondern verfügt im Normalfall über sehr verschiedene Unterorganisationen. Daher kann es sein, dass eine Organisation im Prinzip sehr marktnah ist, dass es aber innerhalb dieser Organisation Unterorganisationen gibt, die sehr marktfern agieren. Eine erste Annäherung ist die Bezeichnung solcher Bereiche als „direkte" oder „indirekte" Bereiche in Bezug auf die betriebliche Wertschöpfung. Typischerweise sind „direkte Bereiche eher in der Produkterstellung und „indirekte" Bereiche eher in der Verwaltung zu finden, aber auch hier muss man genau hinsehen.

Letztendlich geht es darum, ob und in welchem Maße eine Organisation über ein Frühwarnsystem verfügt bzw. einem Frühwarnsystem ausgesetzt ist.

9.4.1 Was bedeutet das für das Thema Burnout?

Die Art und Weise, in der eine Organisation Rückmeldung aus ihrer Umwelt dazu erhält, wie effizient sie arbeitet, bestimmt zu einem guten Teil die Rahmenbedingungen, unter denen die Arbeit verrichtet wird. Die Art der Verrichtung der Arbeit ist dabei wiederum weder gut noch schlecht, sie ist einfach, wie sie ist. Sie muss jedoch zu der von Ihnen individuell präferierten Arbeitsweise passen, damit eine eventuelle Differenz nicht zu einer Stressquelle werden kann. Sie können sich folgende Fragen zu diesem Thema stellen:

- In welcher Form erhält Ihre Organisation Rückmeldung über ihre Effizienz?
- Wie schnell (bzw. mit welcher Verzögerung) erfolgt diese Rückmeldung?
- Welche „Marktnähe" besitzt Ihre Organisation (Organisationseinheit)?
- Welche Auswirkungen hat dies auf die Arbeitsweise der Organisation?
- Wie passt diese Arbeitsweise zu Ihren Vorstellungen einer optimalen Arbeitsweise?

9.5 Die Stellung der Organisation in ihrem Lebenszyklus

Keine Organisation oder Organisationseinheit existiert ewig. Malik stellt z. B. fest, dass es nur zwei Organisationen gibt, die wirklich über lange Zeit existieren: das Militär und die Kirche. Alle anderen Organisationen, inklusive Staaten und Staatsformen, sind sehr

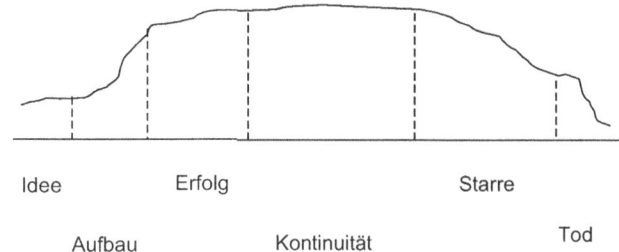

Abb. 9.2 Lebenszyklus einer Organisation/ Organisationseinheit

vergänglich. Daher kann man den „Lebenszyklus" einer Organisation ähnlich dem Lebenszyklus eines Menschen beschreiben (s. Abb. 9.2). Der Lebenszyklus kann auch auf Organisationseinheiten innerhalb größerer Organisationen angewandt werden. Diesen Lebenszyklus kann man in verschiedene Stadien unterteilen:

Idee

Am Anfang steht eine Idee, die von einem oder mehreren Pionieren getragen wird. Es herrscht eine Gründerkultur und kreatives Chaos. Jeder fühlt sich der Grundidee verpflichtet. Informationen sind für alle Organisationsmitglieder zugänglich. Es gibt entweder gar keine oder nur eine sehr einfache Struktur.

Aufbau

Erste Erfolge zeigen sich, die Organisation wächst und steckt voller Energie. Man setzt nach wie vor auf Selbstorganisation.

Erfolg

In der Erfolgsphase herrscht eine Kultur der Innovation, der Leistung und der Flexibilität.

Kontinuität

Es herrscht eine Kultur des „Establishments". Eine formale Organisation wird aufgebaut. Die Innovationsrate nimmt ab.

Starre

Vorherrschend ist eine Kultur der Grenzziehung mit einem starken Neben- und Gegeneinander. Die Innovationsrate sinkt weiter. Der Kunde gerät leicht aus dem Blickfeld, die Organisation beschäftigt sich sehr mit sich selbst.

Tod

Es erfolgen letzte Versuche, die Organisation durch Downsizing, Reorganisation etc. zu retten. Die Kunden laufen davon.

9.5.1   Was bedeutet das für das Thema Burnout?

In jeder Phase herrscht eine besondere Organisationskultur vor, der man sich bewusst sein muss, um entscheiden zu können, ob man gut zur Organisation passt oder eher nicht. Die Phasen im Lebenszyklus einer Organisation haben besonders Auswirkungen auf die jeweils vorherrschenden Idealvorstellungen zur Zusammenarbeit im Team (vgl. Abschn. 6.2). In den Phasen Idee, Aufbau und Erfolg lässt sich die notwendige Zusammenarbeit im Team eher mit Teammodellen beschreiben, die sich auf der Achse „Wechsel" befinden. In der Phase Kontinuität werden stattdessen Teams mit den Idealvorstellungen benötigt, die auf der Achse „Dauer" liegen.

Folgende Fragen können Sie sich zu dem Lebenszyklus stellen, in dem sich Ihre Organisation oder Ihre Organisationseinheit befinden:

- In welcher Phase befindet sich Ihre Organisation (Organisationseinheit)?
- Welche Auswirkungen hat das auf die Arbeitssituation?
- Auf welchem Teammodell basiert Ihr aktuelles Team?
- Wie passt diese Idealvorstellung zu der Phase Ihrer Organisation (Organisationseinheit)?
- Wo spüren Sie ggf. Auswirkungen der Nichtpassung?

9.6   Die gesellschaftliche Perspektive

Man kann in der Makroperspektive auch die Gesamtgesellschaft, in der man lebt, als eine Organisation verstehen. Bei der Beschreibung von Gesellschaften ist eine wesentliche Dimension der Grad der Gleichheit bzw. der Ungleichheit, der in der jeweiligen Gesellschaft herrscht. Zu diesem Grad der Ungleichheit und dessen Bezug zum Burnoutgeschehen gibt es interessante Forschung. Vieles daraus lässt sich auch auf die Organisation als einen Betrieb, eine Verwaltung etc. übertragen. Wilkinson und Pikett (2012) weisen in ihren Arbeiten auf einen bedeutsamen Aspekt hin, der bei der Erklärung dafür hilfreich sein kann, warum das Phänomen Burnout in den heutigen Gesellschaften ein derartig großes Problem darstellt. Wilson und Pikett untersuchten den Zusammenhang zwischen der Ungleichheit von Gesellschaften und Parametern wie Lebenserwartung, Wohlbefinden, gesundheitlichen und sozialen Problemen, psychischen Erkrankungen, Vertrauen, Fettleibigkeit sowie sozialer Mobilität der Mitglieder der Gesellschaften. Die Ungleichheit einer Gesellschaft wird dabei definiert als das Verhältnis des Einkommens der oberen 20 % zu dem Einkommen der unteren 20 % einer Gesellschaft. Sie fanden dabei eindeutige korrelative Zusammenhänge.

Je ungleicher eine Gesellschaft ist, desto mehr gesundheitliche und soziale Probleme treten auf. Die untersuchten gesundheitlichen und sozialen Probleme sind dabei Alkohol- und Drogensucht, Säuglingssterblichkeit, schulische Leistungen, Fettleibigkeit, Lebenserwartung, Teenagerschwangerschaften, Anzahl der Selbstmorde, Zahl der Gefängnisstrafen.

Besonders interessant ist die Tatsache, dass sich dabei die Lebenserwartungen zwischen den wirtschaftlich entwickelten Staaten kaum unterscheiden. Die wirtschaftliche Entwicklung wirkt sich offenbar nur in der Anfangsphase dieser Entwicklung positiv auf die Lebenserwartung aus, ab einem gewissen Niveau jedoch besteht so gut wie kein Zusammenhang mehr zwischen einer weiteren wirtschaftlichen Entwicklung und der Steigerung der Lebenserwartung. Der Zusammenhang ist dabei ein typischer Grenznutzenzusammenhang. Deutliche Unterschiede bei der Lebenserwartung zeigen sich jedoch INNERHALB einer Gesellschaft. In einer Gesellschaft korreliert die Sterbeziffer hoch mit geringem Einkommen. Die Position innerhalb einer Gesellschaft scheint (zumindest für die „entwickelten" Gesellschaften) wichtiger für die Lebenserwartung zu sein als die absolute Höhe des Einkommens. Es zeigt sich auch, dass in Gesellschaften mit einer hohen Ungleichheit die Lebenserwartung ALLER Mitglieder der Gesellschaft etwas geringer ist, als in Gesellschaften mit geringeren Ungleichheiten. Die reicheren Mitglieder einer ungleichen Gesellschaft haben also Vorteile gegenüber den ärmeren Mitgliedern. Diese Vorteile könnten aber noch größer sein, wenn die Gesellschaft insgesamt weniger ungleich wäre. Soziale Ungleichheit hat also eine ganze Reihe von Auswirkungen auf Parameter, die für das Thema Burnout relevant sind. Nun kann man natürlich aus korrelativen Studien keine Kausalität ableiten. Wilkinson und Pikett liefern jedoch auch Erklärungen für den Wirkmechanismus der Ungleichheit. In einer Gesellschaft, in der große Einkommensungleichheit herrscht, wird die Skala der Statusunterschiede größer als in Gesellschaften, in denen dies nicht der Fall ist. Die Bestimmung der jeweiligen eigenen Position innerhalb der sozialen Hierarchie erhält dann größere Relevanz, da es prinzipiell mehr Möglichkeiten dieser Positionierung es gibt. Diese Sichtweise wird von den Ergebnissen der „Whitehall-Studie" (2004) gestützt. In dieser Langzeitstudie wurde der Einfluss der hierarchischen Position auf das Krankheitsgeschehen bei britischen Beamten untersucht. Die Ergebnisse waren überraschend.

Nicht die an der Spitze stehenden Personen haben den größten Stress, sondern diejenigen in den unteren und mittleren Führungsetagen, die eine verantwortungsvolle Position haben, aber kaum entscheiden können (wenig Einfluss haben) und wenig Anerkennung erfahren. Die umgangssprachlich so genannte „Managerkrankheit" betrifft also eher das untere und das mittlere Management, nicht das obere. An der Spitze einer Organisation hat man wesentlich mehr Einflussmöglichkeiten, man kann z. B. Berater engagieren, delegieren etc. das bleibt denn unteren Ebenen dagegen eher versagt. Zudem herrscht auf den unteren und den mittleren Ebenen ein permanenter Kampf um den Status in der Organisation. Das Topmanagement dagegen braucht sich an diesem Kampf nicht mehr zu beteiligen.

Der Kampf um den gesellschaftlichen Status scheint der zentrale Stressor der heutigen Zeit zu sein. In Amerika leben 12,6 % der Einwohner unter der offiziellen Armutsgrenze, von diesen 12,6 % besitzen 75 % ein Auto und 33 % sogar auch einen Zweitwagen. Offensichtlich wird in dieser Gruppe eher am Essen als am Fahrzeug gespart, da das Fahrzeug relevant ist bei der zumindest nach außen leicht sichtbaren Demonstration der eigenen

Position innerhalb der gesellschaftlichen Hierarchie. Die alltägliche Erfahrung sowie die Verkaufszahlen insbesondere der deutschen Fahrzeughersteller zeigen, dass dieser Effekt nicht nur in Amerika und nicht nur in der Gruppe der offiziell Armen existiert.

Ein anderer Befund weist in die gleiche Richtung. Twenge (2006) führte eine Metaanalyse von Daten durch, die an 52.000 Teilnehmern in 269 Erhebungen in den USA durchgeführt wurden. Dabei wurden bei Studenten Angstwerte und Werte für Selbstbewusstsein, beginnend an 1950 erhoben, es zeigte sich, dass die Angstwerte UND die Werte für das Selbstbewusstsein GLEICHZEITIG ansteigen. Wie kann das sein? Die Auflösung erfolgt, wenn man die Werte für das Selbstbewusstsein auftrennt in Werte für ein „wirkliches" Selbstbewusstsein und in Werte für narzisstische Tendenzen (was in den letzten Jahren gemacht wurde). Dabei zeigt sich, dass die Werte für „wirkliches" Selbstbewusstsein gleich blieben, die Werte für narzisstische Tendenzen jedoch stark anstiegen. Im Jahr 2006 lagen z. B. die narzisstischen Werte um zwei Drittel über denen von 1982. Das angegebene Selbstbewusstsein beruht also nur zu einem Teil auf „wirklichem" Selbstbewusstsein und zu einem guten Teil auch auf einem „zur Schau gestellten" Selbstbewusstsein, das durch den Anstieg der Angst zu erklären sein könnte. Diese Untersuchungen passen auch sehr gut zu den Überlegungen zum selbstbezogenen Verhaltens- und Kommunikationsstil (vergl. Kap. 7). Wir scheinen heute in einer tendenziell narzisstischeren Gesellschaft zu leben, wie sie auch z. B. Maaz (2012) diagnostiziert hat.

Wie relevant die eigene Position innerhalb einer Gesellschaft sogar im Hinblick auf das Aktivieren von kognitiver Leistungsfähigkeit ist, zeigt sich auch in einem Experiment von Hoff und Pandey (2004). In diesem Experiment mit 624 indischen Jungen aus verschiedenen Kasten wurden die Ergebnisse eines Labyrinthtrackingtests erhoben. Die Jungen aus den niederen Kasten waren dabei ein klein wenig besser als die Jungen aus den höheren Kasten. Wenn dabei jedoch vor der Durchführung dieses Versuches die jeweilige Kastenzugehörigkeit der Jungen öffentlich bekanntgegeben wurde, sank die Leistung der Jungen aus der niederen Kaste signifikant ab. Es existiert noch ein weiteres gesellschaftliches Phänomen: Je größer die Lohnschere in einer Kultur ist, desto größer ist die Stressbelastung (da der Kampf um den Status intensiver ist). In den USA (große Lohnschere) ist der Stresslevel viel größer als in Griechenland (geringe Lohnschere), obwohl die USA deutlich mehr Geld für Gesundheit ausgeben.

Was sich für ganze Gesellschaften zeigen lässt, lässt sich auch an einzelnen Organisationen beobachten.

Die oben referierten Zusammenhänge könnten bei der Erklärung des Phänomens helfen, dass sich Menschen Situationen aussetzen, die zu Burnot führen können. Der Grund dafür ist die Hoffnung durch die externen, „objektivierbaren" und gut sichtbaren Gratifikationen der potenziell burnouterzeugenden Situation (Gehalt, Auto, Titel, Visitenkarte etc.) als Elemente des zur Schau gestellten Selbstbewusstseins die eigene Stellung in der sozialen Hierarchie dokumentieren zu können und dadurch dem Stress entfliehen zu können, der dadurch entsteht, dem man in einer zunehmend ungleicheren Gesellschaft ausgesetzt ist.

Diese Strategie ist jedoch eher ungünstig. Da viele Mitglieder der Gesellschaft diese Strategie anwenden, entsteht der Rolltreppeneffekt: Man bewegt sich zwar absolut, aber dadurch, dass es viele andere auch tun, bewegt man sich nicht relativ. Es handelt sich bei dieser Strategie um ein Nullsummenspiel.

Literatur

Bosetzky, H. (1980). Macht und die möglichen Reaktionen der Machtunterworfenen. In G. Reber (Hrsg.), *Macht in Organisationen*. Stuttgart: Schäffer/Poeschel. (1999).

Burns, T. (1961). Mikropolitcs: Mechanims of institutional change. *Administrative Science Quarterly, 6*, 257–281.

Greve, G. (2012). *Organizational Burnout: Das versteckte Phänomen ausgebrannter Organisationen*. Heidelberg: Springer.

Hoff, K., & Pandey, P. (2004). *Belief systems and durable inequalities: An experimental investigation of Indian caste*. World Bank Washington.

Hofstede, G. (1980). *Culture's consequences. International differences is work related values*. London: Sage Publications.

Maaz, H. J. (2012). *Die narzisstische Gesellschaft. Hamburg:* C.H. Beck.

Ortmann, G. (1988). *Mikropolitik. Opladen:* Westdeutscher Verlag.

Twenge, J. M. (2006). *Generation me*. New York: Simon & Schuster.

Wilkinson, R., & Pickett, K. (2012). *Gleichheit ist Glück*. Frankfurt a. M.: Tolkemitt Verlag.

Zusammenfassung und Handlungsmöglichkeiten

10

Um aus einer potenziellen Stresssituation eine tatsächlich bedrohliche Situation werden zu lassen, muss ein potenzieller Stressor zu einem tatsächlichen Stressor werden. Ob dies passiert oder auch nicht, hängt von der jeweils agierenden Person ab, auf die diese potenziellen Stressoren treffen. Letztendlich ist es eine Frage der Person-Situationspassung, ob eine Stress- und Burnout-Problematik entsteht oder nicht.

Eine Organisation kann nur bis zu einem gewissen Teil das Burnout-Geschehen beeinflussen. Sie kann z. B. Hilfen bei der Diagnose persönlicher Präferenzen von Personen anbieten, aussagekräftige Stellenbeschreibungen formulieren, die abseits wohlfeiler Begriffe die relevanten Gegebenheiten einer zu besetzenden Stelle abbilden, und sie kann genügend innerorganisationale „Bewegung" ermöglichen, die die Erreichung einer optimalen Person-Situationspassung für die Mitarbeiter zulässt.

Es bleibt jedoch immer auch (vielleicht sogar hauptsächlich) eine Aufgabe der Selbsterkenntnis der einzelnen Person, verschiedene berufliche Optionen im Hinblick auf deren Auswirkungen auf die Passung zur eigenen Person zu beurteilen. Es kommt darauf an, die eigenen Motivationen, Bedürfnisse, Ängste, Neigungen und Interessen möglichst genau zu kennen und diese mit den Gegebenheiten verschiedener beruflicher Optionen abzugleichen. Dieser Selbsterkenntnis und der Beschreibung verschiedener situativer Gegebenheiten, speziell in der Berufswelt, versucht dieses Buch förderlich zu sein.

Zusammenfassend wird nun noch einmal die Sichtweise betont, dass Burnout die Folge einer Nichtpassung zwischen Person und Situation ist. Persönliche Stress- und Burnout-Quellen werden zusammengestellt, die Herstellung der Passung als eine lebenslange Aufgabe wird beschrieben und die Schwierigkeiten, die einer notwendigen Selbsterkenntnis eventuell entgegenstehen können, werden thematisiert. Der Zusammenhang zwischen Burnout und der individuellen Selbstwertberechnung wird erläutert. Abschließend wird versucht, das Thema Burnout im Licht der Glücksforschung zu betrachten.

© Springer Fachmedien Wiesbaden 2015
E. Hofmann, *Wo brennt es beim Burnout?*, DOI 10.1007/978-3-658-08592-6_10

10.1   Burnout als Folge von Nichtpassungen

Die Idee der Beschreibung von Burnout als eine Folge der Nichtpassung zwischen Person und Situation ist schon ziemlich alt – so alt, dass es damals den Begriff Burnout noch gar nicht gab. Sie stammt von Laurence J. Peter (1972), der das sogenannte „Peter-Prinzip" in den 1960er Jahren auf der Basis seiner Beobachtungen im kanadischen Schulsystem beschrieb. Für das Thema Burnout haben seine Überlegungen jedoch eine hohe Relevanz, sie lassen sich 1:1 auf das Thema Burnout übertragen. Es ist auch sicher kein Zufall, dass Peter seine Beobachtungen im Schulsystem begann. Dort bestand – ebenso auch wie heute noch – ein großes Potenzial für Burnout. Das Peter-Prinzip besagt im Original Folgendes:

In hierarchischen Systemen wird bevorzugt derjenige befördert, der seine Arbeit gut im Griff hat, bei dem offensichtlich alles gut läuft. Der entsprechende Kandidat hat bewiesen, dass er in seiner Tätigkeit auf seiner Ebene/in seinem Bereich gut ist. Man wird ihm daher Potenzial für die Übernahme von Aufgaben auf der nächsten Ebene/in einem anderen Bereich zusprechen. Sofern er auch auf dieser nächsten Ebene/in diesem anderen Bereich gut ist, wird er für die Übernahme einer Funktion auf einer weiteren Ebene/in weiteren Bereichen vorgeschlagen usw. Irgendwann wird jedoch der Fall eintreten, dass er nicht mehr über die notwendigen Fähigkeiten auf der jeweiligen Ebene/in dem jeweiligen Bereich verfügt. Er hat dann, wie Peter es formuliert, die „Stufe seiner Inkompetenz" erreicht.

Obwohl Peter es nicht explizit so ausgedrückt hat, verwendet er den Begriff „Inkompetenz" ursprünglich im Sinne von intellektuellem Unvermögen. Für das Thema Burnout wird der Begriff dagegen etwas weiter gefasst und enthält alle Arten der Nichtpassung von Person und Situation. In unserem Kontext bezieht sich der Begriff „Inkompetenz" darauf, dass die Kombination der RIASEC-Faktoren der Arbeitsaufgabe nicht der Kombination der RIASEC-Faktoren der Person entspricht. Das heißt, alte Erfolgsmuster führen in der neuen Tätigkeit/auf der anderen Ebene nicht mehr zu Erfolgen, die zentralen Ängste der Person werden durch die Eigenarten der Tätigkeit aktiviert, die zentralen Bedürfnisse der Person können durch die Eigenarten der Tätigkeit nicht befriedigt werden, die Vorstellungen des Teams passen nicht zu der eigenen Person, die Kultur der Organisation weicht stark von den eigenen Vorstellungen zur optimalen Kultur ab oder die Konstellation Mitarbeiter/Vorgesetzter führt absehbar zu Konflikten.

Nach Peter tendiert jede Organisation dazu, Stellen mit Kandidaten zu besetzen, die die Stufe der Nichtpassung erreicht haben, sofern man der Organisation nur lange genug Zeit lässt und die Hierarchie genügend Stufen/Bereiche bereithält. Peter schreibt: „Nach einer gewissen Zeit wird jede Position von einem Mitarbeiter besetzt, der unfähig (in unserem Sinne: unpassend) ist, seine Aufgabe zu erfüllen". Ähnlich drücken es Charan, Drotter und Noel (2001) aus, wenn sie formulieren, dass in den meisten Organisationen, die sie untersucht haben, ein guter Teil der Positionsinhaber die Arbeit so verrichtet, wie es der nächstniederen Ebene entsprechen würde, also der Ebene, die noch der Passung des Positionsinhabers entspricht.

Was macht jemand, der die Stufe der Nichtpassung erreicht hat? Es arbeitet weiter so, wie er es bisher erfolgreich getan hat, obwohl dies nicht mehr den Anforderungen der

Stufe entspricht. Für die einzelnen Ebenen haben dies Charan, Drotter und Noel in Form der Probleme beschrieben, die typischerweise auf den jeweiligen Ebenen auftreten (vgl. Abschn. 5.3.1).

Die Tatsache, dass Organisationen trotzdem weitgehend funktionieren, obwohl sich an vielen Stellen Personen befinden, die die Stufe ihrer Nichtpassung erreicht haben, erklärt Peter damit, dass noch nicht alle Positionsinhaber die Stufe der eigenen Nichtpassung erreicht haben. Diese füllen dann die Tätigkeiten auf ihrer Ebene/in ihrem Bereich, für die sie noch passen, gut aus. Peter schreibt: „Die Arbeit wird von Mitarbeitern erledigt, die ihre Stufe der Inkompetenz noch nicht erreicht haben." Zudem funktionieren nach Peter alle Organisationen auf die beschriebene Art und Weise, sodass sie durchaus fähig sind, untereinander (wenn auch auf einem niedrigeren Niveau, als dies prinzipiell möglich wäre) zu konkurrieren nach dem Motto: „Woanders ist es auch nicht besser." Außerdem sind nicht alle Bereiche einer Organisation in gleichem Maße mit Personen infiltriert, die ihre Stufe der Nichtpassung schon erreicht haben. Es wäre interessant, eine Organisation zu bilden, die nur mit Menschen besetzt ist, die ihre Stufe der Nichtpassung noch nicht erreicht haben. Sie müsste extrem effektiv arbeiten.

Peter stellt aufgrund dieser Überlegungen sogar die provokante These auf, dass man besser seine Energie darauf verwenden sollte, *keine* Karriere zu machen, das heißt zumindest den Schritt zu vermeiden, der einen selbst auf die Stufe der Nichtpassung bringen würde. Er empfiehlt, statt einer Karriereberatung eine Karrierevermeidungsberatung durchzuführen. Man kann diesen Ratschlag aus heutiger Sicht folgendermaßen präzisieren bzw. umformulieren: Man sollte darauf achten, nur solche Tätigkeiten anzustreben, die unter der Stufe der eigenen Nichtpassung liegen.

Wie kann man feststellen, wo die Stufe der eigenen Nichtpassung liegt? Man kann es erstens einfach ausprobieren. Um zu wissen, wo die jeweilige Stufe der eigenen Nichtpassung liegt, muss man jedoch erst einmal auf der jeweiligen Stufe sein. Man wird dann schnell merken, dass die Stufe der Nichtpassung vorliegt, da die Tätigkeit dann Stress und im Extremfall Burnout erzeugt. Das Ausprobieren stellt für die Person und auch die Organisation natürlich eine Kamikaze-Strategie dar. Besser ist es, sich im Vorfeld einer beruflichen Entscheidung die richtigen Gedanken zu machen und anhand der Handlungsstrukturen zu prüfen, welche Konsequenzen die jeweilige Entscheidung wohl haben würde.

Vor dem Hintergrund der Peter'schen Überlegungen könnte man auch die allgegenwärtigen Umstrukturierungen in Organisationen als einen Versuch interpretieren, die Organisationen dadurch effizienter zu machen, dass ein ständiger Wechsel innerhalb der Organisation inszeniert wird, der es ermöglicht, Fehlbesetzungen zu korrigieren. Durch die Umstrukturierungen werden laufend neue Stellen und Strukturen geschaffen, die dann mit Personen besetzt werden können, die noch nicht die Stufe ihrer Nichtpassung erreicht haben. Die Umstrukturierung wäre dann als eine Art Reparaturmechanismus einer Organisation zu sehen, der die Folgen des Peter-Prinzips abmildern soll. Das wäre sicherlich eine positive Komponente. Bedenkt man jedoch die Rolle, die Umstrukturierungen für die Belastung der Mitarbeiter darstellen, so muss man den Nettoeffekt solcher Reparaturmechanismen kritisch betrachten.

Tab. 10.1 Diagnose von beruflicher Passung bzw. Nichtpassung

Gebiet	Belastung			Änderbar		
	Nieder	Mittel	Hoch	Nein	Ja	Mittel
RIASEC-Struktur der Tätigkeit						
Führungstätigkeit						
Charakteristiken der Führungsebene						
Teammodelle						
Heterogene Vorstellungen im Team						
Homogene Vorstellungen im Team, die im Widerspruch zu den eigenen stehen						
Das Teammodell passt nicht zur Aufgabe						
Eigene Persönlichkeit						
Zentrales Bedürfnis						
Zentrale Angst						
Beziehung zum Vorgesetzten						
Qualität der Beziehung						
Absehbare Konflikte						
Legitimation des Vorgesetzten						
Kultur der Organisation						
Machtdistanz						
Individualismus						
Unsicherheitsvermeidung						
Maskulinität						
Mikropolitik						
Rückmeldung durch die Umwelt						
Lebenszyklus der Organisation						

10.2   Stress- bzw. Burnout-Quellen

In Tab. 10.1 sind die in den vorangegangenen Kapiteln beschriebenen Felder, in denen Nichtpassungen auftreten können, in Form einer Matrix zusammengestellt. Diese Übersicht kann zu einer Diagnose Ihrer aktuellen beruflichen Situation bzw. zur Bewertung verschiedener beruflicher Optionen dienen. Bewerten Sie dazu die einzelnen Faktoren danach, wie belastend sie für Sie sind. Versuchen Sie dann in einem zweiten Schritt einzuschätzen, inwiefern Sie Einfluss darauf haben, an den einzelnen Faktoren etwas zu ändern.

Abbildung 10.1 zeigt noch einmal die Wetteranalogie für das Stressgeschehen aus Abschn. 4.5.1. Je mehr die Faktoren aus der Tab. 10.1 belastend für Sie sind und je weniger diese Faktoren zu ändern sind, desto mehr haben diese in der Wetteranalogie die Eigenschaft von Regen- oder gar Gewitterwolken. Diese Faktoren stellen die eigentlichen Ursachen von Burnout dar, alles andere sind nachfolgende Symptome. Solange man keine Veränderung dieser Ursachen bewirken kann, werden sich auch die Symptome nur temporär und mit mäßigem Erfolg verändern lassen.

10.3 Ein lebenslanger Prozess der Optimierung der Passung

Auch dann, wenn man es geschafft hat, sich in einer beruflichen Situation und Konstellation zu befinden, in der die eigenen Dispositionen zu den Gegebenheiten der Stelle optimal passen, so ist diese Passung zumindest potenziell immer bedroht und man muss versuchen, sie gegebenenfalls immer wieder neu herzustellen. Dies kann besonders durch drei Veränderungen passieren: einen Vorgesetztenwechsel, eine Beförderung oder eine neue Tätigkeit.

10.3.1 Vorgesetztenwechsel

Im Kap. 6 und im Kap. 8 wurde die Bedeutung der Qualität sozialer Beziehungen verdeutlicht. Von besonderer Bedeutung hierbei ist natürlich die Konstellation Mitarbeiter und Vorgesetzter. Wenn man von einem Vorgesetzten ausgewählt wurde, ist die Wahrscheinlichkeit relativ groß, dass eine Passung besteht, dass „die Chemie stimmt". Eine kluge Strategie zur Auswahl eines Mitarbeiters besteht darin, sich einen neuen Mitarbeiter auszusuchen, der die optimale Ergänzung zur eigenen Person darstellt, indem er in den Dingen gut ist, in denen der Vorgesetzte nicht so stark ist. Diese Strategie setzt jedoch eine gewisse Selbsterkenntnis und ein gewisses Maß an Selbstsicherheit seitens des Vorgesetzten voraus.

Bei einem Wechsel des Vorgesetzten kann die „Chemie" dann beträchtlich gestört werden. In einer Zufallskonstellation beträgt die Wahrscheinlichkeit, dass auch die neue Beziehung positiv sein wird, wie in Kap. 8 beschrieben, etwa ein Drittel. Zu einem anderen Drittel wird sie neutral sein und zu einem weiteren Drittel negativ. Dies wird besonders dann der Fall sein, wenn die Verfolgung des Zentralen Bedürfnisses einer Person die Zentrale Angst der anderen Person aktiviert. Der Wechsel des Vorgesetzten kann durch dessen Beförderung oder dessen Kündigung eintreten. Er kann natürlich auch durch einen Unfall oder durch die Verrentung ausfallen. Auch durch Umorganisationen (z. B. infolge eines Mergers) kann es zum Vorgesetztenwechsel kommen.

Dieser Tatsache kann man natürlich nicht entgehen. Die Frage ist daher, was man tun kann, wenn durch einen Vorgesetztenwechsel eine ungute soziale Konstellation eintritt. Sollte die Konstellation sehr ungünstig sein, besteht nur eine sehr geringe Chance, die Qualität der Konstellation durch Gespräche, Abmachungen etc. zu verbessern. Man kann dann versuchen, zu einer Organisationseinheit zu wechseln, bei der eine günstigere Situ-

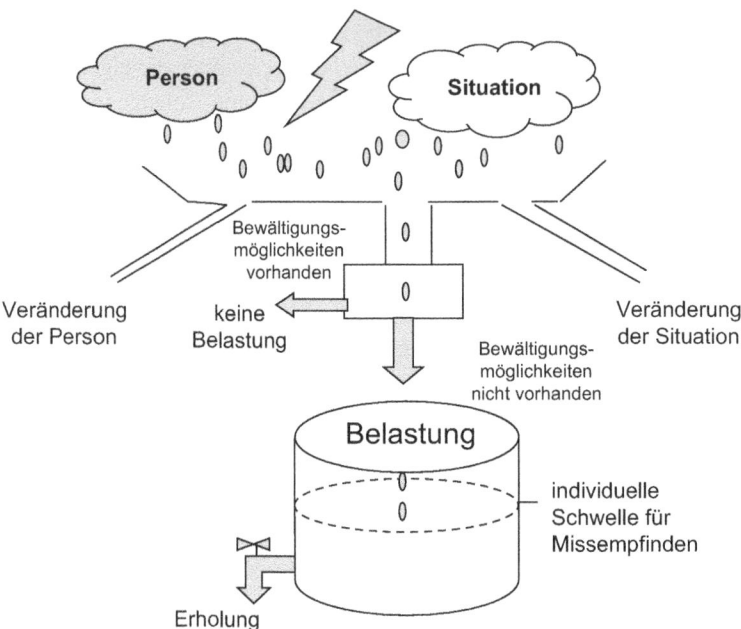

Abb. 10.1 Wetteranalogie

ation besteht. Das kann natürlich auch eine Änderung des Arbeitsinhalts zur Folge haben, dies muss daher bedacht und abgewogen werden. Die Erfahrung zeigt jedoch, dass es sich im Zweifelsfall lohnt, in eine gut funktionierende soziale Konstellation zu wechseln und dafür Abstriche am Arbeitsinhalt in Kauf zu nehmen. In jedem Fall ist es gut, die Qualität der sozialen Konstellation intensiv zu bedenken.

10.3.2   Beförderung

Eine Beförderung ist für viele Menschen per se eine anzustrebende Entwicklung, auch seitens der Organisation ist dies oftmals als eine Art Belohnung gedacht. Potenziell kann eine Beförderung jedoch auch zu einer Stressquelle werden. Durch die Beförderung ändert sich in aller Regel die Tätigkeitsstruktur (z. B. die RIASEC-Faktoren). Es kann sein, dass es „einen schafft", wenn man glaubt, es „geschafft zu haben." Zudem befindet man sich in einer neuen Gruppe mit ihren eigenen Regeln und Idealvorstellungen.

10.3.3   Neue Tätigkeit durch Aufkauf, Umstrukturierung etc.

Aufkäufe, Umstrukturierungen etc. sind heute an der Tagesordnung. Selbst große und ehemals sehr stabile Konzerne können schnell verkauft, fusioniert oder massiv umstrukturiert werden. Auch bei Non-Profit-Organisationen wie z. B. der Bundeswehr gibt es massive

Veränderungen. Wird eine Organisation von einer andern übernommen, so kommt es dabei fast zwangsweise zu Veränderungen in beiden Organisationen, die Auswirkungen auf die Tätigkeitsstruktur, den Tätigkeitsinhalt und die soziale Konstellation (Vorgesetzter, Kollegen) haben.

Der Prozess der Suche nach der optimalen Passung zwischen Arbeit und Person ist aufgrund der beschriebenen sowie vielen anderen denkbaren Veränderungen also ein Prozess, der einen das ganze Arbeitsleben hindurch begleiten wird. Überlegungen zur Tätigkeitsstruktur, zum Team, zum Vorgesetzten und zur Kultur der Organisation bzw. der Organisationseinheit, in der man arbeitet, sollte man regelmäßig anstellen, spätestens, wenn man eine Veränderung selbst aktiv betreibt, indem man sich beruflich verändert, aber auch dann, wenn die Veränderungen von außen kommen.

10.4   Schwierigkeiten bei der klaren Sicht der Dinge

In den vorangegangenen Kapiteln wurde immer wieder betont, dass bei der Beschäftigung mit dem Thema Burnout die Wahrnehmung und Einschätzung der aktuellen beruflichen Situation auf der einen Seite und der eigenen Person auf der anderen Seite eine wesentliche Rolle spielt. Bei der Wahrnehmung der eigenen Person stößt man jedoch auf einige Schwierigkeiten, diese sollen nachfolgend beschrieben werden.

10.4.1   „Internes" und „externes" Denken

Es gibt große Unterschiede darin, ob man über eine schwierige Situation für sich selbst, also rein „intern" nachdenkt oder ob man die „eigentlich" gleichen Gedanken so formuliert, dass sie für eine andere Person verständlich werden.

Individuelles Denken hat folgende Eigenschaften: Es kann ungeordnet sein, ungegliedert. Man kann mehrere Dinge gleichzeitig denken. Oft findet es in Form von Bildern oder Episoden statt. Es kann im Extremfall sogar chaotisch sein. Wenn man jedoch dazu gezwungen ist, die gleichen Gedanken einer anderen Person mitzuteilen, so muss das eigene Denken strukturiert und geordnet sein. Man muss es linear, also folgerichtig, sequenziell und chronologisch aufbauen. Es muss „logisch" sein. Diesen Sachverhalt hat Heinrich von Kleist (posthum) in seiner Abhandlung zum „Allmählichen Verfertigen der Gedanken beim Reden" eindrucksvoll beschrieben. Es kann also sinnvoll sein, über eine Situation, die Stress und Burnout erzeugen kann, nicht nur „für sich selbst" nachzudenken, sondern sich selbst dazu zu zwingen, die eigenen Gedanken dadurch in eine logischere Abfolge zu bringen, dass man sie einer anderen Person erzählt.

Man kann diesen Prozess auch mit einer Analogie beschreiben: Wir können dreidimensional sehen, weil wir mit zwei Augen sehen. Mit nur einem Auge können wir lediglich zweidimensional sehen. Die Netzhautbilder der beiden Augen sind beinahe identisch, sie unterscheiden sich nur um einen Abstand von ca. 7 Zentimetern. Aber eben dieser sehr kleine Unterschied in der „Sichtweise" eröffnet eine komplett neue Dimension.

10.4.2   Bewusste und unbewusste Prozesse

Wie im Abschn. 7.1 beschrieben, wird unser Verhalten von bewussten und von „unbewussten" Prozessen gesteuert. Besonders relevant dabei sind die Zentrale Angst und das
Zentrale Bedürfnis. Diese entstehen in der frühen Kindheit, in der man noch nicht über ein
komplett ausgebildetes Sprach- und Denksystem verfügt. Daher müssen die frühen Erfahrungen auf eine andere Art verarbeitet und gespeichert werden. Diese eher „primärhaften"
Prozesse sind dem Bewusstsein nur mehr oder weniger zugänglich.

Die im Abschn. 7.3 beschriebenen Verhaltens- und Kommunikationsstile sind für uns
bei anderen Personen wahrscheinlich noch relativ gut wahrnehmbar, bei uns selbst dagegen wird dies eher schwierig sein. Eine Selbsteinschätzung wird in diesem Falle auf
die Verarbeitung im Großhirnniveau begrenzt bleiben müssen. Je stärker ausgeprägt der
jeweilige Verhaltens- und Kommunikationsstil ist, desto schwieriger wird eine bewusste
Analyse der eigenen Persönlichkeit (man könnte auch sagen: die Selbsterkenntnis) erfolgen können. Es kann sogar sein, dass man das Gelesene „bewusst" versteht, aber es nicht
auf die eigenen „autonomen" Prozesse übertragen kann. Burnout entsteht nicht im Verstand und kann nicht allein über den Verstand gelöst werden. Notwendige Veränderungen
können nicht über eine rein rationale Art erfolgen, wenn sie emotional blockiert werden.
Menschen ändern sich nicht allein durch Einsicht.

Daher kann es unter Umständen sinnvoll sein, sich professionellen Rat zu holen. Die
Betonung liegt dabei auf dem Wort „professionell". Auf dem Beratungsmarkt tummeln
sich Personen mit allen möglichen Bezeichnungen, wie z. B. Trainer, Berater, Coach etc.
Dies sind alles ungeschützte Begriffe – jeder (wirklich jeder) darf sich so nennen! Vor
Scharlatanen sei hier ausdrücklich gewarnt. Wenden Sie sich daher in solchen Fragestellungen ausschließlich an einen Diplom-Psychologen (heute auch Master in Psychologie)
oder an einen Arzt mit entsprechender Ausbildung. Vorsicht: Ein „Psychologe nach HPG",
also dem Heilpraktikergesetz, ist kein Diplom-Psychologe! Nur der Titel „Diplom-Psychologe" oder Master in Psychologie setzt ein Studium an einer Universität voraus.

10.5   Versteckte Gewinne

Man kann sich fragen, was jemanden dazu motiviert, eine berufliche Tätigkeit anzustreben, die nicht in Einklang mit seinen ureigensten Orientierungen steht.

Dafür gibt es mehrere denkbare Erklärungen:

- Manche Menschen, besonders Berufsanfänger, sind sich über ihre eigenen Dispositionen und Präferenzen nicht im Klaren. Offenbar bedarf es einiger Zeit der beruflichen
  Erfahrung, um zu wissen, welche Dimensionen dabei relevant sind. Die in diesem Buch
  zusammengestellten Mechanismen versuchen die relevanten Dimensionen zu beschreiben. Aber sehr wahrscheinlich wird die Anwendung dieses Wissens ohne eine entsprechende reale Erfahrung im Berufsleben nur begrenzt möglich sein. Reflexion ist hier
  wahrscheinlich einfacher möglich als vorausschauende Wissensvermittlung.

- In einem naiven – aber trotzdem weit verbreiteten – Verständnis des Bewerbungsgespräches geht es darum, dass sich der Bewerber als möglichst kompetent und allwissend darstellt und die Organisation die Chancen der Stelle betont und die eher kritischen Aspekte möglichst verschweigt (Hofmann 2008). In einem solchen Falle kann es sein, dass eine Fehlentscheidung allein aufgrund des gegenseitigen Sichbeeindruckens gefällt wird und der spätere Aufschlag in der Realität dann hart ausfällt.
- Es kann auch durchaus sein, dass sich jemand bewusst für eine Stelle entscheidet, für die er sich verbiegen muss, weil die entsprechende Stelle genügend große ökonomische Vorteile dafür bieten. Oftmals ist es dabei natürlich so, dass im Vorfeld einer Entscheidung der Aspekt des Sichverbiegenmüssens eher kleingeredet bzw. kleingedacht wird und der ökonomische Aspekt als überdimensional attraktiv wahrgenommen wird. Im täglichen Tun ergibt sich dann eine Relativierung in die jeweils andere Richtung.

Während die bisher genannten Gründe, sich in eine Position zu begeben, die nicht zu einem passt, quasi Betriebsunfälle darstellen, gibt es auch noch eine Reihe von Gründen, die einer Systematik folgen:

- Eine Selbstwertberechnung, die starke externe Komponenten enthält, verleitet sehr leicht dazu, nach externen Nachweisen des Selbstwertes zu streben und dabei die entstehenden psychologischen „Kosten" herunterzuspielen. Das zentrale Motiv der Dokumentation des Selbstwertes anhand externer Signale kann dabei so dominant sein, dass die anderen Aspekte der Beurteilung verschiedener Optionen systematisch untergewichtet werden können.
- Der schon erwähnte Dunning-Kruger-Effekt (vgl. Abschn. 8.3.3 sowie Dunning 1999) kann dazu führen, dass man sich eine Aufgabe zutraut, weil man nicht die Kompetenz dazu hat, die Schwierigkeiten dieser Aufgabe zu erkennen.
- Der Begriff „Kompetenz" hat mindestens zwei Bedeutungen: In der ersten Bedeutung meint er das Beherrschen eines Themas oder einer Fähigkeit. In der zweiten Bedeutung umfasst der Begriff die Rechte und Pflichten, die mit einer Stelle in einem bestimmten Fachgebiet übertragen werden, das heißt, dass man in irgendeiner Weise für dieses Gebiet verantwortlich, zuständig etc. ist. In diesem Sinn meint der Begriff also eine organisatorische Dimension und keine Könnensdimension. In einem sprachphilosophischen Sinne (vgl. Wittgenstein 1921) kann es daher zu einer Begriffsverwirrung kommen. Man kann sich für ein Gebiet mit Fug und Recht für „kompetent" erklären, obwohl man es nur in einem organisatorischen Sinne ist, und damit bei anderen Personen und vor allem bei sich selber den Eindruck erzeugen, man sei auch fachlich auf dem jeweiligen Gebiet kompetent. Diese Tendenz wird umso stärker ausgeprägt sein können, je mehr eine Person „schon immer" auf einem Gebiet tätig sein wollte. Ganz ähnlich verhält es sich mit dem Begriff „ein Fachgebiet beherrschen". Man kann ihn verstehen als die fachliche Beherrschung der Themen oder als die (durch was auch immer legitimierte) Herrschaft über ein Fachgebiet.

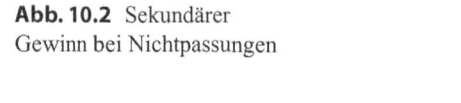

Abb. 10.2 Sekundärer
Gewinn bei Nichtpassungen

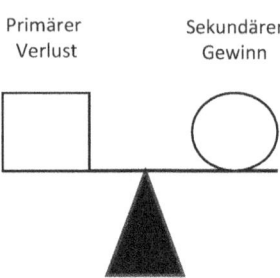

- Der Beruf kann auch wie im Kap. 7 beschrieben, zu einem guten Teil dazu dienen, den eigenen Verhaltens- und Kommunikationsstil, inklusive der Zentralen Angst und des Zentralen Bedürfnisses auszuleben. Eine eigentlich inhaltlich nicht passende berufliche Option kann dann vielversprechend werden, wenn sie die Aussicht bietet, dem Verhaltens- und Kommunikationsstil Raum geben zu können. Diese Aussicht überstrahlt dann möglicherweise die anderen Aspekte der Tätigkeit und führt somit zu einer Art von Verblendung.
- Schon die antike Mythologie wusste, dass nach der Hybris die Nemesis kommt. Es kann durchaus sein, dass man sich zu weit vorgewagt hat und dann erkennen muss, dass die jeweilige Tätigkeit eine Nummer zu groß ist. Die moderne Nemesis ist dann der Burnout.

Ein sekundärer Gewinn in einer an sich verfahrenen Arbeitssituation besteht oftmals in der Befriedigung des Zentralen Bedürfnisses bzw. in der Vermeidung der Zentralen Angst. Dieser „Gewinn" kann leicht zu einer Verblendung führen, die bewirkt, dass die primären Verluste (zumindest temporär) nicht bemerkt werden.

Es muss bei einem sekundären Gewinn etwas geben, das wie auf einer Waage die Nachteile der Nichtpassung mindestens ausgleicht (s. Abb. 10.2). Erst dann, wenn der primäre Verlust größer wird als der sekundäre Gewinn, wird eine problematische Situation entstehen.

10.6   Burnout und Selbstwertberechnung

Auch die Art der Selbstwertberechnung hat einen Einfluss auf das Burnoutgeschehen, dieser Einfluss wird nachfolgend beschrieben. Was würden Sie antworten, wenn Sie jemand fragen würde, wie wertvoll Sie als Mensch sind? Und noch viel interessanter als die Antwort ist dabei die Frage, *wie* Sie auf die wie auch immer geartete Antwort gekommen sind.

Die Antwort ist vor dem Hintergrund Ihres Selbstwertkonzeptes entstanden. Ein Selbstwertkonzept beschreibt die Art und Weise sowie die Regeln, nach denen eine Person den eigenen Wert oder den Wert anderer Personen bestimmt. Diese Regeln und Maßstäbe sind in der Regel wiederum „unbewusst". Seit Urzeiten stellt sich für jeden Menschen die Frage, welchen Stellenwert er in einer Gemeinschaft hat. Zu prähistorischen Zeiten war diese

Frage überlebenswichtig. Daher besitzt jeder von uns den Hang dazu, Selbst- und Fremd-
wertberechnungen anzustellen. Jedoch unterscheiden sich Menschen in der Art dieser Berechnung. Bei dieser Berechnung sind wir wenig flexibel, es gibt quasi „Dauerbrenner"
bei der Selbst- und Fremdwertbetrachtung. Manche Menschen gewichten Wissen, Leistung, Macht, andere Beliebtheit oder noch ganz andere Sachverhalte sehr hoch.

Da das Leben nicht eindimensional ist, spielen normalerweise mehrere Faktoren bei
der Selbstwertberechnung eine Rolle. Wenn mehrere Faktoren zusammenkommen, stellt
sich die Frage, wie die unterschiedlichen Faktoren zu einem Gesamtwert verrechnet werden. Dazu gibt es zwei prinzipielle Verrechnungsmodelle: die multiplikative und die ad-
ditive Verrechnung. Bei einer multiplikativen Verknüpfung besteht die Gefahr, dass der
Gesamtwert schnell null werden kann, sobald auch nur ein einziger Faktor den Wert null
erhält. In einem solchen Falle macht man sich sehr abhängig von singulären Ereignissen.
Bei der additiven Berechnungsmethode erfolgt eine Gewichtung der einzelnen Faktoren
und deren Addition. Dadurch entgeht man der Gefahr, dass sich der Gesamtwert schnell
und abhängig von nur einem einzigen Faktor ändern kann.

Die Selbst- und Fremdwertberechnung beinhaltet noch ein weiteres großes Problem.
Die meisten Faktoren, die man zur Berechnung heranziehen kann, sind nicht „objektiv"
messbar, da man nicht allgemeingültig erfassen kann, was „gut" oder „wahr" ist. Daher
ist die Selbst- und Fremdwertbestimmung ein intransparentes und unbestimmtes Problem. Einige Menschen finden aus dieser Situation einen Ausweg, indem sie hauptsächlich
Maßstäbe anwenden, die objektivierbar sind. Sehr gut eignen sich dazu z. B. die Höhe des
Gehalts, die hierarchische Position, der Titel, das Fahrzeug, das jemand fährt, die Zahl
der zu führenden Mitarbeiter etc. Solche „objektiven" Signale sind nun gerade in Organisationen reichlich vorhanden. Daher bieten sich Organisationen mit ihren (zumindest
scheinbar) „objektiven" Maßstäben zur Selbst- und Fremdwertbetrachtung geradezu an,
wenn man diese Art der Selbst- und Fremdwertberechnung bevorzugt. Sie liefern einen
ganzen Strauß von Einschätzungen, die „objektiv" skalierbar in größer und kleiner sind.
Schätzt man sich dann auch noch auf diesen „objektiven" Maßstäben hoch ein, so kann
zudem eine multiplikative Verknüpfung ein Vorteil bei der Selbstwertberechnung sein, da
diese dann hohe Werte liefert.

Diese Art der Selbst- und Fremdwertbetrachtung hat jedoch neben der multiplikativen Verknüpfung, deren temporäre Vorteile auch leicht ins Gegenteil umschlagen können, noch weitere Nachteile. Der Versuch, die Berechnung auf „objektive" Parameter
zurückzuführen, ist zwar verständlich, er wird aber der Realität nicht gerecht, da es bei
der Selbst- und Fremdwertberechnung immer auch Anteile gibt, für die es keine klaren
Maßstäbe gibt. Der Rückzug auf „objektive", leicht wahrzunehmende Maßstäbe stellt
insofern einen Versuch dar ein komplexes Problem durch Übersimplifizierung lösen zu
wollen. Das zweite Problem bei dieser Art der Selbstwertberechnung besteht darin, dass
man sich von den äußeren Parametern, die die Organisation zur Verfügung stellt, sehr abhängig macht. Je mehr man bei der Selbstwertberechnung auf externe Quellen fokussiert,
desto mehr Kontrolle über den Selbstwert gibt man an externe Institutionen ab. Je mehr
der Selbstwert dagegen jedoch aus Quellen gespeist wird, die keiner externen Kontrolle
unterliegen, desto robuster ist er gegen externe Einflüsse.

Die mit Abstand häufigsten Probleme, mit denen Psychotherapeuten konfrontiert sind, sind Selbstwertprobleme, die dadurch entstehen, dass Menschen ihren Wert mithilfe von ungünstigen Modellen errechnen. Nach Stavemann (2011) sind solche Berechnungsmodelle ungünstig, die vereinfachend sind, die einen einzelnen Faktor (meist die Arbeit) sehr stark fokussieren, deren Inhalte multiplikativ verknüpft sind, die starke Generalisierungen enthalten und die abhängig von externen Quellen sind.

Burnout kann sehr leicht auftreten, wenn die Selbstwertberechnung nach solchen ungeeigneten Konzepten erfolgt. Häufig tritt Burnout gerade dann auf, wenn es zu einem Bruch kommt, wenn die Art der Selbstwertberechnung, die stark auf „objektiven" äußeren Faktoren beruht und bei der der Faktor Arbeit sehr wichtig und multiplikativ verknüpft ist, über lange Zeit einen positiven Selbstwert geliefert hat und sich dieser Gesamtwert dann ändert. Dies ist oft der Fall, wenn die „objektiven" Faktoren in eine negative Richtung weisen, wenn z. B. eine Beförderung ausbleibt, die eigene Stelle wegfällt oder sonstige Veränderungen eintreten, wie sie auch im Kap. 3 beschrieben sind.

Sigerist (1996) würde dies dann als eine Gratifikationskrise beschreiben, die aus der Sicht der Selbstwertberechnung eher eine Krise des Berechnungskonzeptes darstellt. Nicht das Ergebnis der Gleichung ist dabei jedoch das Problem, sondern die Konstruktion der Gleichung an sich.

10.7   Burnout und Glücksforschung

Zum Schluss des Buches soll noch ein kurzer Exkurs erfolgen. Bisher stand der negativ formulierte Begriff des Burnouts im Fokus. Man kann natürlich auch andersherum argumentieren und näher untersuchen, was es zum Gegenteil des Burnouts zu sagen gibt: dem Glückszustand. Dieser Versuch soll in diesem Abschnitt unternommen werden.

Die Glücksforschung fragt danach, was Menschen glücklich macht. Dies sind im Wesentlichen drei Faktoren: Gesundheit, Integration und Arbeit/materielle Sicherheit. Zudem scheint es auch eine gewisse genetische Komponente zu geben, die sich jedoch per definitionem (zumindest im Moment noch) nicht beeinflussen lässt. Sie wird daher in den nachfolgenden Betrachtungen ausgeklammert. Die einzelnen Faktoren sind dabei multiplikativ verknüpft. Nimmt also ein einziger Faktor den Wert null an, so ist das Gesamtglück auch gleich null. Man kann also z. B. nicht einen Faktor, der sehr wenig ausgeprägt ist, durch einen Faktor, der sehr stark ausgeprägt ist, kompensieren. Die einzelnen Faktoren sollen nun näher betrachtet werden.

10.7.1   Faktor Gesundheit

Das erste Kriterium für physische Gesundheit ist das Funktionieren des Körpers, quasi die Perfektion unserer tierischen Natur. Solange der Körper seine Funktion erfüllt, denkt man nicht über ihn nach, die „Organe schweigen". Deshalb ist das zweite Kriterium die organische Gesundheit. Das dritte Kriterium für Gesundheit ist das subjektive Empfinden, gesund zu sein. Erstaunlicherweise sind die drei Kriterien nicht notwendigerweise miteinander verbunden. So kann man sich z. B. sehr wohlfühlen, obwohl man starken Bluthochdruck hat.

Die Gesundheit ist zu einem gewissen Teil beeinflussbar. Eine ganz bedeutende Rolle kommt dabei der Bewegung zu. Ebenso bedeutend ist die Abwechslung von An- und Entspannung. Zusätzlich kann man durch ausgleichende Tätigkeiten (z. B. Hofmann 2013) positiv auf die Gesundheit einwirken. Bei der Entspannung bzw. den ausgleichenden Tätigkeiten muss man jedoch darauf achten, dass diese „um ihrer selbst willen" ausgeführt werden, also selbst das Ziel sind und nicht in den Dienst eines anderen Zieles gestellt werden. Man kann sich nicht entspannen, wenn man versucht, bei der Entspannung eine möglichst hohe Stufe der Entspannung zu erleben. Genauso wenig ist eine Freizeitaktivität, die z. B. der Anbahnung von Geschäften dient, eine wirklich erholsame Tätigkeit.

10.7.2 Faktor Geselligkeit/Integration

Der zweite wesentliche Faktor für das Zustandekommen von Glück ist der Faktor Geselligkeit oder Integration, also die Zugehörigkeit zu einem Freundeskreis, gemeinsame Unternehmungen durchführen, Menschen mit ähnlichen Interessen und Wertvorstellungen kennen. Es gilt der Spruch: „Leben ist Beziehung". Geselligkeit oder Integration kann in verschiedenen Bereichen stattfinden, in der Partnerschaft, in der Familie, im näheren sozialen Umfeld oder in die Gesellschaft. Man kann dabei mindestens drei Arten von Beziehungen unterscheiden.

- Nutzen-Beziehungen, die auf gemeinsamen Interessen beruhen;
- Lust-Beziehungen, die auf gemeinsamem Vergnügen beruhen;
- „Wahre Freundschaft", die darauf beruht, dass ein neues, gemeinsames Wohl entsteht, da jeder das Wohl des anderen als sein eigenes betrachtet.

Am bedeutsamsten für das Glücksempfinden ist die dritte Art der Integration. Speziell bei dieser Form der Integration findet sich emotionale Unterstützung (z. B. das Gefühl, von anderen gemocht zu werden, Gefühle mitteilen zu können, Anteilnahme zu erleben) und praktische Unterstützung (z. B. etwas ausleihen, Tipps erhalten).

10.7.3 Faktor Arbeit/materielle Sicherheit

Zum Glücksempfinden gehört natürlich auch die Arbeit, die der materiellen Absicherung dient, aber darüber hinaus auch noch vielfältige zusätzliche Aspekte beinhaltet. Neben der primären Funktion der Arbeit als Gelderwerb hat die Arbeit auch noch latente Funktionen. Diese sind hauptsächlich: die Strukturierung der Zeit, soziale Beziehungen und die Selbstwertdefinition. Wäre nur der Gelderwerb der Hauptgrund zu arbeiten, würden ja z. B. Menschen, die im Lotto gewonnen haben, nicht mehr arbeiten. Das Gegenteil ist oft der Fall. Arbeit wird in diesem Kontext verstanden als eine bewusste und zielgerichtete Tätigkeit, bei der das Ziel des Handelns vorgegeben ist und die der Willensanstrengung bedarf. Speziell dann, wenn primäre Bedürfnisse bei der Arbeit befriedigt werden sollen und/oder die Arbeit sehr selbstwertrelevant ist, besteht die Gefahr der Maximierung anstelle der Optimierung.

Beim Thema Burnout geht es nun um die Frage der Dosierung der beruflichen Identifikation. Durch Überidentifikation entstehen Einseitigkeiten, Abhängigkeiten und Überoptimierungen. Wenn die Selbstdefinition zu sehr über den Beruf erfolgt, können dortige Misserfolge, Herabstufungen oder gar der Arbeitsplatzverlust zur Katastrophe werden. Wie kann es zu einer Überidentifikation und Überoptimierung des beruflichen Faktors kommen? Hauptsächlich durch die Gratifikationen materieller und vor allem nichtmaterieller Art kann es dazu kommen. Besonders wirksam ist der Prozess dann, wenn die nichtmateriellen Gratifikationen für den Selbstwert relevant sind.

Die drei Faktoren Gesundheit, Geselligkeit/Integration und materielle Sicherheit/Arbeit sind nicht unabhängig voneinander, sie beeinflussen sich gegenseitig. So kann z. B. die Arbeit durchaus den Effekt der Integration haben, sie kann aber auch genau gegenteilig wirken. Die materielle Absicherung kann die Gesundheit beeinträchtigen, wenn sie unter ungünstigen Arbeitsbedingungen geschieht.

10.7.4 Das Optimierungsproblem

Das Gesamtlebensglück zu optimieren, bedeutet eine Kombination zu finden, bei der die einzelnen Faktoren sich zu einem Optimum ergänzen. Das geht nur dann, wenn die einzelnen Faktoren möglichst ausbalanciert sind. Wie berechnet sich die Gesamtzufriedenheit aus den drei Einzelfaktoren? Alles scheint dafür zu sprechen, dass dieser Zusammenhang multiplikativ ist. Ebenso scheint es für jeden Faktor ein 100 %-Niveau zu geben, bei dessen Überschreitung kein positiver Beitrag zu dem Gesamtglücksempfinden mehr geleistet wird. Man kann sich die Situation wie in der Abb. 10.3 dargestellt vorstellen.

Abb. 10.3 Berechnungsmodell der Gesamtzufriedenheit

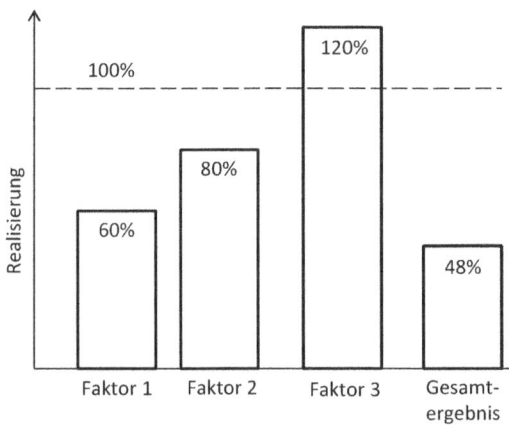

Abb. 10.4 Optimierte
Verteilung

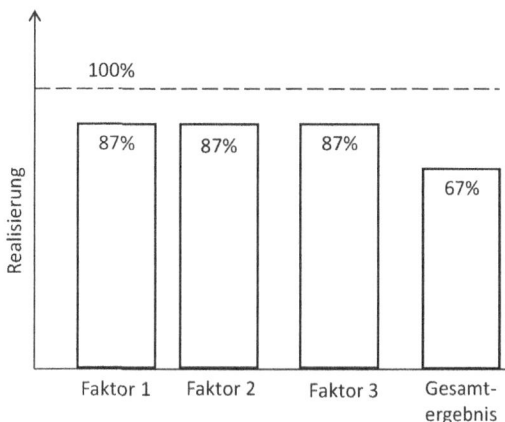

Nehmen wir die Situation, in der der Faktor 1 zu 60 % erfüllt ist, der Faktor 2 zu 80 % und der Faktor 3 zu 120 %. Unter der Voraussetzung, dass die drei Faktoren multiplikativ verknüpft sind und dass es einen wirksamen Maximalwert von 100 % gibt, beträgt das Gesamtergebnis 48 %. Dieses berechnet sich aus:

$$0,6 \times 0,8 \times 1,0 = 0,48$$

Der Faktor 3 wird nur mit maximal 1,0 gerechnet, weil oberhalb der 100%-Linie kein Beitrag zum Gesamtergebnis mehr stattfindet. Der Faktor 3 ist in diesem Beispiel überoptimiert. Abbildung 10.4 zeigt das Gesamtergebnis bei einer anderen Verteilung der Erfüllung der einzelnen Faktoren. Zu beachten ist dabei, dass der addierte Erfüllungsgrad der drei Faktoren genau gleich groß ist wie in der Abb. 10.3.

In dieser Konstellation beträgt das Gesamtergebnis 67 % und errechnet sich aus:

$$0,87 \times 0,87 \times 0,87 = 0,67$$

Man kann also durch eine geschickte Verteilung der einzelnen Faktoren und durch die Vermeidung der Überoptimierung einzelner Faktoren das Gesamtergebnis deutlich optimieren.

10.7.5 Maximum und Optimum

Für das Thema Burnout kommt der Bedeutung des Faktors Arbeit eine besondere Bedeutung zu. Hier finden die meisten Maximierungen statt.

Der Grad der Identifikation mit der Arbeit stellt letztendlich ein Optimierungs- bzw. Maximierungsproblem dar. Ein zu geringer Grad der Identifikation führt zu Symptomen der Entfremdung. Ein zu hoher Grad der Identifikation, eine Hyperidentifikation, die im

Abb. 10.5 Der „Lebensraum"
des Burnout befindet sich zwischen Maximum und Optimum

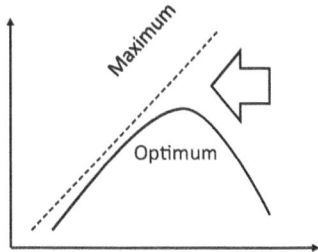

Extremfall auch noch definierend für den Selbstwert ist, kann eine Überoptimierung eines
Faktors darstellen und negative Folgen für die Gesamtoptimierung haben und schießt damit über ein vernünftiges Ziel hinaus. Die Lücke zwischen Optimum und Maximum stellt
den Lebensraum für den Burnout bereit (s. Abb. 10.5).

Stark ausgeprägte Verhaltens- und Kommunikationsstile verhindern oft eine Balance
und eine Optimierung, da sie auf die Belohnungen des Berufes fokussieren und diesen
Faktor überoptimieren.

10.7.6   Menschen ändern sich eher nicht

Sofern eine Diskrepanz zwischen den Fähigkeiten und Wünschen der Person und den Anforderungen der beruflichen Situation besteht, könnte ja eine Strategie darin bestehen, dass
man sich „einfach" an die jeweilige Situation anpasst, um insgesamt ein bessere Passung
von Person und Situation herzustellen und dadurch das Stresspotenzial zu verringern. Vor
dieser Strategie möchte ich abschließend eindringlich warnen. Sehr viel spricht dafür, dass
sich Personen eher nicht ändern, überschätzen Sie daher Ihre Anpassungsfähigkeit nicht!

Literatur

Dunning, D., & Kruger, J. (1999). Unskilled and aware of it. How difficulties in recognizing one's
    own incompetence lead to inflated self-assessments. *Journal of Personality and Social Psycho-
    logy, 77*(6), 1121–1134.
Hofmann, E. (2008). *Personalentwicklung.* Bern: Haupt.
Hofmann, E. (2013). *Erfolgreiches Stressmanagement.* Göttingen: Hogrefe.
Kleist, H. von. (posthum) (1878). Über die allmähliche Verfertigung der Gedanken beim Reden. In
    P. Lindau (Hrsg.), *Nord und Süd, H. 10,* 3–7.
Peter, L. J. (1972). *Das Peter-Prinzip.* Reinbek: rororo.
Sigerist, J. (1996). *Soziale Krisen und Gesundheit.* Göttingen: Hogrefe.
Stavemann, H. (2011). *...und ewig tickt die Selbstwertbombe.* Weinheim: Beltz.
Wittgenstein, L. (1921). *Tractaus Logico-Philosophicus* (Neuauflage 2003). Frankfurt a. M.: Suhr-
    kamp.

Epilog

Burnout ist eine Krise. Eine solche Krise tritt immer dann auf, wenn etwas im Argen liegt und sich trotzdem nichts ändert, sie dient der Sichtbarmachung des bisher Übersehenen. Dieses Übersehen kostet Energie. Mit dem „Inszenieren" einer Krise verschaffen sich autonome Prozesse Gehör. Wer seine bewusste Wahrnehmung lange Zeit auf die falschen Inhalte konzentriert hat und dabei unfähig oder unwillig war, die grundsätzlichen Probleme der eigenen Person-Situationspassung wahrzunehmen, der muss damit rechnen, dass irgendwann eine andere psychische Instanz wesentliche Entscheidungen trifft.

Der Mensch hat als das vermutlich einzige Lebewesen die Fähigkeit, zumindest temporär entgegen seiner eigenen Bedürfnissen zu handeln. Das hat ihm große evolutionäre Vorteile verschafft, kann aber auch zu einem Nachteil werden. Beim Burnout liegt genau eine solche Situation vor: Die Person befindet sich in einer Situation, in der sie sich mit ihren Orientierungen, Bedürfnissen und Motivationen nicht wohlfühlt. Das Handeln gegen die eigenen Bedürfnissen kann, wenn es lange genug eingeübt und praktiziert wird, dazu führen, dass die Diskrepanz zwischen dem Tun und der „eigentlichen" Orientierung gar nicht mehr wahrgenommen wird. Was als ein Ausnahmemodus gedacht war, wird dann zum Normalmodus.

Die Krise zwingt den Menschen dazu, das Wesentliche zu sehen. Eine persönliche Krise ist oftmals auch der Hinweis auf eine Selbstschädigung, die man anfangs leugnet. Die Krise ist der Anfang einer Lösung. Sie ist daher auch nicht das eigentliche Problem, auch wenn es sich zunächst oftmals so anfühlt. Max Frisch hat formuliert: „Krise kann ein produktiver Zustand sein, wenn man ihr nur den Beigeschmack der Katastrophe nimmt". Viele Krisen haben heutzutage den Ehrentitel „Burnout" erhalten. Burnout ist oft die Folge einer tiefgreifenden Enttäuschung. Eine solche Ent-Täuschung kann man aber auch als Erleuchtung bezeichnen.

© Springer Fachmedien Wiesbaden 2015
E. Hofmann, *Wo brennt es beim Burnout?*, DOI 10.1007/978-3-658-08592-6

The manufacturer's authorised representative in the EU is Springer
Nature Customer Service Centre GmbH, Europaplatz 3, 69115 Heidelberg,
Germany. If you have any concerns regarding our products, please
contact ProductSafety@springernature.com

Printed and bound by CPI Group (UK) Ltd, Croydon, CR0 4YY
23/04/2026
02095643-0005